ARQUEOLOGÍAS VITALES

Henry Tantaleán y Cristóbal Gnecco
(Editores)

Los contenidos de este libro están protegidos por la Ley. Está prohibido reproducir cualquiera de los contenidos de este libro para uso comercial sin el consentimiento expreso de los depositarios de los derechos. En todo caso, se permite el uso de los materiales para uso educacional. Para otras cuestiones, pueden contactar con el editor en: www.jasarqueologia.es

Primera edición: enero de 2019

© Edición:
JAS Arqueología S.L.U.
Plaza de Mondariz 6, 28029 Madrid
www.jasarqueologia.es
Edición: Jaime Almansa Sánchez
Diseño de cubierta: Emilio Simmonds

© Textos: Los autores
© Imágenes: Especificado en el pie.

ISBN: 978-84-16725-22-9
Depósito Legal: M-3084-2019

Impreso por: Service Point
www.servicepoint.es

Impreso y hecho en España - *Printed and made in Spain*

ARQUEOLOGÍAS VITALES

Henry Tantaleán
Cristóbal Gnecco
Editores

CONTENIDO

Conversación en Lima   1
Cristóbal Gnecco y Henry Tantaleán

Seguir la huella y curar el rastro. Memorias de una experiencia colectiva de investigación y militancia en el campo de arqueología argentina   19
Ivana Carina Jofré

Arqueo-devenires, Zarankin-centrismos y presentes contaminados   61
Texto: *Andrés Zarankin*
Dibujos: *Iván Zigarán*

Cuando descubres que el arqueólogo local no eres tú. Dos encuentros con la isla Pariti   71
Juan Villanueva Criales

Sueño y catarsis: hacia una arqueología post-humanista   91
José Roberto Pellini

La cerámica de Anuma'i y las marcas del fin del mundo   123
Fabíola Andréa Silva

La arqueología en la era del multiculturalismo 151
neoliberal: una reflexión autobiográfica desde San
Pedro de Atacama (norte de Chile)

Patricia Ayala Rocabado

Confesiones de un postarqueólogo 173

Cristóbal Gnecco

Entre el Cauca y el Magdalena: una historia apócrifa 193
de la arqueología colombiana en el último tercio del
siglo XX

Wilhelm Londoño

Cuando el "otro" eres tú. Encuentros de un 213
empresario español en América

Jaime Almansa Sánchez

Entrando y saliendo de la arqueología peruana: 233
memorias presentes de un pasado reciente

Henry Tantaleán

Arqueólogos remando entre las verdades y las 255
injusticias.

José María López Mazz

Sobre los autores 287

CONVERSACIÓN EN LIMA

Cristóbal Gnecco y Henry Tantaleán

Hace varios días no sale el sol en Lima. Cuando sale, de a poco, en la tarde, lo hace con una timidez que extraña a un habitante del trópico húmedo. Pero así es Lima en invierno: una ciudad que ruge con una intensidad descomunal bajo un cielo eternamente plomizo. Aquí, en esta Lima vibrante a pesar del clima, nos sentamos a conversar sobre este libro una mañana de principios de septiembre de 2017, a tratar de registrar sus líneas de fuga, sus temas en común, sus apartamientos.

Cristóbal: Este libro es raro, me parece, en el contexto de la arqueología disciplinada, disciplinaria. Los autores de los artículos hablamos en primera persona, sin escondernos detrás de nada, de nadie. Sin acudir a las manidas fórmulas tan repetidas en la academia que hizo la modernidad: voz impersonal, sin posición, que habla desde ningún lugar pero pretende conocerlo y verlo todo.

Curiosa esa voz, tan escandalosamente invisible y tan violentamente presente. Estos artículos son textos autobiográficos, pues. Son catárticos y agónicos, seguro, pero también redentores. Estos artículos, a diferencia de tantos textos académicos, no ocultan, sino más bien visibilizan, todo lo que sucede entre el trabajo de campo y la escritura, ese espacio tan productivo pero tan contencioso (tan desgarrador, tan agónico, tan terapéutico) que usualmente se elimina, se niega, se alteriza. Ese espacio tan necesario en una arqueología que pretenda ir más allá, mucho más allá, de los preceptos disciplinarios. En los artículos que convocamos en el libro ese espacio es llenado, vuelto

2 – Arqueologías vitales

sentido por la reflexión. Ese es el poder de la reflexión hacia adentro y su ejercicio no hace concesiones, sobre todo (¡sobre todo!) con uno mismo. ¿Tú qué piensas de la voz en primera persona en arqueología?

Henry: Es una parte importante en este (nuestro) proceso de reflexión. Creo que es importante porque permite, en primer lugar, humanizar a la arqueología. Es curioso: la arqueología es una ciencia del comportamiento humano, del estudio del ser humano; sin embargo, con toda esta perspectiva positivista al uso con sus metodologías malditamente asépticas y su voz en tercera persona ha terminado por deshumanizarse, por deshumanizarnos. Así las cosas, pienso (espero) que algo importante por lograr es que los arqueólogos nuevamente re-encuentren su propia existencia y vocalizar eso, verbalizar eso. Para mí (como para los que escriben en este libro) supone un ejercicio de catarsis, de mostrarnos al mundo tal cual somos, porque me resiente sospechar que se respira un ambiente de hipocresía o casi como una doble personalidad, algo que a veces parece lindar con la esquizofrenia. Por un lado se es científico, muy objetivo, muy riguroso, alejado del mundo de acá, de sus dramas, pero, a la vez, se deja de lado todo eso que es importante en la vida como las sensaciones, las cosas buenas y hasta los traumas. No aparecen entrelíneas, ni siquiera al margen. Existe un olvido obligado. Todo eso ha sido desterrado de nuestro hacer el mundo. Y pienso eso porque creo que eso es, en gran parte, lo que te vuelve un ser humano y, cómo no, un profesional, en este caso un arqueólogo. Te regresa, te resitúa, te hace vibrar. Por ello, en ese camino de re-encuentro con nosotros mismos, con lo que fuimos, la recuperación de la propia voz es algo trascendental en nuestra disciplina, sobre todo en lugares como Suramérica, donde hay que reconocer que la gente tiene sentimientos muy encontrados y justamente por eso, también, la necesidad de verbalizar. Porque verbalizar hace más cercana a la gente, la aproxima y la convierte en compañera de viaje. Y eso excede a nuestra propia comunidad. Por ello creo que uno de los grandes problemas en la arqueología suramericana, en especial en esas arqueologías académicas y academicistas, es que esa supuesta brecha entre los arqueólogos y las comunidades se traduce en que no se comunican en los mismos tonos, en los mismos niveles de comprensión. De hecho, muchas veces ni siquiera se hace el esfuerzo. Si no te expresas desde el corazón, desde el estómago o las entrañas, nunca se podrá conversar, realmente, con esa gente que, justamente, se rebela cuando se enfrenta a los arqueólogos y, en general, a todo el sistema capitalista o cualesquiera que la obligue a despojarse de su ser.

Cristóbal: Tengo varias observaciones sobre lo que dijiste. Lo primero es que eso fue, justamente, lo que nos enseñaron a hacer, a no ser, porque una de las cosas que nos impone el aparato pedagógico, ese gran aparato de censura, es a no ser lo que somos, empezando porque cuando entramos al colegio nos reprimen el niño que llevamos dentro, el niño que pregunta, que es inquisitivo, inquieto, rebelde, que habla con el corazón. Te van domesticando paulatinamente. Por eso las disciplinas se llaman así, porque disciplinan. En términos de escritura te enseñan a no escribir. La escritura moderna, disciplinaria, es una no escritura. Es un protocolo, homogéneo y avasallador, de una falta de imaginación exasperante. El no escritor que no escribe acude a clichés previsibles y preformados. Te contaré una anécdota: hace poco llegó a mi cuenta de correo electrónico, quizás por equivocación, un artículo de un arqueólogo que aún trabaja en lo mismo en que yo trabajé por dos décadas, la arqueología del poblamiento de América, una de las arqueologías menos imaginativas y más aburridas que cabe pensar. No leía cosas de él hacía, por lo menos, veinte años. Por simple curiosidad leí el artículo y encontré lo mismo de hace dos décadas: ha

4 – Arqueologías vitales

cambiado una fecha, ha encontrado una nueva punta de proyectil, ha trabajado en otro sitio, pero el sentido de lo dicho y la forma como se dice permanecen. Los arqueólogos aprenden a hacer y escribir (a no escribir) de una manera y no la cambian jamás. Aprenden el canon de lo decible y de lo que no se puede decir. Lo correctamente académico. En cambio, esto de la voz en primera persona descentra el canon porque se habla de lo que no se debe hablar y desde donde no se puede decir.

No es decible. En la modernidad se pone en escena la desaparición ontológica de la primera persona. No está. No puede estar. En ese libro de Meggers y Evans que era estándar cuando yo empecé a estudiar arqueología, *Cómo interpretar el lenguaje de los tiestos*, encontré una caricatura que pretendía ser divertida, pero de ninguna manera irónica: en una sala había un supercomputador y en uno de sus extremos un arqueólogo con bata blanca metiendo pedazos de cerámica en el aparato; al otro lado salía un libro. El asunto de la bata captura bien el sentido irónico que yo sí atribuyo a la caricatura. Yo la llamo la bata mágica porque quien la usa desaparece. Los inventos de la *Guerra de las galaxias* no son nada en comparación con este aparato fabuloso, la bata del científico, un simple pedazo de tela que hace desaparecer. Tremendo, ¿no te parece? Esa bata es la protagonista de un acto de desaparición: en la escena de la representación arqueológica el arqueólogo no está. En la perspectiva moderna que implica la eliminación del sujeto, su desaparición ontológica cuando viste la bata blanca del científico, se habla en tercera persona y se aplican protocolos de investigación (llamados métodos, pero que extienden su instrumentalismo a la teoría y, desde luego, a las técnicas). Es la matesis, el avance hacia un lenguaje neutro, desprovisto de tropos, transparente y aséptico, ese que nos enseñan a escribir o, mejor, a no escribir. Porque quien escribe (o no escribe) no es el sujeto (el investigador, el arqueólogo) sino un canon ya prefigurado. En la no escritura arqueológica no hay sujeto. El arqueólogo es un ser inexistente, verdaderamente una nada ontológica. Por eso la voz en primera persona no es decible, no se puede decir; decirla significa algo más. Esto me lleva a algo que tiene que ver con el canon. ¿Para ti qué significa hablar en primera persona *versus* el canon arqueológico? ¿Qué produce?

Henry: A mí me produce felicidad, catarsis, liberación. Siento que puedo escapar de toda esta literatura pesada, aburrida. Al hacer esto encuentro lo que realmente pensaba cuando hacía lo que hacía, al comienzo. Me re-encuentro a mí mismo, mi motivación, mi sentido, mi finalidad. Por ejemplo, cuando yo excavaba en el altiplano peruano de la cuenca del Titicaca a finales del siglo pasado escribí un artículo en el que explicaba la secuencia estratigráfica de un yacimiento que excavé pero no cuento por qué estuve ahí, por qué llegué ahí y por qué me mantuve en ese lugar durante un mes, dos meses, y qué me pasó en ese momento. La vida, mi vida, se había esfumado: las noches frías, la compañía, los amaneceres y atardeceres, la amistad de tus colaboradores, las comidas compartidas, y ese largo etcétera que, a veces, se olvida porque no es parte de eso llamado arqueología porque estar allí, en ese lugar y ese momento, sólo importaba por su capacidad y necesidad de reconstruir un pasado mientras mi presente era quirúrgicamente extirpado en la práctica de la escritura académica.

Por eso, a pesar de ello, mi artículo en este libro ahora me permite descubrir que estuve escribiendo cosas acerca de mi vida pero sin ser parte de la historia; me permite descubrirme como una persona que está explicando su vida o lo que hizo en su vida (una excavación, una campaña, una profesión) como si tuviese la capacidad de salir de sí misma (de desasirse) y explicar algo sobre lo cual no tiene control, como sus sentimientos o sus sensaciones. Recuperar esas capacidades de poder expresar todo eso que está alrededor de tu trabajo arqueológico devuelve la humanidad a tu práctica, al menos a la mía. Una humanidad imperfecta, plagada de errores y sentimientos y también alegrías porque, al fin y al cabo, para mí la arqueología es la búsqueda del descubrimiento de uno en el mundo.

Cristóbal: ¿Y eso te resulta subversor del canon?

Henry: Supongo que sí, aunque esa no sea mi primera intención. Mi primera intención es recuperar lo que yo fui en ese momento, porque me lo debo, se los debo. Cuando yo escribí mi texto para este libro recuperaba los elementos que eran importantes, por ejemplo, cuando me relacionaba con las comunidades, cuando hacía mis primeros trabajos de campo. El problema es que en la universidad te enseñan que tienes que escribir de una manera, que tus sentimientos, tus percepciones, tus problemas, tienen que ser extirpados de esas narrativas arqueológicas, enterrados en el patio trasero para ser descubiertos, si se tiene suerte, por alguien que busque tus "muertos". Y eso lo aprendes, funciona bien en el medio académico y por eso te parece perfecto (quizá porque este mundo alienado y alienante así te lo exige). Pero luego te pones a pensar por qué diablos estudiaste arqueología. De verdad, ¿esto era lo que buscaba? ¿Me siento realizado plenamente con esto? ¿Estoy conforme con mi transformación? ¿Me reconozco en lo que hago? Si yo hubiese querido hacer eso que me enseñaron quizás, para empezar, nunca hubiese estudiado arqueología; hubiese estudiado pues no sé qué, mecanografía. Claro, porque sólo hubiera tenido que aprender a trabajar con un aparato. ¿Dónde quedó todo ese descubrimiento, en el sentido de la exploración, de conocer los lugares no por el mero hecho de medirlos o de decir cómo son sino de vivirlos, en el sentido de vivir el momento, experimentar? Esto para mi es importante y, sí, es un sentido de subversión porque nadie lo hace o si lo hace se siente un aventurero solitario, un poeta de lo absurdo. Por ejemplo, en un simposio sobre la historia de la arqueología en el Perú presenté una ponencia sobre la década de los años 90, la década cuando yo estudié en San Marcos. Expliqué mi visión, obviamente sesgada, de un muchacho de un lugar con muchas situaciones económicas fuertes y en el contexto de una violencia del Estado y de los grupos subversivos. Yo lo expliqué tal cual me parecía, obviamente con un toque académico, con un contexto histórico, para explicar cuáles eran los resortes que habían movido todas esas cuestiones. Al final de la conferencia un colega se me acercó y como reprendiéndome me dijo que yo no podía hacer ese tipo de ponencia, que no podía hablar así, que no podía hablar de mí mismo, y que a nadie le importaba lo que yo pensara. Me dijo que yo no debería hacer esas cosas y que, además, mi visión era muy sesgada. Después publiqué la ponencia y varias personas me han dicho que ese texto recoge la vivencia de mucha gente, como ellos mismos la sintieron, y a mí me importa hacer eso, que la gente se reconozca en mi texto, lo que me hace sentir que viví lo que viví, que no estaba sólo, que no es una visión personal sino casi colectiva, justo como el conocimiento y la experiencia se construyen. Por eso en este libro hablo con más ganas, quiero desafiar, alentar, despojarme de mi academicismo y encontrar mi forma de expresión, si se quiere mi estilo, pero que al final eres tú, de verdad.

Cristóbal: Hablando de liberación, veremos qué produce el libro. No podemos anticipar a los lectores…

Henry: … pero yo ya he dado algunas partes del libro a leer a algunos amigos y les encanta. Alguien muy inteligente y, a la vez, sensible me dijo que este era el libro que hubiera querido leer cuando empezó a estudiar arqueología porque así entendería muchas cosas que le habían pasado y que le habrán de pasar. Si, esa magia es posible con un texto como este y si ayuda a alguien a lograr eso, ha valido la pena.

Cristóbal: Ese aspecto de la liberación tiene que ver con la forma como la disciplina va jodiendo a la gente, te va disciplinando. Cuando te preguntaba por la subversión estaba pensando en lo que Alejandro Haber llama indisciplinamiento. Tú no puedes pretender una transformación disciplinaria si lo primero que ocurre no es una transformación disciplinaria (¡perdón por la obviedad!). No se puede transformar la disciplina sin salir de los marcos disciplinarios. No puedes transformar la disciplina trabajando, solamente, dentro de la disciplina porque entonces no habrás hecho nada. En ese sentido, yo creo que este libro subvierte el canon de lo decible. Y eso ya es mucho. Eso no quiere decir, sin embargo, que todos los artículos aborden (o que sean conscientes de) lo que Eduardo Viveiros de Castro llamó "equivocación", la plena conciencia de que en una conversación intercultural los interlocutores hablan de cosas distintas. Por ejemplo, cuando un arqueólogo habla de patrimonio con un indígena está expresando un sentido del asunto que el otro seguramente comprende pero que no comparte. No hablan de lo mismo. El tema es que las disciplinas modernas se han encargado de que una de las partes en la interlocución, usualmente la que tiene autoridad, poder académico, ignore la equivocación, la pase por alto, la oblitere. Una parte importantísima de la formación de lo moderno, de la formación disciplinaria, es la ignorancia de la equivocación. El sujeto moderno asume que se está hablando de lo mismo y, al hacerlo, impone su visión del mundo y sus conceptos como si fuesen universales. Por eso la subversión del canon académico que implica narrar en primera persona puede ser aún más subversivo si incorpora el elemento de la equivocación. En la discusión sobre las alternativas a la arqueología, sobre la violencia de lo moderno, el elemento de la equivocación me parece fundamental. No basta con hablar en primera persona porque eso también se puede hacer respetando las fronteras disciplinarias. Así que este decir desde lo indecible puede tener muchos colores y, seguro, es un paso importante en la transformación de la disciplina, hacia su indisciplinamiento, pero es necesario ir más allá, mucho más allá.

Henry: La equivocación ya comienza a aparecer en algunos artículos. Aparece como la duda del autor con respecto a si los interlocutores se están entendiendo.

Entienden que hay una incompatibilidad de conocimientos entre el arqueólogo y el otro con el que se relaciona. Por eso los artículos tratan de ser simpáticos con esas otras visiones, sobre todo con las visiones indígenas, que son las que más aparecen en ellos. Pero, claro, no todos los artículos llegan a comprender, plenamente, a los grupos indígenas porque, además, aparecen de manera abstracta, salvo en unos pocos casos. En general, tienden a generar una suerte de comunidad imaginada, en el sentido de Benedict Anderson. Por eso creo que la transformación ocurre cuando tú realmente comprendes la vida de esas otras personas y no simplemente las consideras como tus informantes, cuando sabes qué hacen con sus vidas y cómo las hacen, cómo las sienten. Posiblemente ellas tengan más noción al respecto sobre nosotros que a la inversa. Pero quienes escribimos somos nosotros, no ellas. No son diálogos. Son una mala versión de una película original.

Cristóbal: Lo que yo quiero poner de relieve con el tema de la equivocación es que no todos los textos escritos en primera persona son plenamente subversores.

Henry: Sí. Algunos de los textos son políticos, incluso tienen simpatía por los otros con quienes tratan, pero siguen siendo arqueológicos. Los lees y no encuentras las historias laterales. Son como la película de Lars Von Trier, *Dogville*, ¿la viste?, que tiene lugar en un escenario negro en el que no hay ningún mueble, ni arquitectura, no hay atrezzo, solamente están los actores y las líneas en el suelo que delimitan los espacios. Así son algunos artículos: están solamente los actores, los espacios insinuados en el suelo con pintura. Están los actores pero no está todo el fondo. Se pierde la profundidad, el campo de visión y la riqueza del paisaje. Eso era lo que quería hacer el director de la película: eliminar el ruido y solamente centrarse en la expresión de los actores. Sin embargo, si no tienes el fondo no puedes comprender todo el panorama y todas las incidencias que se están generando.

Cristóbal: De acuerdo. Algunos artículos son más afilados que otros, pero todos los autores muestran que cuando tienen la oportunidad de hablar de otra manera, lo hacen. Hablemos de transformación, entonces. Cuando concebimos este libro pedimos a quienes invitamos que hablaran de su transformación como arqueólogos a través de su práctica que, usualmente pero no siempre, involucraba su relación con otro(s). Todos parecen haber sido transformados, aunque unos más que otros. Los más tocados, los más conmovidos, han escrito textos muy duros, muy en el límite. El primer destinatario de su dureza, ni que decirlo, es el propio escritor. Ese ejercicio tan duro, sin embargo, resulta curativo.

Henry: Claro. Por eso este libro debería llamarse *Arqueología y catarsis* porque te das cuenta de que los autores van ganando ese espacio y lo conquistan en el texto porque lo escriben, lo invaden, y lo expresan, se salen de los datos, de las campañas de campo, de los artículos, y ganan el espacio no enunciado. Escriben lo que nunca escribieron... y lo que debería escribirse, realmente.

Cristóbal: La escritura que algunos están haciendo es una escritura de transformación, quizás lo que nosotros pretendíamos. Pero, puestos en ello, me hubiera gustado ver más transformación, más movimiento, más conmoción en varios de los artículos. Cierto que esos textos poco conmovidos son sensibles y seguramente distintos de lo que se escribe en la literatura disciplinaria canónica pero no son transformados, no en el sentido de que siguen siendo arqueológicos. No están, cómo decirlo, en el campo de batalla de las luchas ontológicas sino, acaso, en las fronteras interiores de las negociaciones epistemológicas. Son multiculturales, entonces, ya que acogen versiones distintas de lo mismo —lo arqueológico— pero no se sitúan en los terrenos en que lo mismo es interpelado y conmovido por lo diferente. En ellos no hay sujetos interpelantes sino otros alterizados (orientalizados en el sentido de Said, dirías tú), no importa que sean reconocidos en su diferencia.

Henry: ¿Qué habría que hacer, entonces? Por ejemplo, creo que sería fenomenal singularizar aún más a los interlocutores para que no aparezcan como anécdotas sino como vivencias. Yo creo que si cuentas las cosas como son, sobre todo las más al límite, las que más te interpelan, podría hacerte bien porque dirías "para mí fue una experiencia muy fuerte, pero así la pude catalizar" o digerir y decir ya no, no más, y comenzar a hacer cualquier otra cosa, como un punto de quiebre.

Cristóbal: Ya que hablamos de ello estos artículos no transformados (o no tan transformados, para ser más justos) quizás tengan el lugar adecuado en el libro. Nos dan una excusa para hablar de cómo la gente está disciplinada y como no cambia enteramente, por más que las situaciones sean tan fuertes. Te da pie para decir cómo hay gente en la que más puede su disciplinamiento que su propia salida.

Henry: Pero otros sí pudieron. Es el estómago que tengas. También es una forma de explotar, es una cosa que tienes dentro y en el libro la gente ha liberado sus fantasmas. Ha desenterrado a los muertos de su patio trasero.

Cristóbal: Algunos.

Henry: Algunos, unos menos que otros y algunos se han desnudado. Otros no. Otros son más pudorosos. Otros no se miran al espejo desnudos. En este punto la arqueología es vital, fluye como la vida misma, se desborda. Hay niveles de transformación, y ahí radica la diferencia entre los artículos.

Cristóbal: Entonces, hablemos de diferencias, hablemos de niveles de transformación. No se trata del lugar donde trabajes ni con quién trabajes; por ejemplo, puedes trabajar en una zona indígena tradicional, bien alejada de los centros urbanos, pero puede no ocurrir nada, ninguna conmoción, ningún movimiento. La transformación ha de ocurrir en tu propia piel, ha de ser un cambio en la forma de ver, de sentir, de entender, de comprenderse, de relacionarse con los demás. Se trata de tener otra sensibilidad y, por consecuencia, otra actitud frente al mundo.

Henry: Tienes que estar predispuesto...

Cristóbal: Seguro, estar listo a reconocer la equivocación, ese tema que a mí me parece crucial. Varios artículos no la reconocen y siguen hablando desde bien adentro de los límites disciplinarios. Siguen hablando de lo mismo cuando los demás hablan de otra cosa. Aunque algunos de ellos hablan desde la emancipación y la democracia todavía lo hacen desde los barrotes de hierro de la modernidad. La "voz" que otorgan (¡!) a los pueblos históricamente ignorados y oprimidos está predeterminada por su posición en la jerarquía de la modernidad y en el pensamiento disciplinario. La emancipación y el cambio se exploran dentro de los límites intelectuales de la modernidad pero no por fuera de ellos. Entonces, ¿qué tenemos en el libro? Está la primera persona, que ya es bastante, que va más allá del canon de lo que se puede decir. Pero no todos los artículos son agónicos. Algunos sí, pero de ninguna manera son patéticos.

Henry: Son alegres. Son optimistas.

Cristóbal: Sí, son alegres, esperanzadores.

Henry: Son optimistas, con todo lo malo que les ha pasado y que dan ganas de traerlos y abrazarlos. Te dices, ¿cómo este tipo dentro de eso gris encontró lo azul? Y eso es fabuloso. Es una persona que se ha transformado sufriendo, pero sin dejarse ganar.

Cristóbal: No son patéticos. No hay nada de patetismo. Hay alegría, hay esperanza. Y eso está bien. Y la otra cosa que a mí me gusta mucho es que no son balanceados. A mí que no me jodan con el balance.

Henry: Sí, con lo formal, con que todos estén estandarizados.

Cristóbal: El tema no es un tema de balance. A mí me interesa tomar posiciones, algunas absolutamente sesgadas. ¿Estos artículos del libro son sesgados? Desde luego. En el momento en que empiezas a hablar en primera persona estás sesgado. Estás hablando desde ti, no estás hablando desde universales, neutros, objetivos, desde protocolos ya hechos, ya destinados. Yo apoyo el sesgo. Me gusta el sesgo. Lo creo necesario. Eso me lleva a otro punto. A hablar de lo político que hay en los artículos. Me parece que en ellos el conocimiento sí es plenamente político, sin ambages ni esguinces conceptuales. Aquí no hay autoridad que imponga, oculte o silencie. ¿Ves lo político en algunos de ellos?

Henry: Un montón. Es esta política de entender la situación en la que estás. Pero sobre todo lo político que nace de tu propia existencia, no en el sentido individualista sino cómo la experimentas socialmente y cómo creas formas de ver el mundo y formas de accionar en el mundo con base en esa política personal o individual. Yo creo que eso es muy político y se nota que los autores van buscando en su camino compañeros con quienes continuar el trayecto. En unos casos menos que en otros. En algunos casos están más aislados. El acto de escribir textos así, sabiendo a todo lo que te puedes enfrentar, desde la burla hasta la negación y la marginación, eso es político, aunque no sea tan explícito. Cada uno asume la política cómo le parece debería ser la política, porque la política es habitar en el mundo de forma activa. No son ortodoxos estos textos en ese sentido; son libres. Definen la política como una forma de estar en el mundo, compartir el mundo e incidir en el mundo. Eso es fenomenal. Tu no dices nada de partidos políticos pero dices que entiendes cómo te has reconocido en este trayecto de tu vida, te has expuesto al mundo y el mundo te ha dado de todo, malo o bueno y en este punto dices mi política va a ser esto, este es mi lugar en el mundo; ese es un acto político. Político, individual, personal, pero sigue siendo político. Ahora, tú encuentras simpatía, compañerismo con personas a tu alrededor y eso es, también, porque ellos han llegado a ese grado de formación que les permite compartir sin necesidad de regresar al pasado, a tu pasado, que es más vergonzoso. Que nunca será vergonzoso en el fondo, salvo para la gente idiota que dice que has dejado de ser consecuente con tu línea política y ahora eres postmoderno. Eso es una verdadera tontería porque la gente te etiqueta y justamente la no transformación es comerte la etiqueta, creerte la etiqueta. Este libro es sobre sacarse las etiquetas, es sobre salir en la vida, de avanzar en la vida. Esta diferente forma de ver las cosas parte de un proceso muy rico, o muy pobre, pero escrito al fin y al cabo, porque las sensaciones son las que mueven la escritura. Y termina siendo político porque es un posicionamiento ante la vida, ante la sociedad, ante tus compañeros. Yo creo que la gente va a decir "esta es otra persona". Se van a reconocer revividos, de otra manera.

Cristóbal: Yo creo que es encontrar el lugar de uno, en una red de acción que de otra manera desaparecería. Puesto a hablar de ello me gustaría señalar que en el proceso de describir redes en realidad lo que uno está haciendo es recomponiendo el mundo, restableciendo las relaciones que habían sido seccionadas por la ocupación de lo moderno. Porque en la descripción de redes lo primero que ocurre es que tú estás metido en la red, tú estás produciendo movimiento. En el caso de un trabajo etnográfico en el momento que tú entras a la red estás produciendo movimiento

Henry: Claro, tú transformas con tu presencia. Se acaba la perspectiva *etic* en el sentido de Marvin Harris. Ya no existe el etnógrafo inocente. Por ello seguir haciendo que los "informantes" y sus cosas sean tu objeto de estudio para escalar en la academia sigue siendo uno de los actos más violentos y coloniales en la actualidad.

Cristóbal: Totalmente; es violento porque en vez de registrar la interlocución, y su indudable poder transformador, ese sujeto queda reducido a un papel de servicio a la agenda académica. En la perspectiva disciplinaria de la arqueología no tiene cabida la relación intersubjetiva que define (que debería definir) el encuentro entre sujetos (el arqueólogo, digamos, y una plétora de sujetos y colectivos con los que interactúa) y que debería ser el lugar privilegiado del aprendizaje y de la transformación, que debería ser el lugar de negociación de cosmologías distintas. El lugar, en fin, de una práctica arqueológica en la que la interacción entre sujetos cree un campo de relaciones y subjetividades alrededor de la dimensión política de la cultura y la dimensión cultural de la política. El asunto, pues, no es epistemológico sino radicalmente ontológico. Esta participación intersubjetiva que describen los artículos no es la vía para observar y registrar sino el lugar para aprender y transformar. Incluso diría que el trabajo de campo pierde su centralidad como medio para ser también fin; deja de ser el lugar de recolección de información y se convierte en espacio social para compartir encuentros, demandados o no por necesidades puntuales. En la arqueología como disciplina, en cambio, el arqueólogo sólo interactúa con cosas, incluidas las personas de carne y hueso que deja aparecer a veces, como en la etnoarqueología, personas vueltas cosas para el lenguaje medido, medible, de la arqueología. Por eso el proceso de descripción de las redes es, al mismo tiempo, un proceso de transformación de las redes. A mí ya no me interesa buscar un nicho académico.

Me gusta lo que estoy escribiendo y con suerte alguien lo va a leer pero lo que en realidad me interesa es la recomposición. ¿Qué es esto en el sentido político? Lo que yo encuentro en varios de los artículos es que sus autores (nuestros amigos, a quien hemos convocado en este libro para que nos acompañen) están empeñados con la recomposición.

Muy dramáticamente. Ya están metidos en procesos de transformación y precisamente por eso los escogimos.

Henry: Son gente que ya está en su edad madura, que está bien difícil que vaya para atrás.

Cristóbal: Sí, pero, probablemente nunca lo habían escrito y, quizás, tampoco lo habían pensado. Porque se trata de escribir cosas que quizás pensabas desde hace tiempo pero que nunca habías encadenado y sólo ahora comienzan a tomar relevancia. Son los encadenamientos que nunca te habías mostrado. Entonces la escritura es tanto cauce como resultado.

Henry: Claro, así es. Es un diálogo nacido en la confianza de que ese escrito va a ser tratado como se merece.

Cristóbal: Ese sentido, insisto, no es agónico sino absolutamente esperanzador porque es un acto de recomposición. Porque lo que estamos buscando, aun si no lo decimos, son actos de recomposición en los que, vaya maravilla, lo primero que se recompone eres tú.

Henry: Reencontrándote...

Cristóbal: Sí, reencontrándote pero recomponiendo las redes. Por eso muchos de los artículos me parecen realmente políticos, con relaciones de una sensibilidad extraordinaria. Y esto, querido Henry, es realmente lo que buscábamos.

Henry: Eso es bueno, porque no toda la gente que va a leer ese libro está en el mismo proceso de transformación. Cada quién se irá reconociendo en su propia transformación. Eso también parte de la confrontación de las visiones de la arqueología, incluso desde el Estado. Lo que vemos es cómo la gente tiene una posición contra el Estado en el sentido de que es un ente de violencia estructural, simbólica, y desde de la universidad es epistémica. Es una posición frente a las ideologías oficiales y frente a las ideologías académicas. Yo no uso el multiculturalismo. Yo no salgo ganador de esa disputa. Yo retrocedo y vuelvo a mi fuero porque entiendo que otros dominan el paisaje. Para mí no es un fracaso que vayas a una comunidad y te expulsen. Al contrario, creo que eso es bueno. La comunidad sabe lo que tiene y eso está bien. Yo estoy con ella. Por eso creo que hemos llegado a un momento importante. Este libro es parte de este esfuerzo de crítica y transformación. Hemos luchado batallas de todo tipo y parece que aún seguimos adelante. No hemos agonizado en el trayecto. Este libro no será el más popular en la literatura arqueológica pero quizás sea uno de los más sentidos.

Este libro reúne todas esas y otras cuestiones pensadas a solas y también conversadas a lo largo de los años. Estamos invitando a los lectores a conocer el interior, lo más íntimo, tal vez, de nosotros, los autores. Queda en los lectores comprender pero, sobre todo, tratar de sentir el mensaje que hemos puesto detrás de las palabras. Después de todo, como siempre ha sido, no hay nada mejor que una conversación entre dos personas que ya no tienen nada más que ocultar. Los autores de este libro hemos dado ese primer paso. En fin. ¿Te parece que vamos cerrando? Ya va siendo mediodía y tengo hambre. Vamos a comer un tiradito.

SEGUIR LA HUELLA Y CURAR EL RASTRO

MEMORIAS DE UNA EXPERIENCIA COLECTIVA DE INVESTIGACIÓN Y MILITANCIA EN EL CAMPO DE ARQUEOLOGÍA ARGENTINA

Ivana Carina Jofré

Introducción

Cómo combinar lo vivencial con lo racional constituye la esencia del problema que tenemos entre manos a la hora de investigar la realidad con el propósito de transformarla, afirmaba Fals Borda (2015). Lo vivencial, desde el punto de vista ontológico referido por Fals, es aquella experiencia, tanto corporal como emotiva, constituida en el curso de las relaciones sociales donde se desarrolla una investigación. Podría agregar que esta experiencia es siempre en relación con otros (seres humanos y no humanos) y es producida en un contexto dialógico cristalizado en conversaciones cuya condición es la contemporaneidad entre los sujetos, aún sin estar co-presentes en un mismo tiempo y espacio (Santos 2010). Esta condición reveladora de la investigación es una disposición a la "apertura ontológica" por la cual es posible el diálogo intercultural y la trascendencia del sentido a través de una experiencia transformadora (De la Cadena *et al.* 2015). Desde este punto de vista quisiera hablar de mi transformación personal en el transcurso del ejercicio de la arqueología, tal cual propone este libro. Esto implica un necesario repaso por las sucesiones de transformaciones posibilitadas por el aprendizaje dialógico que la práctica investigativa suele habilitar si es comprendida como el arte de saber escuchar y pronunciar el mundo desde una práctica emancipadora.

Como bien ha explicado Alejandro Haber (2017) la arqueología como disciplina suele negar las relaciones sociales en las cuales ha producido su conocimiento para ocultar las relaciones coloniales y de desigualdad que le son constitutivas. Así como los vestigios o las "cosas arqueológicas" no son en sí mismos sino en las relaciones sociales en las cuales han sido convertidos en conocimiento (Haber 2017:25) también nosotros como sujetos somos en el curso de determinadas relaciones y conversaciones.

Conocer la arqueología

Comencé a estudiar arqueología en la Universidad Nacional de Catamarca en 1996, un año difícil a nivel nacional por la profundización de la crisis económica y política provocada por la drástica neoliberalización del país durante la presidencia de Carlos Saúl Menem, lo cual significó una fuerte privatización de los servicios del Estado y una inflexible cartera de recortes salariales que recayó sobre los sectores sociales más vulnerables. A nivel provincial daba inicio el juicio oral y público por el violento asesinato de María Soledad Morales, hecho que conmocionó a la provincia de Catamarca durante muchos años. La violencia política de aquellos años se expresaba en estos crímenes impunes, femicidios que la sociedad aún no se atrevía a denunciar o siquiera mirar como vinculados a una estructura política, económica y social profundamente patriarcal. En este contexto y con dieciocho años abandoné la provincia de San Juan para trasladarme a más de 600 kilómetros de distancia, a la provincia de Catamarca. Llegué con las ilusiones que me había forjado en mis años de estudiante secundaria en la Escuela Normal Sarmiento en la ciudad de San Juan, donde había investigado la importancia de la arqueología en la escritura de la historia de los pueblos del mundo. Me sentía atraída por aquella historia no contada, previa a la llegada española y a la república, esa historia oculta en los rastros y huellas que hay que develar. La tarea de la investigación era una provocación fascinante para una adolescente fuertemente atraída por conocer lo oculto detrás de aquello enterrado en el pasado.

En San Juan dejaba atrás a mi familia, a mis hermanas y a mi querida abuela, quien me crío con mucho esfuerzo solo con la ayuda de una pensión jubilatoria, que por aquellos años solo le alcanzaba para llegar a mitad de mes. Por fortuna la Universidad Nacional de Catamarca me recibió con un paquete, mínimo pero importante, de ayudas económicas y beneficios a través de becas de residencia y trabajo con las cuales pude sostener medianamente los estudios. Eran muchas las posibilidades de fracasar en un tiempo difícil para entrar a la universidad. Pero con el tiempo lo más difícil serían los obstáculos que me presentó la propia carrera y su práctica académica, una suerte de rituales patriarcales que nos vomitaba en la cara, especialmente a las estudiantes mujeres, la imagen especular del arqueólogo macho, que cual patriarca ordenaba las relaciones intra-académicas, siempre desde una epistemología de la violencia, a veces de manera menos explícita y otras no tanto. Estas prácticas "reductoras de cabezas", privativas no solo de los profesores hombres sino también de las profesoras mujeres, literalmente aplastaban cualquier deseo de dedicarse a la arqueología y, por lo general, terminaban echando a lxs estudiantes de la carrera, aun antes de iniciarse en ella. Es por eso también que la carrera de arqueología se caracterizaba por tener lo que llamábamos "estudiantes crónicos" que podían deambulan años, décadas, en los pasillos de la institución universitaria, un mal bastante común entre los estudiantes de mi generación en Argentina. ¿Cuál era esa generación? Una generación (de)formada por la cultura política neoliberal de los años 1990, alienada en sus acciones, vaciada de utopías político sociales, convencida del "fin de la historia", "del no te metas". Veníamos de una historia previa de violentas rupturas políticas y culturales provocadas por las dictaduras cívico-militares que habían impactado en la universidad argentina que nos tocó transitar.

Por los años en que ingresé a la carrera la arqueología que nos ofrecían tenía un programa de estudios afín a los intereses de una sociedad argentina derrotada por el neoliberalismo económico y una universidad inspirada por el positivismo lógico. Abundaban las lecturas de Lewis Binford, Collin Renfrew y Michael Schiffer y los cazadores-recolectores ocupaban casi toda la atención de la práctica y teoría arqueológica dentro de las clases en el aula y en los gabinetes de investigación. La arqueología era excavación o no era nada y sin cucharín y algún instrumento de medición el pasado no podía ser abordado desde la disciplina. Esas parecían ser algunas de las máximas del disciplinamiento arqueológico de aquel entonces. Largas listas de fechados y nombres de sitios arqueológicos, discusiones enfrascadas en las tipologías de objetos, acaparaban todos los temas del programa de las materias.

De vez en vez algún docente poco consecuente nos mostraba de rabillo algún libro a contramano de la ortodoxia. La lectura de textos como *Interpretación en arqueología* de Ian Hodder (1988) o *Fenomenología del paisaje* de Christopher Tilley (1997) era excepcional en este escenario de una arqueología pura y dura. De todas formas la hermenéutica y la historia eran para nosotros algo indescifrable. Si éramos los estudiantes de una generación privada de la interpretación de su propio presente, ¿qué pasado podíamos interpretar? Alienados acudíamos a un escenario universitario con pocas oportunidades para pensarnos como sujetos políticos. La transformación de nuestras conciencias sociales e históricas no era posible en ese espacio público. Aquello solo ocurría en otro tiempo-espacio: el de las campañas arqueológicas. Solo allí acontecía el acercamiento con la otredad de otros sujetos, lugares, memorias, territorios. Algunos tuvimos la suerte de toparnos con la otredad radical que nos obligó a mirarnos también como otros (y otras) subsumidxs en relaciones desiguales de poder. La arqueología, entonces, empezó a dejar de parecerme tan moderna y colonial, no porque ella no lo fuera sino porque empecé a darme cuenta de que el trabajo no radicaba en aprenderla sino en desaprenderla tal y como me la habían enseñado.

Desaprender la arqueología

En el 2005 la Universidad Nacional de Catamarca apoyó, con financiamiento económico y académico, mi primer proyecto de investigación y desarrollo como joven investigadora, y en la provincia de San Juan, mi lugar de origen, que había dejado atrás para estudiar la carrera de arqueología. Para este proyecto convoqué a amigos/as conocidos durante nuestras campañas como estudiantes, especialmente durante mi larga estancia en el grupo de investigación dirigido por Alejandro Haber en la Puna catamarqueña; Alejandro orientó mi tesis de grado en torno a las prácticas domésticas vinculadas al fuego en Tebenquiche Chico. Por aquel entonces el país se perfilaba a dar giros importantes en la administración de gobierno bajo la presidencia de Néstor Kirchner.

Los movimientos de piqueteros desocupados e indignados, luego de la catástrofe económica que sufriera Argentina en 2001, y las organizaciones indígenas con mayor protagonismo social y las emergentes asambleas ambientales ciudadanas en las provincias habían reconfigurado el panorama de los movimientos sociales, ahora activos y en pie de lucha por recuperar los derechos perdidos de los trabajadores y trabajadoras y frenar el avance del modelo depredador iniciado en la década anterior. En ese marco comenzaron a aparecer novedosas y refrescantes ideas y organizaciones interpeladas por la crisis; entre ellas se destacaba el Colectivo Situaciones[1]. Algunos otros colectivos de expresos políticos en las provincias argentinas también tomaban una fuerza importante en la tarea de pensar la memoria como herramienta de transformación y cambio político-social. Algunos de mis compañerxs habían participado de algunas experiencias de trabajo con colectivos de expresos políticos donde también militaron activamente antropólogxs pensando/haciendo/enfrentando nuevos desafíos planteados en la recuperación de ex Centros Clandestinos de Detención como espacios de memoria colectiva y popular (experiencias inéditas hasta ese entonces). Fue así que alentados por estos antecedentes decidimos conformar el Colectivo de Arqueología Cayana[2] bajo la manifiesta idea de transformar la práctica y teoría arqueológica, buscando indisciplinarnos y, sobre todo, transformar las relaciones sociales injustas a partir de una práctica comprometida críticamente con la transformación cultural del país y sus provincias.

> Este es un colectivo en el cual abordan muchos sujetos diferentes, que juntos arriban a un lugar ideal y común. Este viaje define a todos aquellos que abordan ese colectivo, en el cual todos son afectados, cambiados, por la sola interacción.

---

[1] http://colectivosituaciones.blogspot.com.co/p/colectivo-situaciones.html (sitio visitado por última vez el 28 de enero de 2016).

[2] https://cayanacolectivodearqueologia.wordpress.com/ (sitio visitado por última vez el 05 de agosto de 2017).

Las ganas de creer que es posible es lo que impulsa a abordar el colectivo, y esta sola acción lo define como real, ya no utópico. Como un amigo lo dijo, este colectivo tiene un chofer, pero nadie te pica el boleto y los asientos no están numerados. El valor inicial del boleto es muy bajo, uno establece su precio, pero luego puede adquirir un costo muy alto, abandonar la seguridad de lo individual y enfrentarse con uno mismo.

El itinerario de recorrido del colectivo representa la búsqueda en conjunto, con paradas que posiblemente sean muchas y distintas, quizás frustradas, quizás felices, quizás sorpresivas. En su lugar de partida el tanque del colectivo está lleno, mañana probablemente merme, pero se vuelve a llenar con las ganas. El lugar de llegada es infinito, nunca termina, con o sin sus viajeros, que llevan consigo el colectivo a todos lados. Finalmente, el viaje mismo es regocijante y aleccionador.

¿Por qué formar un colectivo? Este es un colectivo de investigación-acción-militante que se formó en respuesta a las ganas de redefinir la práctica de la investigación arqueológica tradicional que conocíamos desde nuestras formaciones académicas.

Fundamentalmente, nos preguntamos por qué, para qué, desde dónde, con quién, para quién y contra quién hacíamos investigación.

¿Qué entendemos por un colectivo? Un colectivo implica para nosotros una forma de pensar colectivamente, poder pensar en nosotros más allá del "yo". Lo cual supone romper las barreras del emisor y el receptor, lograr desdibujar los límites de ambos para la comunicación. No obstante, el "nosotros" tampoco implica negar las individualidades, los sujetos particulares que hacen al colectivo. Cada uno aporta lo que posee; esto hace posible pensarse a uno mismo desde y con el "otro" para construir algo común. De ahí que este colectivo esté compuesto por arqueólogos y no arqueólogos (otros profesionales, sujetos y comunidades en general) reunidos por un objetivo común y para trabajar en coautoría. Como todo grupo humano poseemos diferencias, las cuales se complementan, más no se contraponen o enfrentan.

¿Qué significa Colectivo de Arqueología? Para nosotros la arqueología es una ciencia humana que puede ser todo aquello que nos propongamos; solo estamos seguros de lo que no es. La arqueología no es: –Solamente una práctica metodológica de campo (excavación). –Un discurso legitimador. –Un elemento de prestigio social. –Un conocimiento acabado, exacto y superior. –Un conocimiento fragmentario separado de otros tipos de conocimientos. –Un saber acotado al pasado y desvinculado del presente y futuro. –Solo la búsqueda de los restos materiales del pasado. –Un hobby o pasatiempo. – Un trabajo o relación contractual obligada y alienante. –Un saber privativo de los arqueólogos. Este colectivo es arqueológico porque ésta es sólo la vía de entrada, la excusa de la reunión, como podría ser cualquier otro tema. Es la vía de entrada respecto a nosotros, es desde donde nos hacemos preguntas.

¿Por qué la Cayana? María y sus hijos nos contaron que en Malimán (Departamento de Iglesia, San Juan, Rep. Argentina) las cosas arqueológicas ("las cosas de indios") no pueden tocarse porque la radio, la universidad y la gendarmería así lo dicen pero, sin embargo, todavía pueden juntarse por ahí las "cayanitas". Las Cayanas eran antiguas ollas grandes que se usaban para hacer chuchocas, locros y otras comidas; por extensión algunos de los pobladores más viejos identifican a los fragmentos de cerámica aborígenes como partes de cayanas rotas; de ahí que sean "cayanitas". Un fragmento que es parte de un todo. Igualmente, la "cayanita" es eso que todavía es suyo, que no pudo ser expropiado, arrebatado y que, por eso, "es cotidiano" en su convivencia diaria con paisajes sociales de historias remotas. La cayana es libre, es el pasado hecho presente, el espacio de resignificación y, por eso, de resistencia. ¿Cómo trabaja el colectivo? No tenemos objeto de investigación, creemos que sólo hay sujetos en interacción. Quienes integramos el colectivo sostenemos la necesidad de confirmar nuestro compromiso sincero con la tarea y de exigir esto a quienes quieran sumarse al mismo. Este compromiso sincero es un posicionamiento frente a la vida; es un compromiso con el otro, con el colectivo. No es una acción mecánica; es un compromiso personal; es sentir las ganas de querer hacerlo y no sentirse nunca obligado. Es romper con la rutina, animarse y arriesgarse a reflexionar críticamente y con sentimiento, involucrándose en cada acto mínimo de la investigación-acción (Declaración de principios del Colectivo Cayana, febrero de 2006).

A comienzos del 2000 el panorama de las universidades argentinas, particularmente en el campo de las ciencias sociales y humanas, era todavía muy escéptico de las transformaciones promovidas desde abajo, desde las bases, y había un fuerte cuestionamiento a los movimientos sociales, organizaciones civiles y étnicas que venían a retomar las riendas del cambio social y cultural. En los primeros años de conformación del colectivo algunos colegas antropólogos nos acusaron en congresos y reuniones de apoyar ideas anti-Estado y nos culparon de setentistas, aludiendo a la idea de que estos proyectos de cambio social habían sido derrotados por las dictaduras latinoamericanas, cuya prueba eran los 30.000 desaparecidos políticos de la Argentina.

También en esos años se mantenía una especie de incomodidad de parte de esa generación hacia los jóvenes que, como nosotros, queríamos involucrarnos en nuevos proyectos políticos sociales desde nuestras profesiones. No obstante, el debate político de aquellos años negros y de sus alcances de exterminio ideológico y cultural no se daba fácilmente; era ocultado, retaceado, tanto en los programas de estudios en las universidades como en los espacios de la opinión pública. ¿Cómo pensar una nueva sociedad distinta sin la memoria de los hechos traumáticos de nuestra historia reciente y no tan reciente? Estas preguntas acechaban todo el tiempo nuestras conversaciones sobre lo que deseábamos hacer desde la arqueología pero, para nuestro pesar, no había demasiados interlocutores en la disciplina; éramos jóvenes atrevidos, irrespetuosos con los dogmas académicos. Nos hacían preguntas como ¿ustedes qué hacen? y ¿hacen arqueología o algún tipo de travestismo *hippie* posmoderno? y nos decían "no se entiende bien a dónde quieren llegar".

Optamos por a salir a buscar otros interlocutores para nuevos diálogos transformativos; salimos a buscarlos en otro lado, fuera de la disciplina, "fuera de lugar". En sentido lato realizábamos un proyecto de una arqueología utópica. Las comunidades del norte de la provincia de San Juan fueron el primer lugar donde empezamos a pensar en clave del conocimiento local (*Figura 1*).

Figura 1. Conversaciones con Don Juan. Jáchal, 2007. Foto de la autora.

La pelea contra los colonialismos

La experiencia del Colectivo Cayana nació, además, en un contexto particular de producción critica en abierto enfrentamiento con la arqueología normativa practicada en la provincia de San Juan, región de Cuyo o centro-oeste de Argentina y con los ideales políticos, sociales, culturales y económicos que representa. En esta provincia las investigaciones arqueológicas predominantes son producidas desde la década de 1960 por el Instituto de Investigaciones Arqueológicas y Museo "Prof. Mariano Gambier", dependiente de la Universidad Nacional de San Juan (en adelante IIAM- UNSJ). Su relato histórico cultural arqueológico es de tipo discontinuista, es decir, plantea el recambio poblacional como motor del cambio cultural, alimentando la idea de la extinción indígena y la negación de la continuidad étnica en el presente (Jofré 2008, 2013). Los fundamentos colonialistas de estas investigaciones recibieron fuerte influencia de la doctrina sarmientina (del educador, estadista y escritor Domingo Faustino Sarmiento), llevando al campo histórico arqueológico la dicotomía civilización y barbarie y la confianza en el progreso promovido por el liberalismo decimonónico y sus posteriores variantes político-ideológicas.

Aquel perfil ideológico, afín a la hegemonía político-social preponderante en la provincia, permitió a esta arqueología normativa instalarse como la única voz autorizada en la construcción discursiva del pasado indígena en San Juan. Proveyó de un relato que sirvió de fundamento durante mucho tiempo a las elites blancas para representarse a sí mismas como las forjadores e impulsoras del desarrollo cultural, social y económico de la provincia y la región, utilizando el relato arqueológico como fuente de ideas para construir y sostener determinados "mitos de origen" de la provincialidad sanjuanina. "El indio warpe" formó parte representativa de estos mitos hasta que en la década de 1990 el fantasma cobró cuerpo y vida en las crecientes demandas que saltaron al tapete publico exigiendo el reconocimiento de la diferencia étnico-cultural como principio articulador de una serie de demandas posteriores (Escolar 2007), entre ellas la recomposición territorial, la restitución de lugares sagrados y el acceso a la educación intercultural (Jofré, Ed., 2014).

Como resultado del monopolio de este tipo de producción en las investigaciones locales las agencias del Estado provincial encargadas de la salvaguardia y protección del patrimonio cultural y natural local se encuentran fuertemente atravesadas, en la letra de su legislación y práctica cotidiana, por esta arqueología normativa y colonialista. Existe hoy en día un predominio de una política de patrimonialización estatal de tipo conservacionista, fuertemente apoyada en el sector empresarial minero privado (transnacionalizado) y a contramano de las reinvindicaciones étnicas y sociales que promueven las comunidades y organizaciones indígenas y rurales campesinas (Jofré, Biasatti y González, 2010; Jofré, Galimberti y Biasatti, 2010; Jofré 2013, 2015).

En un marco político mayor esta orientación en este tipo de arqueología y gestión patrimonial en San Juan fue afín a la política de la gestión de gobierno que durante la última década estuvo bajo el mandato de José Luis Gioja. Desde 2003 hasta la actualidad la provincia de San Juan reorientó su Plan de Gobierno hacia un acelerado proceso de modernización mediante la transformación de la economía hacia un fuerte modelo neoxtractivista megaminero por el cual se promocionó a San Juan como "capital de la minería argentina" (Jofré 2015).

La construcción colectiva de conocimientos

Desde el Colectivo Cayana se adoptó una perspectiva etnográfica dialógica enriquecida, principalmente, por los postulados del filósofo del lenguaje Mijail Bajtín y del educador popular Paulo Freire. Para Freire existir humanamente es *pronunciar* el mundo, de modo que el *mundo pronunciado* retorna problematizando a los propios *sujetos pronunciantes*, exigiendo un *nuevo pronunciamiento* (Freire 2002). Desde esta perspectiva el diálogo se produce en este encuentro de los sujetos mediatizados por el mundo, "es el encuentro de los hombres (y mujeres) que pronuncian el mundo" (Freire 2002: 107). Se trata de un encuentro que supera el yo-tú y solidariza la reflexión y la acción, encauzadas en la terea de transformar el mundo pronunciándose. Para Bajtín toda enunciación discursiva supone siempre un interlocutor; el atributo principal de todo enunciado es su carácter destinado, modulado por la presencia del otro. Por eso el diálogo se construye en esa mutua adecuación de hablar no solamente para sino por otro (Margarit, citado en Arfuch 1995). Las formulaciones de Bajtín acerca del diálogo subrayan la otredad del lenguaje, es decir, ligan el proceso comunicativo a la producción de alteridades en el discurso literario. Esto es algo que demostraría Edward Said (2004) en *Orientalismo*; ese texto abonó a la escritura de obras pioneras de la reflexión etnográfica, como *Writing culture* (Clifford y Marcus 1986), compilación que marcó una nueva e importante crítica hacia las premisas de la antropología cultural clásica (Abu-Lughod 2012).

Centrados en la concepción de la otredad del lenguaje intentamos poner en práctica una "construcción colectiva de conocimientos" (Jofré *et al.* 2008; Jofré y González 2008; Biasatti y Jofré 2010). Este concepto reconoce aquella otredad que preexiste y configura a los sujetos sociales, enfrentándolos en un diálogo con otras voces, otros interlocutores, destinatarios y receptores en una relación intersubjetiva de diferencia y simultaneidad. Desde esa perspectiva dialógica, que fue nutriéndose a medida que nuestras investigaciones avanzaban, iniciamos un primer proyecto centrado en el estudio de narrativas y representaciones sociales desde lo que, por ese entonces, se presentaba como una línea prioritaria de los financiamientos de la Secretaria de Ciencia y tecnología de la Universidad Nacional de Catamarca: la transferencia educativa. El concepto asociado a esta línea prioritaria era el apoyo de proyectos dedicados a transferir conocimientos específicos y especializados producidos en el ámbito universitario hacia sectores de la sociedad a partir de diagnósticos previos. Esta no era una idea con la que comulgábamos, por lo cual adoptamos la estrategia de inscribir el proyecto en esta línea prioritaria pero redefiniendo el uso teórico y metodológico del concepto de acuerdo a nuestros objetivos. En aquel primer proyecto de investigación nos propusimos conocer las narrativas locales y sus modos y géneros privilegiados relacionados con lo indígena o aboriginalidad (*sensu* Briones 1998) como mecanismo de producción de alteridades históricas y como dispositivo de cristalización de la identidad colectiva en San Juan. También abordamos las representaciones sociales de la arqueología como práctica científica y social y del patrimonio cultural arqueológico, con sus representaciones privilegiadas en museos y espacios de educación formal y no formal en pequeñas comunidades adyacentes a la zona cordillerana y en espacios de educación universitaria.

Como punto de partida nos planteamos abandonar la certeza del "conocimiento científico", adoptando un "acto de escucha". Acogimos metodologías de entrevistas informales no dirigidas, encuentros varios tipo taller de diálogo y debate. La actitud, aparentemente pasiva, era en realidad una propuesta de "conocimiento y aprendizaje" invertido. Esto implicó la propuesta de desafiar las jerarquías establecidas en la producción de conocimientos, subvirtiendo las relaciones sociales al romper las estructuras jerárquicas del emisor y receptor. Esto no tenía nada de pasivo y su ejercicio requería, más que un entrenamiento académico, una apertura crítica hacia uno mismo, un control y monitoreo constante de nuestra reflexividad teórica y de nuestra capacidad emocional para lograr un real acto transformador de nuestras subjetividades, de nuestras estructuras mentales y, sobre todo, de nuestra sensibilidad para captar aquello que de otra manera no estábamos viendo o escuchando. ¿Cómo preguntar acerca de algo que desconocemos? Nos enfrentamos al dilema antropológico del aprender a preguntar (Guber 2005). No obstante, para aprender a preguntar hace falta aprender a escuchar y mirar "de otra manera", dejándose atravesar por la experiencia en que acontece el diálogo con los otros, animándose a ser tocado, transformado por ese diálogo que, al fin y al cabo, no es solo comunicación verbal puesto que sucede aún en el silencio, con gestos, y aún en lo no dicho (Bajtín 1999). No eran ellos (los otros de nuestra investigación) quienes debían ser tocados o transformados por nuestro conocimiento; éramos nosotros quienes debíamos ser capaces de re-situarnos en la relación dialógica. Esta fue la base simple y clara que se transformó en eje estructurador de nuestro abordaje metodológico-etnográfico para pensar-hacer- desear "otra arqueología".

De esta manera, para nosotros la única manera de construir un conocimiento nuevo era hacerlo de forma colectiva con (no sobre o a costa de) la gente con quienes queríamos colaborar para que la arqueología pudiese ser un vehículo posible para la transformación de la realidad de los pueblos y comunidades. Aquí nos enfrentábamos a otro gran dilema, aún más difícil de resolver: ¿era posible convertir a la arqueología en una herramienta de emancipación? Aquello representaba casi un imposible, involucraba graves problemas epistemológicos y prácticos, justamente porque el conocimiento arqueológico y sus agentes habían sido artífices de los principales procesos de expropiación cultural que las comunidades locales denunciaban (Jofré et al. 2008; Jofré y González 2008; Jofré 2011, 2013, 2014).

Indisciplinarse

Algo destacable de nuestra experiencia de investigación y militancia social en San Juan fue el hecho de que durante estas investigaciones nos habíamos topado con prácticas locales diversas puestas en marcha por distintos actores y comunidades sociales, vecinales, indígenas y educativas, todas determinadas a "disputar el sentido hegemónico del llamado patrimonio arqueológico". Estas prácticas ponían en marcha diferentes acciones contra-hegemónicas, entendidas por nosotros como "procesos de contra-patrimonialización" activados de abajo hacia arriba y con distinto grado de impacto y visibilidad (Jofré 2013, 2015). La expropiación de las huacas, de "las cosas de los indios", del oro, del agua y de las tierras parecían formar parte de un mismo proceso de larga data (Jofré 2011, 2013, 2014). Por eso decidimos emprender proyectos de voluntariado universitario[3] con estudiantes en formación. Una particularidad de esos proyectos es que se desarrollan en sociedad entre cátedras, grupos de investigación y asociaciones civiles, sociales, indígenas, organizaciones del Estado, etc., representando una oportunidad valiosa y significativa en la formación de estudiantes y docentes universitarios, en la conformación y consolidación de grupos de trabajo. En este contexto novedoso, sin precedentes en el ámbito universitario nacional (en donde estos apoyos eran prácticamente inexistentes hasta entonces), nos propusimos plantear proyectos abocados a alcanzar pequeños objetivos a corto y mediano plazo. Desde 2008 el Colectivo Cayana se abocó a la formación "indisciplinada" de estudiantes de grado y postgrado de diferentes disciplinas (arqueología, antropología, historia, trabajo social y sociologíarincipales) y de distintas universidades (Universidad Nacional de Catamarca, Universidad Nacional de San Juan, Universidad Nacional de Rosario, Universidad Nacional de Tucumán, Universidad de Buenos Aires). Esto se hizo, principalmente, a través de proyectos de voluntariado universitario avalados por la Universidad Nacional de Catamarca y la Secretaría de Políticas Universitarias(*Figura 2*).

---

[3] El voluntariado universitario forma parte de las políticas del Estado nacional argentino (implementadas desde la gestión del 2003 del expresidente Néstor Kirchner) en materia educativa y busca fortalecer el proyecto de país inclusivo y solidario. Con esta impronta se propone generar un diálogo real entre la universidad y el pueblo, con la participación de escuelas, organizaciones sociales y la comunidad en general junto a los estudiantes universitarios y docentes con el fin de trabajar colectivamente en la planificación y logro de objetivos comunes, que no pueden ser otros que los de la mayoría. (http://portales.educacion.gov.ar/spu/voluntariado-universitario/). Estas oportunidades otorgadas a los estudiantes y docentes son desarrolladas en periodos no mayores a 12 meses y a partir de ellas se extienden créditos que sirven a los estudiantes en su currículo académico y profesional.

36 – Arqueologías vitales

Figura 2. Voluntariados universitarios del Colectivo Cayana. Rodeo, 2010. Foto de la autora.

Entre los proyectos y actividades realizados[4] se destacan concursos escolares (Poblete y Jofré 2007, 2008); presentaciones colectivas con docentes, maestros y referentes indígenas en congresos internacionales y nacionales (Rodríguez y Biasatti 2008; Poblete y Jofré 2007, 2008; Jofré y Molina 2009; Jofré, Biasatti y Rodríguez 2013; Rodríguez *et al.* 2010); muestras vecinales y tareas de conservación de piezas arqueológicas bajo tenencia de uniones vecinales locales (Biasatti y Jofré 2010; Biasatti *et al.* 2015); proyecciones de ciclos de cine-debate (Biasatti *et al.* 2010); talleres formales e informales de

---

4 Estos proyectos también fueron apoyados por otros subsidios, como las becas grupales del Fondo Nacional de las Artes, el Consejo Nacional de Investigaciones Científicas y Técnicas (CONICET) y la Secretaría de Ciencia y Tecnología de la Universidad Nacional de Catamarca.

teatro infantil en colonias de verano y escuelas rurales (Galimberti *et al.* 2010; Hope y Salinas 2010); presentaciones formales a instituciones de Estado con relación a demandas por la protección de lugares de memoria; escritura colectiva, presentación y divulgación de contra-informes denunciando los atropellos de la minería a gran escala y otros proyectos promovidos por las rentas mineras (Jofré *et al.* 2010; Jofré, Galimberti y Biasatti 2010; Rodríguez *et al.* 2010; Jofré, Biasatti y Rodríguez 2013); la producción, guión y filmación de un documental sobre demandas de restituciones de cuerpos humanos en colaboración con escuelas y organizaciones indígenas warpes (Jofré *et al.* 2011); el acompañamiento en la presentación de una demanda colectiva a la UNSJ por restituciones de restos humanos indígenas en razón de la aplicación de la Ley Nacional 25.517 (Jofré 2012, 2013, 2014); la producción general y divulgación de un CD de relatos orales de vecinos de la zona rural (Biasatti *et al.* 2014); la edición y publicación de un libro de memorias orales de la Comunidad Warpe del Territorio del Cuyum (Jofré, Ed., 2014); y la formulación de un proyecto de creación de un museo vecinal en la comunidad de Rodeo, Departamento Iglesia (Biasatti y Jofré 2010). Este último proyecto fue premiado por la Fundación Avon en 2009 con un pequeño apoyo económico para su gestión, posteriormente truncada por el contexto político económico local.

Una tarea importante del Colectivo Cayana fue promover en el grupo de estudiantes e investigadores la escritura colaborativa, su compromiso con el trabajo realizado y la actividad crítica frente a los objetivos de los proyectos promovidos. Varias veces escribimos trabajos colectivos repensando, críticamente, los proyectos o actividades "no exitosas" realizadas (Biasatti *et al.* 2010; Biasatti y Jofré 2010). Era una forma concreta de transmitir la idea de que los procesos de investigación, acción y militancia social son ensayos que permiten pensar "en y desde" la *situación*, es decir, sin predeterminar prácticas ni sujetos (Situaciones 2004):

> Esta actividad nos lleva a hacernos algunas preguntas en tanto trabajo que pretende una construcción colectiva, pero ¿cómo se hace en la práctica diaria? Quizás una de las principales dificultades con las que nos encontramos, y que la actividad del cine-debate puso en evidencia, es que tanto las problemáticas que pretendemos atender como el modo de hacerlo implican una proyección a largo plazo, requieren un trabajo sostenido y en nuestra participación en cada trabajo de campo o en cada una de las actividades sólo vemos una "pequeña" parte, lo cual entra en conflicto con nuestras expectativas de "ver resultados". Pero ¿qué resultados queremos observar? ¿Cuál es la tarea que pretendemos terminar? ¿Qué "parte" nos falta? ¿Qué sería el "todo" cuando hablamos de construcción colectiva?
> En una profundización llevada adelante en los debates pudimos explicitar posteriormente como parte de los supuestos del grupo qué entendíamos por aquello que "deberían" ser los "resultados" en tanto mirada heredada de arqueologías tradicionales con las que nos formamos, las cuales tienden a "cerrar" preguntas más que a plantearse nuevas dudas y/o a proponer cambios en situaciones que sólo se "diagnostican" (Biasatti *et al.* 2010).

Otra forma de indisciplinamiento adoptada como metodología de formación en el grupo de trabajo fue incluir a pobladores, docentes rurales, etcétera, además de profesionales en formación de otras disciplinas. En esta tarea se enfatizó una crítica fuerte a la "política interdisiciplinaria" dominante en el sistema universitario y científico:

La transdisciplinariedad afecta el quehacer mismo de las disciplinas ... introduce un viejo principio ignorado por el pensamiento analítico de las disciplinas: la ley de la coincidencia *oppositorium*. En el conocimiento, como en la vida, los contrarios no pueden separarse. Ellos se complementan, se alimentan mutuamente; no puede existir el uno sin el otro, como quiso la lógica excluyente de la ciencia occidental. En lugar de separar la transdisciplinariedad nos permite ligar (link) los diversos elementos y formas del conocimiento, incluyendo... los conocimientos que la modernidad había declarado como dóxicos (Castro-Gómez, citado en Galimberti *et al.* 2010).

De esta forma ensayamos otras formas de colaboración, como el teatro callejero y el juego infantil:

Dentro de estos límites académico-disciplinares una experiencia como la desarrollada en la Colonia de Verano de Rodeo se nos presenta como una alternativa fuera de los cánones establecidos, como una especie de transgresión de los contornos que nos marca nuestra pertenencia a la disciplina y a la universidad. Sin embargo en un modelo de diálogo transdisciplinar de saberes (Castro Gómez s/f) esto es posible: el teatro o cualquier otra forma de arte puede de ser explorada como formas otras de construcción colectiva, como lenguajes de sensibilidades y cuerpos, como lenguajes otros (Grosso 2009) donde la risa, el ridículo, las emociones, permiten dialogar y tender puentes con otros sujetos y con nosotros mismos.

Un modelo de este tipo permite embarcarnos en una manera diferente de hacer arqueología... Con esta actividad, el colectivo abrió el espacio para explorar otras formas de percibir, comunicar, escuchar, indagar, intentando buscar formas otras de vinculación —o vinculaciones otras— con la comunidad a partir de tópicos relacionados con el pasado local, en este caso, pero también abiertos a infinitos temas posibles. De esta forma, fuimos partícipes —personas y personajes— en la construcción de impresiones/sensaciones colectivas acerca de lo indígena, de lo patrimonial, de lo arqueológico, de lo propio, de lo ajeno; abriéndonos la posibilidad de construirnos en una historia que ya no nos es ajena, permitiéndonos sentirla y vivirla como propia (Galimberti *et al.* 2010).

Las sospechas y los enfrentamientos

Esta "manera de hacer y pensar las cosas" muchas veces resultó difícil de entender fuera del colectivo. Vecinos "conocedores de la arqueología", ya sea por haber acompañado en exploraciones a algunos arqueólogos o por haber trabajado en o para reparticiones pertenecientes a Parques Nacionales o museos locales, solían realizarnos muchas preguntas sobre los objetivos y finalidades de nuestras investigaciones. Usualmente los maestros de escuela rural, generalmente en aquellos lugares muy cercanos a sitios arqueológicos, nos pedían bibliografía, textos claros y comprensibles para "contar su historia". Por lo general, nos interpelaban con preguntas como qué eran las culturas arqueológicas, qué son las fases, quiénes habitaron aquí, finalmente. Estas eran preguntas irresueltas para ellos, justamente por su cercanía con los arqueólogos. Esto sucedía en varios rincones de los departamentos cordilleranos y valles, allí donde los lugares de la memoria indígena trazaban un paisaje milenario y donde la escuela era muchas veces el laboratorio de análisis de los fragmentos de cerámica (cayanitas), puntas de flecha, restos de tejidos antiguos que los estudiantes traían a pedido de los docentes.

Otros confrontaban de frente y sin tapujos nuestra "extraña forma de proceder". No estábamos realizando excavaciones, no traíamos libros para enseñar la historia indígena del lugar, ¿Qué era lo que estábamos haciendo? Algunos operadores del municipio en estos lugares llegaron a sospechar que nuestra insistente práctica de convocar reuniones con los vecinos en la unión vecinal local proyectando películas críticas sobre la minería contaminante o sobre procesos de autonomía de comunidades era parte de algún programa secreto de trabajo político realizado por nosotros "por encargo de actores opositores al gobierno de turno".

Llegaron, incluso, a enviar a nuestras reuniones y talleres algunos empleados de la municipalidad encubiertos para "saber de qué se hablaba allí".

Todas estas sospechas "de nuestra tendencia política de izquierda" y de nuestras "falta de rigor científico" se confirmaron cuando nos opusimos a varios proyectos turísticos y patrimoniales propuestos para la zona que atentaban contra la autonomía de las comunidades locales. Este fue el caso, por ejemplo, de lo sucedido en torno al tratamiento del alambrado perimetral de la aldea arqueológica de Angualasto:

> En el año 2007 se planificó la ejecución de un proyecto turístico cultural que tenía como protagonista, una vez más, a la aldea arqueológica de Angualasto. Ideado y diagramado por personal del IIAM de la UNSJ y la Dirección de Patrimonio Cultural dependiente de la Subsecretaria de Cultura de la Provincia de San Juan, el proyecto planifica la construcción de una serie de instalaciones, entre las cuales se encuentra un nuevo predio para

salas de exposiciones arqueológicas, laboratorios y un complejo turístico con hospedaje, entre otros. Pensado como proyecto turístico cultural prevé la supuesta generación de puestos de trabajo para los pobladores, aunque su mayor atención está focalizada en la generación de recursos económicos para la provincia y el Municipio de Iglesia. Uno de los puntos que contiene el proyecto es el cercado de la aldea arqueológica, tema crucial que ha generado controversias dentro de la comunidad debido, especialmente, al impacto que esto podría ocasionar en la vida diaria de los pobladores.

El proyecto en cuestión tiene la particularidad de haber sido formulado sin la participación de la comunidad; ésta sólo tuvo conocimiento de la posibilidad del cercamiento a través de uno de los diarios locales, es decir, no se tienen noticias de, por ejemplo, quienes son los gestores de estas iniciativas y las características generales del proyecto. En el 2008 se llevó a cabo la firma de un convenio entre la Subsecretaría de Cultura de la Provincia y el Municipio de Iglesia para la viabilización del proyecto a través de la captación de un financiamiento proveniente de regalías mineras. En marzo de 2008 se pactó una reunión entre la comunidad de Angualasto, nuestro equipo de trabajo, el director de Patrimonio Cultural de la Provincia y representantes de la Secretaría de Cultura de la Municipalidad de Iglesia. La reunión se llevó a cabo en las instalaciones de la Escuela "Antártida Argentina" y no contó con la presencia de representantes del municipio. Aunque sí participaron, además de pobladores interesados de la localidad, entre ellos, docentes, alumnos y personal del Museo Indígena, líderes de organizaciones indígenas locales, ex dirigentes municipales y representantes de la recién creada Unión Vecinal, además de agentes guarda-parques de la Administración del Parque

Nacional San Guillermo y gendarmes del Destacamento Angualasto... Y si bien en la reunión llevada a cabo en la Escuela de Angualasto los pobladores tuvieron en cuenta la problemática del saqueo de piezas arqueológicas in situ en la aldea prehispánica (punto crucial para que el IIAM-UNSJ plantee el cerramiento perimetral del lugar) la opinión general era que el cercado no resultaba ser la mejor forma de evitar estas saqueos, posición que retoma los conflictos internos dentro de la comunidad y los conflictos con los/as arqueólogos/as del IIAM-UNSJ desde sus trabajos iniciados en el lugar desde comienzo de los años 70.

Como resultado de aquella reunión el Director de Patrimonio en aquel momento detuvo, temporalmente, la colocación del cercado en la aldea arqueológica, autorizando —de palabra— el uso de la tela donada por Barrick Gold para emprendimientos locales sugeridos por los propios pobladores de Angualasto (tales como el vallado de la toma de agua del poblado para evitar su posible contaminación por acción de los animales de ganado y caballares que pastan en los alrededores; el cerramiento del playón de juegos y deportes de la Escuela "Antártida Argentina" y del predio de la Iglesia). No obstante, hasta el momento la entrega de la tela a los pobladores no se hizo efectiva y se ha realizado, finalmente, la triunfal colocación de los postes que servirán de sostén al vallado perimetral de la aldea. Por su parte, los pormenores de las tareas para la ejecución del proyecto turístico-cultural mayor siguen siendo una incógnita para los pobladores de Angualasto y para nosotros, a pesar de la propaganda publicitaria del mismo en periódicos locales y páginas digitales del Municipio de Iglesia en donde los gobiernos de turno promocionan las "obras en marcha" de su gestión (Jofré, Galimberti y Biasatti 2010:184-187).

Otro de los proyectos de patrimonialización cuestionado por nosotros fue el Proyecto Qhapaq Ñan para UNESCO auspiciado por el gobierno provincial a través de convenios de colaboración con el Ministerio de Cultura y Turismo de la provincia y con el INAPL. En 2010, en la última fase de trabajo de este proyecto (para la propuesta de su declaratoria como patrimonio de la humanidad) que había iniciado casi diez años antes, los antropólogos y arqueólogos de la provincia de San Juan, del INAPL (Instituto Nacional de Antropología y Pensamiento Latinoamericano) y de FLACSO (Facultad Latinoamericana de Ciencias Sociales) aparecían en las comunidades del Departamento Iglesia proyectando "reuniones apresuradas" donde se informaba a la gente cuál era el desarrollo turístico que este proyecto traería al lugar, sin seguir, por supuesto, ningún procedimiento parecido a algún proceso de consulta, libre, previo e informado con relación a un proyecto vinculado desde sus inicios a IIRSA (Iniciativa para la Integración de la Infraestructura Regional Suramericana), destinada a ampliar la frontera neoextractivista desarrollista exportadora en Sudamérica (Díaz 2015; Jofré 2017).

Seguir la huella y curar el rastro

El origen del objeto de la arqueología se encuentra en el vestigio *(vestigium),* es decir, en la huella que deja la planta del pie (Haber 2017). Por lo tanto, investigar *(investigare)* sería seguir las huellas del pie (Haber 2017:37). Llevando un poco más allá esta relación en una apertura ontológica (De la Cadena *et al.* 2015) puedo sugerir otro tipo de relaciones que propone, por ejemplo, el conocimiento popular en San Juan, donde "seguir el rastro" y "curar a través del rastro" son prácticas muy extendidas entre las comunidades rurales desde largo tiempo.

Rastrear a una persona o animal es un arte interpretativo heredado a través de la práctica tradicional de la arriería y trashumancia propia de los pueblos cordilleranos. Esto implica una relación de conocimiento del territorio, de los lugares que lo componen y de los seres que lo habitan. Se trata, además, de una hermenéutica potencialmente curativa. "El rastreador" es una figura histórica de importancia colectiva en la memoria social de las comunidades de Cuyo (Sarmiento 1963) tanto como un corpus de conocimientos referido a la práctica de saber interpretar el territorio y sus cuerpos. Esto implica una dimensión terapéutica o curativa en la relación establecida en la tarea de interpretar las huellas; es por eso que las afecciones de las personas y animales se "curan a través del rastro". "Curar el rastro" supone, primero, una lectura de la enfermedad en la huella que deja la persona o animal y, posteriormente, consiste en apoyar el pie en las cenizas, en la tierra o en una corteza de árbol, donde se recorta la huella con cuchillo y se le da vuelta para revertir la aflicción que aqueja a la persona o animal. Esta relación entre el cuerpo de la persona y su rastro o huella manifiesta un tipo de conocimiento que puede ser usado tanto para curar como para enfermar. Así es la investigación arqueológica, también basada en la interpretación y que, desde este punto de vista nativo, podría servir para curar o enfermar, romper o re-establecer las relaciones sociales.

Desde la cosmovisión de la "curación del rastro" aplicada a la investigación arqueológica quisiera subrayar la dimensión terapéutica que para mí ha tenido la búsqueda del rastro de mis antepasados en el trascurso de mi carrera y de mi vida. La arqueología tuvo y tiene una dimensión curativa de la cual sólo me percaté cuando fui capaz de hablar de ello; esto recién sucedió cuando inicié mis estudios doctorales. Por eso en esta última parte quisiera referirme a las posibilidades que la investigación intercultural representa como proyecto personal y colectivo, más allá de los intereses corporativos de la disciplina.

Luego de transitar la carrera de grado entre 1996 y 2004 en 2006 comencé mis estudios doctorales, pero esta vez en un ámbito de formación distinto, en el Doctorado de Ciencias Humanas de la Universidad de Catamarca, un programa nuevo de postgrado con una orientación crítica, post y decolonial dentro de estudios sociales y culturales, no necesariamente referidos a la arqueología *stricto sensu*. De este modo, el trayecto recorrido en mi experiencia de investigación y militancia social en el Colectivo Cayana fue a la par de mi proceso de investigación doctoral, también situado en el norte de San Juan.

Por esos años, entre 2005 y 2006, había tenido dos experiencias breves, pero radicales, en mi carrera profesional. Una fue mi participación en el Programa de Salud de Médicos Comunitarios para Pueblos Originarios de la República Argentina y mi actuación en dos estudios de impacto arqueológico en proyectos mineros con inversiones de capitales transnacionales en fase de exploración en la provincia de Catamarca. Ambas experiencias me expusieron a situaciones complejas, muy exigentes, estresantes por su grado de violencia en las relaciones intra-laborales en las que se desarrollaron: planificaciones ministeriales con objetivos encubiertos, dobles discursos empresariales y estatales, realidades locales discordantes con los diagnósticos previos, sujetos sociales en vías de empoderamiento frente a un Estado ausente y entreguista y un modelo desarrollista perverso con poco margen para disentir una vez tomada la decisión de "salvaguardar el patrimonio". La gente angustiada por sus territorios y sus vidas me reveló el papel profesional de una arqueología y antropología inútiles sin una toma de posición frente a lo que nos estaba sucediendo a todos, no solamente a los pobladores rurales, indígenas o campesinos. Mi experiencia en estas intervenciones desde el ámbito estatal y privado me dejó la amarga sensación de la derrota de mis convicciones sobre la arqueología. Las experiencias dialógicas de investigación y militancia social con el Colectivo Cayana fueron una reacción a la crisis que me habían producido estas experiencias profesionales.

Interpelada por la realidad política, social y económica de nuestro país y sus provincias también entablé un diálogo profundo con mis antepasados. Recorriendo sus huellas curaba las mías, invirtiendo los sedimentos de mis memorias en sentido inverso, tal cual hace la curandera que conoce y ve en el rastro la dolencia que aqueja al cuerpo. Al seguir el rastro de las huellas de los antepasados para contar otra arqueología de estas memorias y sus materialidades repasaba mis huellas, identificaba el dolor y lo hacía palabras. Este ejercicio terapéutico me acercó a las organizaciones indígenas donde fui iniciada en el 2011 en una hermosa ceremonia y donde asumí el compromiso de luchar por la recuperación cultural del pueblo warpe (*Figuras 3 y 4*). El transito del ritual de paso a mi título de doctora estaba ineludiblemente ligado a ese mandato asumido, además, como proyecto de vida:

Figuras 3 y 4: iniciación warpe. San Juan, 2011. Fotos de María Belén Guirado.

Lo nuevo no era en sí misma la respuesta del puestero, el dibujo del petroglifo o el color de la vasija descubierta semienterrada sino mi capacidad de apertura para desplazarme hacia otro lugar de interlocución en el diálogo que ahora estaba dispuesta a entablar, diálogo en el cual yo, además, estaba interrogando abiertamente mi propia identidad. Ante las anécdotas típicas de la vida cotidiana que la gente compartía conmigo yo evocaba recuerdos vividos o transmitidos por mis abuelos sobre la vida "en el campo" y en este acto de recordar que los otros ejercitaban para mí yo también recordaba, es decir, ejercitaba con ellos mi memoria emotiva y comprendía hasta qué punto esa historia buscada en la memoria colectiva de este pueblo era también mi historia.

¿Pero qué era aquello que yo compartía realmente con mis interlocutores? Estas memorias de lugares, eventos y personas evocadas en mi memoria en realidad me fueron transmitidas oralmente por mi abuela materna, quien me crio desde pequeña, después de la muerte de mi abuelo. Ambos eran oriundos de Huaco y Pampa del Chañar, pequeñas localidades tradicionales de Jáchal; a través de ellos recibí el legado de la añoranza de un pago en el que nunca había vivido y que en muchos aspectos me era prácticamente desconocido. En la añoranza del pago había algo más profundo que me identificaba, algo que indiscutiblemente era también mío, algo que me era propio y que me llevaba a pronunciar el mundo tal como podían hacerlo también ellos, mis interlocutores campesinos, puesteros, indígenas, baqueanos, lugareños, como quisieran mostrarse ante mí y frente a los otros. Definitivamente, éramos hijos del mismo trauma histórico heredado de nuestros antepasados, quienes padecieron el genocidio étnico y desposesión

> territorial de un pueblo. El trauma trans-generacional no nos reunía en un punto de vista común, nos unía solidariamente en un mismo dolor. No se trataba de una solidaridad empática con el punto de vista del nativo (Geertz 1994). En este caso el rol del etnógrafo y el nativo estaban diluidos, explotados; dicho de otro modo, estas categorías antropológicas carecían de sentido para describir este encuentro. La historia de conquista y colonización nos dolía en carne propia porque para nosotros se trata de una historia traumática de dolor e injusticia que nos ha puesto indudablemente donde hoy estamos y esto nos diferencia a la vez que nos une en la memoria de un pueblo todavía vivo (Jofré 2013:43- 44).

El ritual de paso académico en el doctorado me planteó muchos obstáculos, algunos inesperados, como la "acusación de no haber probado suficientemente mi identidad indígena" en mi trabajo de tesis. Cosa absurda cuando es sabido que esta opción por una identidad indígena no tenía nada que ver con el manojo de palabras, teorías y metodologías explicitado en aquel manuscrito. Es posible que ni aquella tesis ni la nota que la evaluó representaran ni una pequeña porción de lo que yo había atravesado en mi transformación durante aquellas conversaciones entabladas durante el largo transcurso de cinco años, después de haber recibido el título de grado. ¿Qué relación de colonialidad había allí en este ritual de paso de india a doctora, de doctora a india? Resolví que ese no era el lugar para decirlo, tampoco para discutirlo, quizás porque tampoco tenía las palabras, quizás porque no necesitaba las palabras. Pero esa conversación la llevo conmigo siempre, no me abandona, provocándome, movilizándome.

Un tiempo después me animé a contar fragmentos de mi historia familiar en el prólogo del libro *Memorias del útero. Conversaciones* con *Amta Warpe Paz Argentina Quiroga* (Jofré, Ed., 2014) como parte de este identificar el rastro de mis propias huellas y sanar la herida colonial, recuperando la sensibilidad de nuestros cuerpos en la lucha contra el despojo de nuestras memorias y el territorio que habitamos. Así lo decía con mucha claridad la compañera riojana y reconocida militante social de la unión de Asambleas Ciudadanas Cecilia Matta al expresar el sentido de nuestras luchas en las provincias argentinas, hoy territorios sacrificables para el modelo desarrollista neoxtractivista exportador global:

> Hemos aprendido las asambleas que la lucha primero se siente en el cuerpo... el territorio que somos se siente en el cuerpo. Y si un territorio está dolido, está enfermo, está depredado, está castigado, lo sentimos en el cuerpo. Lo que pasa es que todo está tan armado para insensibilizarnos, para hacernos sentir, que esto forma parte de otra cosa, que hemos olvidado que este cuerpo recibe lo mismo que ese cerro y que es la misma cosa... Las asambleas somos vecinos, vecinas, somos pobladores, campesinos, citadinos, somos simplemente personas que nos dolemos y que expresamos nuestro dolor en la lucha. No nos paraliza (la lucha), por eso no sufrimos, nos dolemos. Y cuando nos dolemos, luchamos. Y esto es lo que nos han cortado como posibilidad, tendríamos que empezar a dejarnos doler por lo que vemos que pasa todos los días. Porque cuando nos duele empezamos a sentir esta cosa muy fuerte que nos lleva a decir: ¡no lo voy a permitir!... De esto se trata la lucha, de recuperar la sensibilidad[5].

---

[5] Intervención de Cecilia Matta en el panel "Conflictos territoriales y prácticas de resistencia", II Jornadas Nacionales de Ecología Política, San Juan, abril de 2017.

A modo de epílogo

Finalmente, luego de una primera etapa larga de trabajo y militancia abocados a la arqueología indígena (en los sentidos de la transformación planteada en la teoría y la práctica de la construcción colectiva de conocimientos), desde 2012 el Colectivo Cayana comenzó a vincularse con otro campo de la investigación arqueológica, de igual compromiso político social: la arqueología en excentros clandestinos de detención de la última dictadura cívico-militar en la provincia de San Juan. En años recientes iniciamos otro proyecto de voluntariado universitario en colaboración con el Observatorio Ciudadano de Derechos Humanos de San Juan y la Agrupación H.I.J.O.S. San Juan con el objetivo de recuperar las memorias orales del exCCD La Marquesita, ubicado en el Departamento Rivadavia. Aunque las investigaciones forenses y de arqueología de la represión tienen buen desarrollo en otras provincias argentinas (como Buenos Aires, Córdoba, Santa Fe y Tucumán) es la primera vez que inicia este tipo de investigaciones en la provincia de San Juan que, además, acompaña el proceso de investigaciones judiciales que llevan adelante el Ministerio Publico Fiscal, el Juzgado Federal de la Provincia de San Juan N°2 y la Secretaría Penal N°4 (Jofré, Biasatti y Compañy 2013; Jofré et al. 2015). Luego de casi una década de trabajo y en vista del actual acompañamiento de nuestras investigaciones arqueológicas al sistema judicial argentino en el marco de los juicios de lesa humanidad cometidos durante la última dictadura argentina (1976-1983) el Colectivo Cayana decidió formalizar su estructura adquiriendo personería jurídica como organización civil bajo el nombre de Centro de Estudios e Investigaciones en Antropología y Arqueología[6]. No obstante, la experiencia del Colectivo Cayana sigue siendo la base fundamental de los principios declarativos de

---

6 http://www.ceiaa.org/ (sitio visitado por última vez el 05 de agosto de 2017).

esa arqueología distinta a la que aspiramos. Estas memorias son un recorrido somero y sintético de aquel ensayo colectivo imperfecto, incompleto e inacabado.

Agradecimientos

Deseo agradecer, enormemente, la invitación de Henry Tantaleán y Cristóbal Gnecco a participar en este volumen.

Referencias

Abu-Lughod, Lila

2012   Escribir contra la cultura. *Andamios* 9(19):129-157.

Arfuch, Leonor

1995   *La entrevista, una invención dialógica.* Paidós, Barcelona.

Bajtín, Mikhail

1999   *Estética de la creación verbal.* Siglo XXI, México.

Biasatti, Soledad y Carina Jofré

2010   "Queremos que las cosas arqueológicas se queden aquí". Representaciones sociales de la apropiación simbólica y material del pasado indígena en Rodeo. En: *Actas del XVII Congreso Nacional de Arqueología Argentina,* editado por Roberto Bárcena y Horacio Chiavazza, Capitulo 29, Mesa Redonda 2, Tomo IV: 1443-1448. Facultad de Filosofía y Letras UNCuyo, INCHIUSA-CONICET, Mendoza 11 al 15 de Octubre de 2010.

Biasatti, Soledad, Fausto Battaggia, Bruno Rosignoli y Alejandro Bruno

2010 Reflexionar desde la experiencia: algunas dificultades de la construcción colectiva de un museo Local (Rodeo, San Juan). Ponencia presentada en el XVII Congreso Nacional de Arqueología Argentina, Mendoza.

Biasatti, Soledad, Ivana Carina Jofré, Luciano Bonfatti y Eduardo Bonfatti

2014 Ensayando otras formas de compartir saberes desde la arqueología: relatos, historias locales y música (Rodeo, San Juan). Ponencia presentada en el XI Congreso Argentino de Antropologia, Rosario.

Biasatti, Soledad, Valeria Martín e Ivana Carina Jofré

2015 Repensando el museo local, del concepto a la práctica: el caso de la Muestra Arqueológica Presencias-Ausencias (Rodeo, Argentina). *La Descommunal* 1:78-91.

Briones, Claudia

1998 *La alteridad del cuarto mundo. Una deconstrucción antropológica de la diferencia.* Editorial del Sol, Buenos Aires.

Clifford, James y George Marcus (Editores)

1986 *Writing culture. The poetics and politics of ethnography.* University of California Press, Berkeley.

de la Cadena, Marisol, Marianne Lien, Mario Blaser, Casper Bruun Jensen, Tess Lea, Atsuro Morita, Heather Anne Swanson, Gro Ween, Paige West y Margaret Wiener

2015 Anthropology and STS: generative Interfaces, multiple locations. *HAU: Journal of Ethnographic Theory* 5(1):437-475.

Díaz, Marcela

2015 Implicaciones patrimoniales: la declaratoria del Qhapaq Ñan como patrimonio mundial. Tesis de Licenciatura, Universidad Nacional de Catamarca, Catamarca.

Escolar, Diego

2007 *Los dones étnicos de la nación. Identidades huarpes y modos de producción de soberanía en Argentina.* Prometeo, Buenos Aires.

Fals, Orlando

2015 *Una sociología sentipensante para América Latina.* Siglo XXI-CLACSO, México-Buenos Aires.

Freire, Paulo

2002 *Pedagogía del oprimido.* Siglo XXI, Buenos Aires.

Galimberti, María Soledad, Fernando Lucero, Ana Bertazzo y Cristian Naranjo

2010 Construyendo nuevas formas de dialogo: una arqueología indisciplinada transdisciplinar en el norte de San Juan. En *Actas del XVII Congreso Nacional de Arqueología Argentina*, Mendoza.

Guber, Rosana

2005 *El salvaje metropolitano. Reconstrucción del conocimiento social en el trabajo de campo.* Paidós, Buenos Aires.

Haber, Alejandro

2017 *Al otro lado del vestigio. Políticas del conocimiento y arqueología indisciplinada.* Ediciones del Signo-JAS Arqueología- Universidad del Cauca, Buenos Aires-Madrid-Popayán.

Hodder, Ian

1988 *Interpretación en arqueología: corrientes actuales.* Crítica, Barcelona.

Hope, Cecilia y José Manuel Salinas

2010 Lo lúdico y lo arqueológico: una relación posible. Ponencia presentada en el XVII Congreso Nacional de Arqueología Argentina, Mendoza.

Jofré, Ivana Carina

2008 Arqueología de las sociedades "capayanas" del Norte de San Juan, República Argentina. Crítica a las narrativas discontinuistas de la arqueología sanjuanina. *Arqueología Sudamericana* 4(2):146-168.

2011 Riquezas que penan, hombres oscuros y mujeres pájaro entre "las cosas de indios": relaciones "otras" asechando los sentidos de la experiencia moderna en el norte de San Juan, República Argentina. *Jangwa Pana* Suplemento 68-96.

2012 Territorios y cuerpos en disputa: reclamos por la restitución y respeto de los cuerpos de nuestros ancestros. Ponencia presentada en el VI Encuentro de Investigadores en Ciencias Sociales. Democracia y Desarrollo en América Latina. Debates y desafíos del siglo XXI. Universidad Nacional de San Juan, San Juan.

2013 Los pájaros nocturnos de la historia. Una arqueología indígena delas sociedades capayanas del norte de la provincia de San Juan. Tesis doctoral, Universidad Nacional de Catamarca, Catamarca.

2014 The mark of the Indian still inhabits our body. En *After ethics: ancestral voices and postdisciplinary worlds in archaeology*, editado por Nick Shepherd y Alejandro Haber, pp 55-78. Springer, Nueva York.

2015 Mega-mining, contract archaeology, and local responses to the global order in Argentina. *International Journal of Historical Archaeology* 19:764-774.

2017 Una mirada crítica de los procesos de patrimonializacion en el contexto mega-minero. Tres casos emblemáticos en la provincia de Provincia de San Juan, Rep. Argentina. En *Arqueología comercial en América del Sur*, editado por Roberto Pellini. JAS Arqueología, Madrid. En prensa.

Jofré, Ivana Carina (Editora)

2014 *Memorias del útero. Conversaciones con el amta warpe Paz Argentina Quiroga*. Ediciones de autor, San Juan.

Jofré, Ivana Carina, Soledad Biasatti, Gonzalo Compañy, Gabriela González, Soledad Galimberti, Nadine Najle y Pablo Aroca

2008 La cayana: entre lo arqueológico y lo cotidiano. Tensiones y resistencias en las versiones locales del "patrimonio arqueológico" en el norte de San Juan. *Relaciones de la Sociedad de Antropología Argentina* XXXIII:181-207.

Jofré, Ivana Carina, Soledad Biasatti y Gabriela González

2010 Los fantasmas capitalistas de una arqueología de los muertos y desaparecidos. En *El regreso de los muertos y las promesas del oro: Patrimonio arqueológico en conflicto*, editado por Carina Jofré, pp 169-193. Encuentro-Editorial Brujas, Córdoba.

Jofré, Ivana Carina, Soledad Biasatti, María Belén Guirado, Soledad Llovera y Bruno Rosignoli

2011 Proyecto documental "Hijos de la montaña". Ponencia presentada en el X Congreso Argentino de Antropología Social, Universidad de Buenos Aires, Buenos Aires.

Jofré, Ivana Carina, Soledad Biasatti y Eduardo Rodríguez

2013 Propuesta de protección del sitio Pachimoco, un lugar de la memoria colectiva de la comunidad de Jáchal (Provincia de San Juan). Ponencia presentada en las IV Jornadas del Mercosur sobre Patrimonio Intangible, San Juan.

Jofré, Ivana Carina, Soledad Biasatti y Gonzalo Compañy

2013 Sitios de memoria del terrorismo de Estado: Proyecto de recuperación de memorias orales del Ex Centro Clandestino de Detención "La Marquesita" (Provincia de San Juan, República Argentina). Ponencia presentada en las IV Jornadas del Mercosur sobre Patrimonio Intangible, San Juan.

Jofré, Ivana Carina, Soledad Galimberti y Soledad Biasatti

2010 Contra-informe de los estudios y evaluaciones de impactos arqueológicos de proyectos mega-mineros ubicados en el departamento Iglesia, provincia de San Juan, República Argentina. En *El regreso de los muertos y las promesas del oro: Patrimonio arqueológico en conflicto*, editado por Carina Jofré, pp 207-241. Encuentro-Editorial Brujas, Córdoba.

Jofré, Ivana Carina y Gabriela González

2008 "En la radio han dicho que no se puede tocar nada..." Reflexiones sobre el patrimonio arqueológico en la Provincia de San Juan (República Argentina). *Revista Chilena de Antropología* 19:117-141.

Jofré, Ivana Carina y Raúl Molina

2009 Territorios indígenas, patrimonio y arqueología: un debate necesario. *Jangwa Pana* 8:165-178.

Jofré, Ivana Carina, Bruno Rosignoli, Carlos Marín, Luis Rodríguez, Soledad Biasatti y Carla Guirado

2015 Violencia política y continuidades históricas en la Provincia de San Juan: un abordaje desde la materialidad y la memoria en el ex CCD La Marquesita (Rep. Argentina). Ponencia presentada en la XI Reunión de Antropología del Mercosur, Montevideo.

Poblete, Juan Nivaldo y Carina Jofré

2007 Rescatando lo nuestro. Ponencia presentada en la IV Reuniónde Teoría Arqueológica en América del Sur, Catamarca.

2008 Malimán and the Cayana: an experience of work together between archaeologists and the community of Malimán (Province of San Juan, Argentine Republic). Ponencia presentada en el VI World Archaeological Congress, Dublín.

Rodríguez, Eduardo y Soledad Biasatti

2008 Guaqaychay Pacchay – Mauka Pachimoco: Una experiencia de trabajo en conjunto para la valoración, preservación, conservación y gestión del sitio arqueológico Pachimoco. Ponencia presentada en el VI World Archaeological Congress, Dublín.

Rodríguez, Eduardo, Selene Araya y Bruno Rosignoli

2010 Acción colectiva para defender a Pachimoco. contra-informe del estudio de impacto: "centro de tratamiento y disposición final de residuos sólidos urbanos para la región 6 (dpto. Jáchal-Provincia de San Juan). Ponencia presentada en el XVII Congreso Nacional de Arqueología Argentina, Mendoza.

Said, Edward

2004 *Orientalismo*. Sudamericana, Barcelona.

Situaciones (Colectivo de Investigación Militante)

2004 Algo más sobre la militancia de investigación. En *Borradores de investigación y otros textos*, edición digital. http://www.nodo50.org/colectivosituaciones/index.html (visitado por última vez el 1 de mayo de 2010).

Santos, Boaventura de Sousa

2010 *Descolonizar el saber, reinventar el poder*. Trilce, Montevideo.

Sarmiento, Domingo Faustino

1963   *Facundo.* Losada, Buenos Aires. [1845].

Tilley, Christopher

1997   *A phenomenology of landscape.* Berg, Oxford.

ARQUEO-DEVENIRES, ZARANKIN-CENTRISMOS Y PRESENTES CONTAMINADOS

Texto: *Andrés Zarankin*

Dibujos: *Iván Zigarán*

> Hoy entiendo que no soy otra cosa sino un presente contaminado por todos los pasados, los que construí como arqueólogo, los que viví como individuo y por qué no también los que imaginé y soñé.

Agradecimientos:
A Cristóbal Gnecco y Henry Tantaleán por la invitación a participar de este volumen.
A Iván Zigarán por las ilustraciones.

CUANDO DESCUBRES QUE EL ARQUEÓLOGO LOCAL NO ERES TÚ

DOS ENCUENTROS CON LA ISLA PARITI

Juan Villanueva Criales

Resulta complejo para alguien acostumbrado a la asepsia del escrito académico escribir experiencias en primera persona. Usar este lenguaje inusual es un desafío que, tal vez, integre el reto mayor que implica este ejercicio de retrospección. Sin duda, la escritura académica es parte de nuestro disciplinamiento y este texto aborda mi proceso de indisciplina, gradual y absolutamente incompleto. Para alguien nacido en los ochenta plantearse un ejercicio autobiográfico centrado en el ámbito profesional es tempranero. Sin embargo, en el medio boliviano del que provengo los últimos 15 años han sido densos en eventos y transformaciones, con las consiguientes coincidencias y disensiones, esperanzas, temores y frustraciones. Esta década y media coincide, casi exactamente, con mi participación en la academia arqueológica, desde mi ingreso a estudiar arqueología en la Carrera de la Universidad Mayor de San Andrés (UMSA) de La Paz —la única para la formación profesional de arqueólogos en Bolivia— en 2002 hasta mi posición actual como jefe de investigaciones en el Museo Nacional de Etnografía y Folklore (MUSEF). Estos intensos cambios en el contexto han influido en la academia arqueológica boliviana y en mí, formando parte importante de este breve recorrido. Pero, sobre todo, la Isla Pariti, en el lago Titicaca, ha impactado mi vida arqueológica en de dos instancias muy puntuales, como narraré.

1

Mi ingreso a estudiar arqueología coincidió con la traumática transición entre el neoliberalismo y el "socialismo del siglo XXI" que vivió Bolivia. En 2003 los levantamientos populares contra la privatización de los hidrocarburos resultaron en la militarización de las calles, decenas de muertos y la eventual renuncia y huida de Gonzalo Sánchez de Lozada, ese presidente empresario de curioso acento.

Decir que jugué algún rol en esta transición sería mentir. La mayor parte de los sangrientos hechos del 2003 tuvo como escenario la vecina ciudad de El Alto; algo de desabastecimiento y suspensión de clases fue todo lo que me tocó soportar.

Tras un par de años convulsos las elecciones de 2006 dieron por ganador a Evo Morales, iniciando el proceso que dura hasta hoy.

Este no es el lugar para analizar los alcances de este proceso pero cabe resaltar algunas de sus consecuencias en los primeros años. La revalorización de lo indígena "ancestral" fue promovida a nivel simbólico, al tiempo que escándalos de corrupción minaron la pretendida superioridad moral del nuevo gobierno respecto de sus (muy inmorales) predecesores. Las relaciones exteriores dieron un giro radical: expulsamos a la DEA y USAID, alineándonos con Cuba, Venezuela, Argentina y el bloque socialista latinoamericano, causando zozobra —hoy risible— entre unas clases medias que veían sus propiedades amenazadas ante la inminente instauración del comunismo.

Cuando ingresé a la universidad la arqueología profesional en Bolivia era un fenómeno relativamente nuevo; fundada en 1984, la Carrera tenía como docentes a algunos de sus primeros licenciados.

La arqueología universitaria se planteaba como una alternativa al largo período de arqueología nacionalista estatal, encarnada en Carlos Ponce Sanginés (Michel 2009). Como antídoto al "tiwanakucentrismo" ponciano la UMSA reivindicaba una mirada integral del país, basada en una subdivisión territorial fuertemente influida por la etnohistoria estructuralista de los años 80; sus egresados tendían a hacer arqueología en zonas previamente poco exploradas de Bolivia, muchas veces con sus propios recursos dada la (tan neoliberal) precariedad de las instituciones estatales y la universidad pública. Además, los años neoliberales habían visto la apertura a proyectos de universidades extranjeras, imposible en las décadas previas. Estos proyectos, sobre todo estadounidenses, habían abordado desde finales de los 80, con importantes financiamientos y recursos técnicos, aquella problemática clásica de la era ponciana: el Formativo y Tiwanaku en el circum-Titicaca, cristalizando en abundante literatura (e.g., Kolata, ed., 2003).

En este entorno no era sorprendente que el estudiantado de la UMSA confiriese un especial valor a tomar parte, aún como ayudante, en proyectos estadounidenses. Trabajar con Christine Hastorf, John Janusek, Nicole Couture o Alexei Vranich era un indicador de prestigio para estudiantes y egresados; ganar becas doctorales en Estados Unidos, como hicieron varios colegas y amigos, constituía un pináculo de excelencia. Coincidentemente, los valores de universalismo y rigurosidad de la arqueología científica procesual eran enseñados en la academia boliviana, siempre junto con elementos muy arraigados de corte histórico-cultural. En los últimos años mi postura sobre los valores de la arqueología que se practica en Bolivia, incluida la de la UMSA, ha devenido bastante crítica pero mi tesis de Licenciatura de 2008, realizada en Cohoni, una región valluna cercana a La Paz, se plegó plenamente a los valores histórico- culturales —con dejos procesuales— de la Carrera. Según la narrativa de mi tesis una diáspora altiplánica había poblado los valles medios del río La Paz en la transición entre el Horizonte Medio (ap. 500-1100 d.C.) y el Intermedio Tardío (ap. 1100-1450 d.C.), permitiendo en esta última región el desarrollo de una entidad étnica con su cultura material distintiva, en contraste con los valles altos de poblamiento más antiguo, prefigurando esta separación la frontera etnohistórica entre Pacajes y Quirwas (Villanueva 2012a).

Durante mis últimos años estudiantiles desarrollé una creciente repulsión hacia el carácter subalternizador de la práctica arqueológica estadounidense, que empleaba estudiantes bolivianos como mano de obra barata para sostener proyectos doctorales cuya literatura era desarrollada y discutida en inglés, a kilómetros de distancia de Bolivia. En retrospectiva, creo que la crisis del 2003 y la repulsión hacia Sánchez de Lozada, ese "presidente gringo" que abandonó una Bolivia baleada hacia su exilio norteamericano, tuvo relación con esta actitud.

También la fomentó mi participación en el Proyecto Boliviano-Finlandés Chachapuma, entre 2005 y 2007; la dirección de este proyecto, a cargo del boliviano Jédu Sagárnaga y el finlandés Antti Korpisaari, tuvo como logro más importante el hallazgo de la ofrenda cerámica Tiwanaku de la Isla Pariti, en el sur del Titicaca (Sagárnaga y Korpisaari 2005). Chachapuma me brindó un referente ejemplar de la posición horizontal que debería existir entre los componentes bolivianos y extranjeros dentro de un proyecto arqueológico. Además, me permitió —con la amabilidad y apoyo de ambos directores— desarrollar mis primeros escritos, sobre iconografía Tiwanaku (Villanueva 2007).

La iconografía completa y bien preservada de los cientos de ceramios de Pariti me permitió hacer arqueología de Tiwanaku alternativa a la estadounidense —difundida solo localmente, en español y por supuesto nunca citada por esta última—. Usé intuitivamente el enfoque histórico directo, empleando conceptos andinos etnográficos y etnohistóricos como referentes interpretativos. En ese sentido debo reconocer como influencia inmediata el trabajo de mi compatriota Sonia Alconini (1995) sobre cerámica de la pirámide de Akapana.

Mi énfasis en lo ceremonial y simbólico a través de la iconografía pariteña distaba de la descripción de formas económicas y organizativas a través de análisis de patrones de asentamiento que se solía realizar en Bolivia en esa época. Esto distanció mi trabajo en Pariti de las discusiones arqueológicas usuales en el medio boliviano, a diferencia de mi trabajo de licenciatura en Cohoni o de un primer acercamiento al fenómeno funerario del Intermedio Tardío en Condoramaya, altiplano central (Patiño y Villanueva 2008). Sin embargo, en años siguientes fui convenciéndome de que era necesario desarrollar una suerte de arqueología boliviana contrapuesta a la hegemonía extranjera.

2

Este convencimiento no fue en absoluto espontáneo sino generado al interior de un nuevo contexto político y de vida. Habiendo obtenido mi título profesional en 2009 busqué opciones de postgrado, inexistentes en Bolivia. Recuerdo haber pensado que si iba a desarrollar una arqueología local desde fuera de mi país debía ser desde un lugar con un sustrato ideológico y problemáticas similares: un lugar "lo más andino posible". Postulé al Programa de Postgrado en Antropología de la Universidad Católica del Norte–Universidad de Tarapacá (UCN-UTA), en el norte de Chile, donde tuve la fortuna de proseguir estudios entre 2010 y 2014.

Para entonces los temores acerca del viraje de Bolivia hacia la izquierda radical se habían disipado; la nacionalización de los recursos naturales propugnó una bonanza económica sin precedentes en la historia reciente del país, con un crecimiento significativo de la inversión pública y del sector privado. Por supuesto, floreció la arqueología de contrato asociada a grandes proyectos de extracción, infraestructura y patrimonialización con fines turísticos. En ese contexto Evo Morales fue reelecto para un segundo gobierno con cifras arrasadoras, aunque algunas represiones a indígenas de tierras bajas comenzaban a ensombrecer su mandato.

De todos modos, la situación de mi país era motivo de satisfacción, más aún en una tierra afín histórica y culturalmente, como el norte de Chile. Mi estadía me permitió expandir mi noción de "lo local" de lo boliviano a "lo andino". En Arica, ciudad con fuertes influencias peruanas y bolivianas, y en el programa de la UCN- UTA con docentes que habían trabajado el Noroeste argentino, como Félix Acuto o Axel Nielsen, estuve expuesto a una "andinidad" transnacional y a marcos teóricos que no había tratado antes: práctica y agencia, semiótica, fenomenología o la teoría de actor-red. Estas discusiones me mostraron que era posible aplicar conceptos de ese sustrato "andino" etnográfico y etnohistórico a la interpretación del pasado prehispánico. Mis primeros balbuceos en esta dirección me resultan hoy avezados, por ejemplo sugerir que la sustancia animada, *qamasa* o *camay*, de un paisaje montañoso formado por agentes —*apus* o *uywiris*— pudiese dar un significado evocativo a materiales como las arcillas empleadas en cerámica (Villanueva 2012b).

Mi producción durante esos años consistió, frecuentemente, en re- interpretar datos previos mediante marcos "andinos", construidos con base en bibliografía. Así, apliqué conceptos aymaras como el tiempo/espacio o *pacha*, los *auca* u opuestos duales, o el *tinku* o punto de encuentro al Intermedio Tardío en el altiplano boliviano central a partir de los datos funerarios de Condoramaya (Villanueva 2015a). La idea de lo "diferenciado" o *auca* y lo "no diferenciado" o *puruma*, mediados por elementos centrales o *taypi*, me permitió interpretar la ofrenda cerámica de Pariti, cuestionando con una mirada semiótica la idea dominante entre la arqueología *mainstream* sobre Tiwanaku de que la variedad cerámica refleja "fronteras identitarias" (Villanueva 2013a; Villanueva y Korpisaari 2013). Nuevamente, usé la idea de *pacha* para considerar las representaciones del pasado en cerámica paritéña (Villanueva 2015b), la dualidad sustancial hombre/mujer para dar cuenta de las diferencias en representaciones de género (Villanueva 2016b) o la similitud de la acción de crecer o brotar entre ámbitos vegetales y plumarios para interpretar la iconografía aviaria (Villanueva 2016a).

Paralelamente, mis trabajos de tesis de Magíster y Doctorado en el programa de la UCN-UTA, centrados en el Intermedio Tardío del altiplano boliviano central, me permitieron efectuar incursiones teóricas críticas sobre ciertas narrativas muy arraigadas en la arqueología boliviana. Ataqué primero la visión cladística de "área cultural" con territorios delimitados por fronteras rígidas, que había permeado, enormemente, el pensamiento arqueológico sobre el "post-Tiwanaku" altiplánico (Villanueva 2013b). Luego relativicé las ideas de centralidad y homogeneidad inherentes al "señorío" en su aplicación arqueológica; empleando ideas originadas en los *ayllus* y *markas* andinos, como la dinámica segmentaria de Albarracín-Jordan (2007) o el corporativismo de Nielsen (2006), usé el registro funerario del Intermedio Tardío, las torres funerarias, su cerámica y sus paisajes asociados, para sugerir intensidades y direcciones de articulación comunitaria supra-local basada en el ceremonial comensalista (Villanueva 2015c).

En este punto, tras unos diez años escribiendo sobre Tiwanaku y el Intermedio Tardío, pude comparar ambas narrativas en perspectiva histórica. Mientras varios autores habían notado el rol de Tiwanaku durante la era nacionalista como un referente de bolivianidad y orgullo patrio (Ángelo 2005; Michel 2009) el rol del Intermedio Tardío era menos claro. Una exploración bibliográfica me permitió detectar, en la narrativa de la arqueología nacionalista escrita por Ponce Sanginés entre los setenta y ochenta, elementos precursores de la narrativa del colapso Tiwanaku, luego revestida de cientificidad procesualista; y también el esquema de "señoríos aymaras" como una etapa bárbara, disgregada y oscura (Villanueva 2015d). Este esquema enarbolado por la arqueología universitaria como antídoto al nacionalismo era, en realidad, su otro necesario: su sombra. Sus raíces, discriminatorias y nada inocentes, se hallan en la integración del mundo indígena al proyecto modernista del Estado-nación bajo la dirección de élites urbanas.

El esquema Tiwanaku/colapso/Intermedio Tardío era un dispositivo que permitía a las elites legitimar su control sobre el presente desde un pasado común y relegar a los ancestros más identificables de los aymaras —los señoríos— a una oscuridad que justificaba el proceso "civilizatorio" del Estado moderno. Este dispositivo permitía negar a las comunidades locales un lugar propio en el pasado, tal como habían denunciado intelectuales indianistas en los ochenta (Mamani 1992; Rivera 1980), sin hallar eco en la arqueología universitaria. Entonces las fronteras para mí tan marcadas entre la práctica arqueológica extranjera y la nacional comenzaron a diluirse. Yo, que había pasado los últimos años intentando desarrollar una arqueología local, nacional o andina en contraposición a una globalizadora o hegemónica, ahora dudaba.

3

Terminado el Doctorado regresé a Bolivia para ocuparme de la jefatura de Investigación del Museo Nacional de Etnografía y Folklore y fungir como docente en la Carrera de la UMSA. Paralelamente, el descenso del precio de los hidrocarburos puso fin, hacia el 2015, a la época de "vacas gordas" estatales y el aparato gubernamental comenzó a mostrar sus fisuras: la manipulación de los medios de comunicación y justicia y los escándalos de corrupción, como el del Fondo Indígena y Campesino (FONDIOC), minaron los intentos constantes del oficialismo por extender los límites constitucionales para mantener a Morales en el poder. Al mismo tiempo quedaba claro que el gobierno boliviano había virado hacia el extractivismo, ingresando a territorios indígenas sin consulta previa a las comunidades locales y contribuyendo a un agudo deterioro ambiental, reflejado en el desecamiento completo del segundo lago más grande del país y un severo desabastecimiento de agua en las ciudades del occidente.

Esta compleja problemática, que ubica de un lado a un Estado sustentado en las bonanzas del desarrollismo —con el arqueólogo de contrato como pieza funcional— y del otro a comunidades locales afectadas por esta carrera hacia la "modernidad", resonaba como eco de mi análisis sobre el dispositivo enajenador de la arqueología nacionalista boliviana. Tras la VIII Reunión de Teoría Arqueológica de América del Sur (TAAS) en La Paz en 2016 un trabajo conjunto con Pablo Alonso y Patricia Ayala, actualmente en revisión, me llevó a explorar bibliográficamente el discurso indígena alternativo a la construcción arqueológica del Intermedio Tardío: el mito de los *chullpas*. Al comparar esa bibliografía con algunas observaciones etnográficas sobre este concepto, y a la luz de las experiencias de mis compañeros, pude notar que esta narrativa local no operaba en el ámbito puramente teórico —a diferencia de mis críticas al concepto de señoríos— sino en la lectura concreta de aquello experimentado, además en determinado contexto político y, a veces, con el arqueólogo como actor destacado. El pasado no era algo distante ni ausente sino algo vecino, agente, con incidencia actual. No era otro tiempo sino otro lugar con el cual interactuar. No era representado sino que estaba presente.

A lo largo de este año mi trabajo en el MUSEF y las consecuencias del deterioro ambiental coincidieron, permitiéndome retornar tras diez años a Pariti. Mediante Isaac Callizaya, comunario de Pariti y estudiante de Historia en la Universidad Pública de El Alto (UPEA), pudimos organizar un encuentro con la comunidad para un breve ejercicio de etnografía arqueológica. Puedo decir que esta experiencia con la comunidad de Pariti, que pude presentar junto a Isaac en el TAAS (Callizaya y Villanueva 2016), viene cambiando mi perspectiva vital sobre la práctica arqueológica de nuevo.

Nuestra conversación con la comunidad inició con los lamentos por la merma de visitantes y de ingresos al Museo Comunitario Isla Pariti, inaugurado en 2006 para albergar la colección resultante del hallazgo cerámico. Sin embargo, de este tópico la comunidad pasó a notar que el museo estaba incompleto al no reflejar su materialidad y tradiciones sino, solamente, "la parte cerámica". A través de un recuento de algunos rituales que se realizan en la isla, en relación con ciclos pesqueros y agrícolas, la conversación regresó a la ofrenda de Pariti, interpretada como una gran *waxt'a* u ofrenda a la tierra. Para los más ancianos la ofrenda no había sido realizada por gente de Pariti sino por "otra gente" venida de fuera; algunos más jóvenes interpretaron que la isla había estado deshabitada; tal vez, decían, este lugar no debió haber sido habitado. Tal vez por ello la comunidad está desapareciendo, decían.

En efecto, la comunidad de Pariti está desapareciendo. En 2005, cuando visité la isla por primera vez, había al menos 30 niños en la escuela local; hoy solo hay dos. La contaminación de las aguas del río Katari, que recibe desechos domésticos e industriales en la ciudad de El Alto antes de desembocar en el lago menor del Titicaca a través de la bahía de Cohana (Conde 2014), ha reducido drásticamente la pesca, modo de vida tradicional de las comunidades isleñas. Las sequías ocasionadas por el cambio climático han reducido el nivel de las aguas lacustres, ocasionando la proliferación de juncos de totora y dificultando la pesca aún más, al tiempo que causa severos inconvenientes a la agricultura.

La interpretación pariteña de los materiales arqueológicos tiene implicaciones vitales muy fuertes. Esta antigua *waxt'a* fue desenterrada, ocasionando los trastornos climáticos y productivos mencionados. Con ella salieron del subsuelo espíritus muertos o *amayas*, que pululan de noche por la isla, enfermando a las personas. Según los pariteños más gente ha fallecido en los últimos diez años a causa del hallazgo y, sin embargo, el mayor clamor de Pariti es el apoyo institucional para el relanzamiento del museo, percibidos los ingresos vía turismo como una tabla de salvación económica para una comunidad que viene perdiendo, una tras una, sus alternativas.

El carácter marcadamente vívido, experiencial, incidente en el presente, que confiere la arqueología pariteña a estos materiales prehispánicos resonaba fuertemente con la experiencia previa sobre los *chullpas*, pero no documentada desde la bibliografía sino desde la experiencia etnográfica en el sentido que le dan Hamilakis y Anagnostopoulos (2009). Más aún, estoy convencido de que la narrativa pariteña es local, mucho más que cualquiera desarrollada por mí. La arqueología pariteña es una lectura presente de las relaciones con objetos pasados, experimentadas en su espacio, aquí y ahora. Nada más diferente de mi referente etnográfico, de esta cosmovisión "andina" que yo aplico a un pasado distante de manera representacional: un marco conceptual artificial y abstracto.

Algo parecido a una de esas colchas que se cosen empleando retazos de otras colchas viejas, usada para recubrir, investir de significado a una serie de significantes sueltos y distantes: el "registro arqueológico". En suma, yo había estado haciendo arqueología andina, tal vez; boliviana, probablemente; nunca local; para nada decolonial. De hecho, había estado, precisamente, adaptando la arqueología disciplinar a los desafíos de la "segunda modernidad" (Gnecco 2016). Algo más pude notar mientas escribíamos nuestra ponencia con Isaac pues se inscribía en un simposio sobre la marginalidad de la arqueología sudamericana. La arqueología de Pariti es marginal a la arqueología boliviana, es decir ultra- marginal. Pareciera que mientras más marginal es una arqueología su relación con "lo pasado" es más vivida, más experiencial, más incidente en el presente y, por tanto, más urgente. Mientras una comunidad como Pariti se queda a vivir con las consecuencias del hallazgo —como en el epicentro de un sismo— el académico tiende a alejarse a una oficina de museo en La Paz, por ejemplo, o a una universidad de cualquier otro país y experimentar ondas sísmicas menos intensas conforme más alejado se encuentra.

4

Así, la isla de Pariti viene cambiando mi vida por segunda vez. En un primer momento me brindó oportunidades y elementos críticos para pensarme como un arqueólogo "local" frente a una hegemonía extranjera. En un segundo momento, doloroso pero revelador, me brindó oportunidades y elementos críticos para descubrir que el arqueólogo local nunca fui yo. No creo, sin embargo, que esta vez exista una ruta fácil para convertirme en el arqueólogo local. Las arqueologías realmente locales, como la de Pariti, se encuentran fuera de toda disciplina. No comparten objetivos con una arqueología académica. No colaboran hacia la construcción común del conocimiento, no son en absoluto compatibles. La arqueología local es de hoy, reivindicativa y urgente. El arqueólogo académico, con los límites de la disciplina, está confinado, por ahora, a construir y difundir representaciones de un ayer distante. El arqueólogo es persona, con sus propios objetivos vitales e intereses, libre de escoger su derrotero para construir pasados.

Del que he escogido hasta ahora, el más local, situado y crítico que he podido, no me arrepiento. Sin embargo, existen otras arqueologías verdaderamente indisciplinadas, verdaderamente locales y verdaderamente urgentes. Por ellas podemos hacer más. Proveerlas de una plataforma para ser escuchadas, seguro mutuamente, tal vez por las academias, ojalá por la sociedad. Realizar esta labor podría dar al arqueólogo incidencia sobre el presente, al costo de prácticamente disolver su autoridad en la construcción del discurso. Hacerlo implica usar técnicas para la etnografía arqueológica y repensar las maneras de comunicar pasados que tienen los escritos, los museos, las redes virtuales. Y, quien sabe, tal vez el contacto con estas arqueologías no académicas sea, a la larga, una vía eficaz para nuestro propio indisciplinamiento. Desde este museo de etnografía en La Paz la apuesta es esa. Pariti este año. Qaqachaka en el sur de Oruro, allá donde no llegaron la hacienda ni los arqueólogos, el año que viene. Sólo los años que sigan podrán decir en qué acaba, pero la lección personal ha sido irremediablemente aprendida.

Referencias

Albarracín-Jordán, Juan

2007 *La formación del Estado prehispánico en los Andes. Origen y desarrollo de la sociedad segmentaria indígena.* Fundación Bartolomé de las Casas, La Paz.

Alconini, Sonia

1995 *Rito, símbolo e historia en la pirámide de Akapana, Tiwanaku: un análisis de cerámica ceremonial prehispánica.* Acción, La Paz.

Ángelo, Dante

2005 La Arqueología en Bolivia. Reflexiones sobre la disciplina a inicios del siglo XXI." *Arqueología Suramericana* 1(2): 185-211.

Callizaya, Isaac y Juan Villanueva

2016 En el margen de los márgenes. Tres arqueologías del hallazgo cerámico Tiwanaku de la isla de Pariti, lago Titicaca, Bolivia. Ponencia presentada a la VIII Reunión de Teoría Arqueológica de América del Sur (TAAS), La Paz.

Conde, Edwin

2014 La Isla Pariti consume agua contaminada del lago Titicaca. Diario *La Prensa*, 20 de julio.

Gnecco, Cristóbal

2016 La arqueología (moderna) ante el empuje colonial. En *Arqueología y decolonialidad,* de Nick Shepherd, Cristóbal Gnecco y Alejandro Haber, pp 71-121. Ediciones del Signo, Buenos Aires.

Hamilakis, Yannis y Aris Anagnostopoulos

2009 What is archaeological ethnography? *Public Archaeology* 8(2-3): 65- 87.

Kolata, Alan (Editor)

2003 *Tiwanaku and its hinterland. Volumen 2: Urban and rural archaeology.* Smithsonian Institution Press, Washington.

Mamani, Carlos

1992 *Los aymaras frente a la historia: dos ensayos metodológicos.* Aruwiyiri, La Paz.

Michel, Marcos

2009 Retrospectiva de la arqueología en Bolivia. Ponencia presentada al panel "La Bolivia del Siglo XXI y los desafíos de las ciencias sociales", La Paz.

Nielsen, Axel

2006 Pobres jefes: aspectos corporativos en las formaciones sociales pre- inkaicas de los Andes circumpuneños. En *Contra la tiranía tipológica en arqueología, una visión desde Suramérica*, editado por Cristóbal Gnecco y Carl Henrik Langebaek, pp 121-150. Universidad de Los Andes, Bogotá.

Patiño, Tania y Juan Villanueva

2008 En la ciudad de los muertos: excavaciones arqueológicas en Wayllani/Kuntur Amaya. *Chachapuma* 3:23-35.

Rivera, Silvia

1980 La antropología y la arqueología boliviana: límites y perspectivas. *América Indígena* 40:217-224.

Sagárnaga, Jédu y Antti Korpisaari

2005 Pariti, la isla que asombró al mundo. En *Pariti: isla, misterio y poder. El tesoro cerámico de la Cultura Tiwanaku*, editado por Antti Korpisaari y Martti Pärssinen, pp 39-52. República de Bolivia y República de Finlandia, La Paz.

Villanueva, Juan

2007 Las escudillas del rasgo 1 en la isla de Pariti: interpretación y consideraciones desde un enfoque iconográfico. *Chachapuma* 1:53- 63.

2012a Ocupaciones humanas prehispánicas en Chullpa Loma y el valle de Cohoni, La Paz. Evidencias e hipótesis para la arqueología paceña. *Textos Antropológicos* 16(2).

2012b La evocación de las arcillas: interpretando la frontera Pacajes-Carangas en el Período Intermedio Tardío (ap. 1100-1450) a partir de la arqueometría cerámica. *Cuaderno de Campo* II(4).

2013a La cerámica Tiwanaku de la Isla Pariti como recipiente: performance, significados y constitución de la persona. *Anales de la Reunión Anual de Etnología* 26:77-102.

2013b *Materiales cerámicos y la construcción arqueológica de Pacajes y Carangas. Una evaluación arqueométrica de la frontera del Mauri- Desaguadero para el Período Intermedio tardío (ap. 1100-1450 d.C.) en el Altiplano Boliviano Central.* UTA-UCN-MECESUP2, Arica.

2015a Yachay, pacha, tinku. La mutua constitución de la persona y los ceramios en el Período Intermedio Tardío (1100-1450 d.C.) del altiplano central de Bolivia. En *Personas, cosas, relaciones. Reflexiones arqueológicas sobre las materialidades pasadas y presentes*, editado por Félix Acuto y Valeria Franco, pp 117-150. Abya-Yala, Quito.

2015b En torno a concepciones del tiempo en Tiwanaku. Consideraciones en base a la iconografía de los *challadores* de Pariti. *Cuaderno de Campo* 6(1):16-35.

2015c De la pukara al chullperío: evaluando la articulación de comunidades imaginadas en el Carangas preinkaico. *Arqueoantropológicas* 5:23- 50.

2015d Carlos Ponce Sanginés y el Intermedio Tardío altiplánico. *Chachapuma* 8.

2016a Aves doradas, plantas plumarias y ojos alados. Vías para interpretar la iconografía aviaria en Tiwanaku. *Anales de la Reunión Anual de Etnología* 29:68-81.

2016b Ideales de género en la cerámica antropomorfa de la ofrenda Tiwanaku de la isla Pariti. En *Otras miradas: la presencia de la mujer en las sociedades prehispánicas*, editado por Claudia Rivera y Walter Sánchez, pp 41-59. INIAM-UMSS, Cochabamba.

Villanueva, Juan y Antti Korpisaari

2013 La cerámica Tiwanaku de la Isla Pariti como recipiente: performances y narrativas. *Estudios Atacameños* 46:83-108.

SUEÑO Y CATARSIS:

HACIA UNA ARQUEOLOGÍA POST-HUMANISTA

José Roberto Pellini

Un sueño de infancia

Estoy a punto de desistir. Ayer pasé 12 horas seguidas en internet buscando una revista que tiré a la calle hace unos 25 años. Raramente dejo de encontrar algo que quiero en internet, pero esta vez está difícil. Esta es la cuarta vez que trato de encontrar esta revista en los últimos 10 años. Había en ella un reportaje especial para mí, algo que leí cuando tenía siete años y que cambió mi vida. Este reportaje me acompañó durante años, moldeó mis sueños, mis deseos y mi destino. Pero en los primeros años de la universidad terminé tirándola a la basura, tal vez porque ya no creía en sueños. Me arrepentí algunos años después y desde allí comenzó una búsqueda incesante en librerías antiguas y archivos virtuales. Pero hasta ahora nada. Lo peor es que mi memoria ya me está traicionando. No estoy seguro dónde se publicó el reportaje. Tengo una vaga idea de que se trata de la revista *Manchete*, publicada por la extinta Editora Bloch, en Brasil. Esa revista fue el principal periódico semanal brasileño durante las décadas de 1950, 1960 y 1970. El problema es que después de que Bloch cerró su acervo se perdió y nunca fue digitalizado, a diferencia de lo que sucedió con otras revistas importantes en Brasil. He pasado los últimos días revisando en internet lo que algunos coleccionistas ponen a disposición en la red. Pero nada aparece que sea revelador. Ayer busqué en otras publicaciones de la década de 1970 y miré, desde el principio al final, más de 150 revistas.

En los últimos cuatro días ya he revisado más de 5000, he enviado más de 40 correos electrónicos a coleccionistas, he visto cientos y cientos de fotos de reportajes visualizados, y nada. Si yo no recordara tan intensamente el olor de aquella revista, el color de las páginas, los dibujos y fotos, hasta podría pensar que esa revista nunca existió y que todo esto no es más que un recuerdo que he montado a lo largo de los años, una especie de mito de origen que justifica las decisiones que tomé en mi vida. No recuerdo en qué revista, en qué volumen, en qué año fue publicado. No recuerdo la cubierta de la revista, cuántas páginas tenía, qué propagandas o cualquier otra cosa. Sólo recuerdo el reportaje y el primer día en que miré esas páginas.

Era el final de la tarde, alrededor de las cuatro, y una luz tranquila invadía la sala de la casa. El haz de luz iba directamente al baúl de la estantería. Era como una invitación, una especie de llamado. Mi padre había salido y mi abuela estaba durmiendo. Era el momento perfecto para entrar en ese mundo de fantasías. Me acerqué furtivamente a la estantería en busca de la llave, pero estaba fuera de mi alcance. Tenía que pensar en algo rápido. Fui a la cocina y tomé una silla; la coloqué cerca de la estantería y empecé a escalar los estantes de libros. En este momento un estante se balanceó y cayeron varios libros. Me quedé allí, colgado y congelado, esperando la bronca de mi abuela. Por suerte no se despertó. Sólo podía ser el destino.

Arreglé los libros, bajé y fui hacia el baúl de la estantería. Puse la llave y con todo cuidado abrí el cerrojo del baúl de madera clara. Todo seguía como yo lo había dejado la última vez. Había retirado algunas revistas que todavía no había visto y empecé a leer y viajar con las imágenes. Al hojear rápidamente vi algo que me dejó paralizado. Una página completamente naranja con una figura en blanco y negro en el centro. El contraste de colores era intenso y mis ojos no podían parar de mirar aquella página. El reportaje traía el resumen de un programa de televisión llamado "El cielo es el límite", en el que una persona respondía preguntas sobre un determinado tema. El programa fue exhibido por Tupi, la primera red de televisión de Brasil, y fue presentado por J. Silvestre. En ese reportaje un candidato estaba respondiendo sobre el Antiguo Egipto. Una imagen de la Gran Pirámide ilustraba la parte baja de la segunda página. Majestosa, imponente, silenciosa, esas eran las palabras que yo buscaba pero no encontraba para describir aquella foto. En las demás páginas algunos jeroglíficos y el cartucho real de Cleopatra y Alejandro el Grande me hacían sumergir en mi propia imaginación. No podía desviar la mirada. Aquellos símbolos parecían misteriosos, secretos, mágicos. Me fascinó. Devoré cada sílaba, cada palabra de esas cinco páginas. En aquel momento, aunque todavía no lo sabía, acababa de decidir convertirme en arqueólogo.

Durante mucho tiempo fui y volví al baúl sólo para ver aquel reportaje, hasta que un día resolví sacar la revista de su claustro y la puse junto con mis cosas para poder leerla cuando y donde quisiera. Pero ya no era suficiente y la biblioteca de casa me ayudó una vez más. Libros sobre historia, antropología y algunos pocos de arqueología estaban en medio de libros sobre economía, psicología y otras áreas. Buscaba incesantemente algo sobre Egipto, imágenes, fotos, historias que pudieran alimentar mis sueños. La búsqueda no fue en vano. Un día, cuando miraba la estantería para saber por dónde empezar a explorar, un libro negro llamó mi atención. Era el libro de C. W. Ceram *Dioses, tumbas y sabios*. Era todo lo que necesitaba. Debería tener unos diez años cuando empecé a leer sobre las investigaciones en Nínive, Troya y, sobre todo, sobre el descubrimiento de la tumba de Tutankhamón. Leer sobre la emoción de Carter cuando vio por primera vez la tumba del rey-niño o su descripción sobre la corona de flores sobre el sarcófago del faraón todavía hoy me emociona. Con

Ceram aprendí la palabra arqueólogo y aprendí que la arqueología era una profesión solitaria, pero una profesión. A partir de ese momento cada vez que alguien me preguntaba lo que iba a ser cuando fuera grande yo respondía: "arqueólogo".

La arqueología para mí parecía una gran aventura, una aventura que poblaba mi cabeza casi las veinticuatro horas al día. ¿Cuántas veces me imaginé descubriendo un nuevo Tutankhamón? Cientos de miles. Este ideario aumentó aún más cuando vi por primera vez la película *Indiana Jones y los cazadores del arca perdida*. ¿Dónde estaba ambientada la película? En Egipto, por supuesto.

El tiempo fue pasando y yo seguí coleccionando imágenes, reportajes, materias sobre Egipto. Intenté hacer otras cosas. Probé ser jugador de fútbol, hice varias pruebas, pero nada funcionó. Al principio quería ser portero pero en mi primera prueba en un equipo profesional me hicieron 11 goles. Resolví jugar como defensor y la cosa fue aún peor. Intenté ser actor y llegué a participar en una obra de teatro pero la arqueología habló más fuerte y así pasé la primaria y la secundaria. En las vísperas del exámen de ingreso a la universidad, estaba seguro: iba a estudiar historia, ya que no existía una licenciatura de arqueología en el país; la única que había, en la universidad privada Estácio de Sá en Río de Janeiro, acababa de ser cerrada. Sólo me quedaba estudiar historia y pensar en el postgrado. El plan estaba listo; ahora sólo era cuestión de seguirlo.

La vida en la universidad no fue difícil. Recuerdo los primeros días en el edificio de la Facultad de Historia de la Universidad de São Paulo. Fui directo a la biblioteca, a la sección de Egipto. Tomé todo lo que estaba disponible. Llevaba tantos libros a la casa que era imposible leerlos, lo que me dejaba frustrado y nervioso. En mi primer año conseguí entrar como pasante en el Museo de Arqueología de la

Universidad de São Paulo. Pasaba los días haciendo levantamientos bibliográficos. Poca gente me conocía en el Museo porque pasaba todo el tiempo encerrado en una sala llena de libros. Pero estaba feliz; ese era mi mundo, mi vida, mi pasión...

Después de tres años encerrado en una biblioteca me dieron ganas de hacer trabajo de campo. La oportunidad vino con la Misión Francesa encabezada por Denis y Águeda Vialou. Cuando fui aceptado quedé ansioso e irremediablemente feliz. Un sueño que había comenzado 16 años antes estaba a punto de realizarse y fue muy hermoso. Andar en medio del bosque, ver refugios rupestres escondidos de los ojos distraídos, excavar hogueras de miles de años, lavar y documentar fragmentos. Todo era muy emocionante. Recuerdo la primera reprimenda que recibí de Denis, cuando durante una explicación sobre el sitio me apoyé en el paredón. Recuerdo la primera vez que toqué el suelo del sitio con mi cucharín, la textura fina del sedimento, la humedad de la tierra, el olor del sitio.

Recuerdo el almuerzo, con aperitivos de paté de atún, salami, jugo y frutas de postre. Recuerdo los descansos de media mañana y aun siento el gusto del té en la boca. Recuerdo la luz agradable, cálida, irradiante del cerrado brasilero. Recuerdo el primer balde pasado por la zaranda. Hasta el día de hoy, cuando siento el olor del jabón Dove, recuerdo esa excavación. Todo tenía un sentido.

En mi segundo trabajo de campo las emociones fueron aún más intensas.

Estaba excavando con Renato Kipnis en Minas Gerais. Él estaba allí para terminar su doctorado y contaba con la ayuda de alumnos para terminar de excavar el sitio Lapa dos Bichos. El acceso al sitio era complicado; teníamos casi que escalar parte del tramo y me fascinó.

Me encantaba ensuciarme, quedarme horas dentro de un sondeo dibujando, empujar el carro cuando no funcionaba.

Recuerdo la emoción que sentí cuando en una exploración con Renato desenterré un tiesto de cerámica decorada tupi guaraní. Me quedé pensando si la gente en el pasado también caminaba por los lugares que estábamos caminando, si veía el cielo que nosotros veíamos, lleno de estrellas y con una luna llena hermosa.

Pero el tiempo fue pasando. Año tras año, excavación tras excavación, el brillo en mis ojos fue desapareciendo y dando lugar a la técnica y a la disciplina. Estaba volviéndome definitivamente un científico, un arqueólogo. La cosa empeoró cuando entré a la arqueología comercial. Ahora no era sólo un científico, sino también un profesional. El ritmo de los trabajos era alucinante y yo vivía más en aeropuertos que en mi propia casa. Excavar ya no era una alegría. Excavar era, ahora, la reproducción técnica de procedimientos de recolección de datos.

Los desafíos ya no eran personales sino metodológicos. Tenía que ser preciso, registrar todo, documentar cada fragmento de material presente en el sitio. Debía medir con precisión los límites del área de ocupación, estandarizar los colores del suelo y filtrar las informaciones de los alumnos. Cada dos o tres meses paraba de excavar y me dedicaba a escribir los informes. Cientos y cientos de páginas con datos, gráficos, fotos y dibujos.

Pero no veía problema en eso puesto que había aprendido en la facultad que el trabajo del científico es reunir y verificar datos con la mayor precisión posible. Había aprendido que un científico tiene que ser neutro y distanciado y que el único camino a la verdad era verificar sus hipótesis de modo cartesiano y luego someter sus investigaciones al juicio de otros científicos. La emoción, la aventura, el sueño y la diversión no formaban parte de la ciencia. De las seis de la mañana hasta las seis de la tarde yo era arqueólogo y así debía contenerme, ser objetivo y disciplinado. Ese cambio de una época en que todo me emocionaba a un tiempo en que me alejaba de las cosas fue absolutamente natural.

Creo que lo más importante que aprendí en la universidad fue que el discurso científico era un sinónimo de verdad. Me enseñaron a creer en una lógica bien jerarquizada. Los individuos racionales estaban en la base pues vivían en el sentido común y en la tradición. Los doctores ocupaban la parte superior de la escala porque verificaban, develaban y conocían las verdades del mundo.

Confieso que me sentí como un semi-dios cuando entré al postgrado.

Si el discurso científico era la única verdad válida en el mundo yo ya no necesitaba aquel reportaje de páginas naranja. ¿Para qué necesitaba eso? Ahora yo era un investigador de verdad y podía sustituir todo lo que estaba en el reportaje por textos académicos serios, escritos por personas serias, por investigadores renombrados. Ese reportaje era, al final de cuentas, sólo algo curioso, exótico, en una vieja revista, un símbolo de un pasado no científico. Ya no había lugar para aquel reportaje en mi vida. Tampoco había lugar para las emociones y los sueños. Igual que sucede a un operario en la línea de producción, acabé anestesiándome completamente. Mis sentidos se adormecieron, mis gestos pasaron a ser una reproducción infinita de las técnicas que había aprendido y mis experiencias fueron substituidas por el adiestramiento metodológico. Estaba muerto y no lo sabía. Mi vida personal no interfería en mi vida profesional y viceversa. Por lo menos eso era lo que creía.

Un llanto profundo

En 2007 un teléfono comenzó a cambiar las cosas para mí. Un colega fue el portador de una invitación inesperada. Me dijo que un amigo del amigo de su amigo le había telefoneado para preguntárle mi número porque un equipo argentino que trabajaba en Egipto necesitaba un arqueólogo de campo experimentado que tuviera formación en el Egipto Antiguo. ¿Me alegró la invitación? Claro, pero no me emocionó mucho. Para mí la invitación era un premio por los años dedicados a la arqueología, un reconocimiento de mi valor técnico-científico y fue así, reprimido, anestesiado, disciplinado, que llegué a trabajar a Egipto en 2008.

Para hacer algún trabajo de campo en Egipto es necesario enviar al gobierno con tres meses de antelación un documento en el que conste lo que se pretende hacer y el nombre del equipo. Sobre la base de estos documentos el gobierno da o no autorización para los trabajos. En aquel año, debido a un problema de correos, los documentos de nuestro equipo tardaron en llegar a Egipto y, como consecuencia, quedamos días y días esperando para poder iniciar la excavación. Mientras esperábamos visitamos templos y tumbas en todo el país. Lo más extraño es que no me sentía afectado por nada de eso. Me sentía caminando por un gran museo y tumba tras tumba, templo tras templo, lo único que sentía era cansancio. Aquel Egipto de la infancia, de las páginas naranja de la revista, era apenas una imagen turbia en mi cabeza. Además, yo estaba allí para trabajar y no para divertirme. Yo era un profesional y no sería correcto dejarme llevar por cualquier tipo de emoción que pudiera interferir en el trabajo que tenía que hacer. La arqueología no era el romance de la historia y yo ya no era aquel niño soñador. Egipto era una escala más de avión y la tumba sólo un sitio más.

Pero había poco trabajo y mucho tiempo para pensar y es curioso cómo el tiempo libre trastorna a algunas personas, como a mí. Si hubiera estado en Brasil estaría cumpliendo jornadas de trabajo de 12, 14, 16 horas. Tener tiempo libre en Egipto me incomodaba porque significaba que ya no estaba siendo productivo. En la sociedad moderna vivimos dominados por la idea de producir, producir y producir, como si eso fuera la cosa más importante de la vida y el hecho de no poder trabajar realmente me incomodaba. Aún me siento un poco culpable cuando estoy descansando, viendo un partido de fútbol en la televisión, viendo una película. ¡Cómo es de fuerte y devastadora nuestra educación! Pienso que podría estar haciendo algún informe, podría estar escribiendo otro artículo para aumentar mi currículum, podría estar analizando piezas y objetos, en fin, haciendo algo que considere útil. En Egipto estos pensamientos me angustiaban.

Lo peor de estar parado es que abría la oportunidad de pensar, de cuestionarme, y eso no era bueno. Traté de protegerme buscando cosas para hacer, para distraerme de mis propios pensamientos. Pasaba el día en el mercado, hablando con las personas, en la biblioteca que la Universidad de Chicago mantiene en Luxor o caminando con Julián, mi amigo, por la necrópolis tebana. Pero Egipto tenía planes diferentes para mí y poco a poco me fue desafiando, poniéndome en situaciones que me sorprendían y me hacían pensar.

Una vez fui a visitar el trabajo de los españoles en la tumba de Montuenhat, una de las mayores tumbas privadas en la Necrópolis Tebana. Fuimos recibidos con mucho cariño por ellos, que nos ofrecieron té y galletas. Durante la visita a la tumba lo que más me impresionó no fue la arquitectura, el sarcófago de alabastro negro intacto, los vasos, sino la cantidad de huesos y partes de momia que estaban saliendo de la excavación. En la parte interna, a unos 10 metros de profundidad, un olor insoportable de amoníaco se apoderaba del aire. En una de las escaleras de acceso a la cámara de enterramiento, en el lado derecho, había una pila con decenas y decenas de partes de momia. Eran las piernas, los brazos, las cabezas, algunas encajadas, otras no. Era una escena impactante. Pero lo que más me chocaba era el hecho de que nadie parecía cuidar de la escena, ni los excavadores egipcios ni los arqueólogos españoles ni los miembros de nuestro equipo. Todo parecía normal. En aquel momento la angustia que había sentido días atrás volvió con más intensidad. Una pregunta pasó a martillar en mi cabeza: ¿cómo era posible tratar cuerpos humanos de esa manera? ¿Cómo era posible tratar a estos individuos como si fueran fragmentos de cerámica o cualquier otro objeto material? ¿Cómo considerarlos sólo como registro arqueológico? Ver las momias siendo tratadas como registro arqueológico me hizo empezar a pensar en la definición de lo que es registro arqueológico. Hoy pienso que algunos investigadores tratan huesos, humanos o animales de esta manera porque los consideran materia inerte, un cuerpo separado de una mente que ya se ha ido.

Días después ya estaba tranquilo y había olvidado todo. Había vuelto a mi estado de anestesia cuando acepté, receloso, la invitación del equipo con el cual trabajaba para visitar el Valle de los Reyes. Sólo faltaban algunos días para volver a Brasil y ya estaba pensando en la cantidad de trabajo que me esperaba. Pero decidí ir con ellos. Cuando llegamos al valle escogimos algunas tumbas y las fuimos a visitar. En la primera tumba que entré nada me llamó la atención. Era bonita, sin duda, pero nada especial. Entramos en la segunda y era más de lo mismo. Cuando ya estaba cansado de entrar y salir de las tumbas, andando de un lado para otro, fuimos a la tumba de Ramsés III, faraón de la XX dinastía. Entré y después de algunos pasos algo extraño empezó a acontecer. En un segundo vi en las paredes de la tumba mi trayectoria hasta ese momento. Me vi mirando aquella revista naranja y soñando con mi futuro. Me acordé de los juegos de niño, cuando yo enterraba cosas sólo para poder excavarlas. Me acordé del esfuerzo de mi padre para mantenerme en la universidad, su alegría cuando entré al postgrado. Me ví creciendo, tomando decisiones, madurando y convirtiéndome en un científico frío, un señor de la verdad. Sin mucha explicación me vi llorando en medio de la tumba. El llanto fue aumentando, aumentando y tuve que salir. El guarda que cuidaba la tumba vino para ver si yo estaba bien. Yo mismo no sabía si estaba bien, no entendía lo que estaba pasando. Solo sé que fueron dos días llorando, en una catarsis increíble. Años de anestesia, de bloqueo, se disiparon y reencontré aquel niño que un día soñó con estar en Egipto trabajando. Fue algo muy perturbador.

Volví a Brasil, confuso. En los primeros meses intenté volver a la rutina de trabajo y olvidar lo que había pasado en Egipto. Pero ya no era posible. En el primer trabajo de campo que hice sentí que necesitaba involucrarme más, que necesitaba vivir el paisaje de modo diferente, que el distanciamiento positivista ya no me servía como investigador. Me di cuenta de que los años dedicados a la arqueología comercial me habían anestesiado y habían transformado la arqueología en sólo una técnica. Me faltaba todo lo que hubo en Egipto. Me hacían falta los afectos y las emociones que me humanizaron, los sentidos que me liberaron, la inmersión que me hacía parte del mundo. Allí volví a enamorarme, sin saberlo, de la arqueología, no de la vieja arqueología que yo practicaba sino de una arqueología libertaria que me exigía ser quien era y no quien me imaginaba que era. Volví a prestar más atención a las cosas simples.

Volví a admirar la alegría de la infancia, la sonrisa sin compromiso, las extrañas maravillas de la vida.

En esa época comencé a dar clases en la Universidade Católica de Goias.

Allí conseguí remediar parte de mi descontrol. Tener que enseñar me obligó a aprender nuevamente y un mundo nuevo se abrió. Yo, que hacía unos años había comenzado a recorrer el camino de la fenomenología, encontraba mi lugar en el mundo. Poco a poco fui entendiendo que la arqueología que yo practicaba en la empresa no era la arqueología que yo quería hacer.

Con la fenomenología vinieron las críticas a los modelos cientificistas occidentales y su base cartesiana, positivista, masculina y autoritaria (Bachelard 1998; Husserl 1970). Pasé a dudar del mundo que me rodeaba (Macknik y Martínez-Conde 2010). Dudé de los hechos y entendí qué los hechos no son más que narraciones sobre algo. Me di cuenta de que tratar de describir el mundo como es sólo era contar una historia local sobre cómo es. En este contexto la razón es sólo un estilo de contar una historia, una historia de segundo orden puesto que necesita otra historia que la valide. El idealismo, el materialismo, el racionalismo, son sólo meta-historias, es decir, historias sobre historias. Al entender que incluso nuestras vidas están formadas por historias que contamos y que nos cuentan y que estas historias nos enseñan lo que es ser un chico, una chica, un padre, un hijo, caucásico, hispano, latino, negro, cristiano, o que nos enseñan el papel de la iglesia, de la escuela, de la ciencia, del dinero, entendí que ahora ya no necesitaba cuestionar la ciencia y el mundo tanto como pasar a cuestionarme en cuanto ser humano.

Esto me llevó a estudiar la percepción y los sentidos (Classen 1993; Howes 2009). De allí vino la comprensión de que buena parte de lo que vivimos en nuestro día a día es una construcción de nuestras mentes colonizadas, mentes que son educadas dentro de patrones estéticos y comportamentales específicos. He aprendido cómo fui educado dentro de una estética normativa, oculocentrista, que determina los modos específicos de actuar, pensar y comportar. Entendí que el primitivo, fuerte, con acuidad olfativa y táctil, necesitaba existir para poder existir el blanco, civilizado, de mirada precisa. Entendí que no podía tocar objetos dentro de un museo porque el tacto es considerado en el mundo occidental como algo despreciable, inferior, no civilizado. Entendí por qué aquellos olores que son tenidos como agradables están asociados a la limpieza mientras aquellos olores que son clasificados como malos están asociados a la pobreza y a la enfermedad (Howes 2010). Con eso pasé a cuestionar mi educación, mis comportamientos, mi estética de mundo. Aquella imagen empoderada, autoritaria, detentadora de las verdades del mundo que construí de mí cuando me convertí en científico empezó a desmoronarse. Tuve que entrar en contacto con mis miedos, mis temores, mis dudas y debilidades. Para mí era claro que primero necesitaba entenderme a mí mismo para después intentar entender el mundo y las diferentes materialidades que están presentes a mi alrededor. La arqueología pasó a ser mi espejo, el lugar donde me enfrentaba y me conocía como ser humano. Finalmente el ser humano y el científico se encontraron en un solo cuerpo.

La ruptura

Esta bibliografía sobre fenomenología, ilusión, sentidos, descolonización me dejó en estado de shock. Me sentí traicionado por la academia, por la sociedad y por mí mismo. Aprendí a creer que las cosas en las que creía cuando era niño no eran verdades. Aprendí a creer que los fantasmas, los espíritus y los genios no existían, que las varitas mágicas y las estatuas que hablan son fantasías o cosas de gente perturbada. Me obligaron a abandonar todo lo que era lúdico mientras crecía. Pero en vez de quedarme deprimido vi un nuevo mundo de posibilidades. El problema era que la arqueología comercial no me daba espacio para ser lúdico de nuevo. Esto fue un gran problema para mí y empecé a golpearme contra las instruciones y los discursos hegemónicos. Yo quería hacer una arqueología diferente pero tardé mucho en entender que dentro de la estructura de mercado que rige la arqueología comercial eso era imposible, sobre todo porque eso demandaba tiempo. Tiempo para una profunda inmersión tanto en el campo como en el laboratorio y dentro de mí mismo. El problema es que el tiempo es un elemento fundamental en la ideología capitalista que mueve la arqueología comercial. El tiempo es dinero. En la empresa en la que trabajaba pedir más tiempo para el campo, para el análisis, para escribir, era casi un crimen pues implicaba que el lucro bajase. En tiempo de crisis la cosa empeoraba. Se crearon sistemas de control para monitorear el tiempo que usábamos en la empresa, en el campo, en el laboratorio y en la confección de textos. El objetivo era hacer que las personas fuesen cada vez más rápidas en sus tareas. Hasta el tiempo usado en el café y el cigarro debían ser colocados en planillas. Todo siempre en nombre del tiempo. Era una lucha sin gloria.

Los problemas no eran sólo dentro de la empresa. Una vez el Ministerio Público fue al campo y yo intenté hacer un enfoque fenonenológico para el estudio del paisaje. No me interesaba tanto recoger material. Pero el Ministerio Público ordenó que yo recogiera todo vestigio material "del pasado" que estuviera dentro del área del sitio arqueológico. Expliqué que en vez de recolectar toneladas de material yo prefería tratar de entender cómo las personas en el pasado y en el presente interpretaban aquel paisaje, como se relacionaban y cómo significaban aquel lugar. Pero como en Brasil la idea de patrimonio esta directamente vinculada a la idea de fisicalidad era importante que yo recogiera material. Intenté explicar que recolectar material no garantizaba la construcción de conocimiento. Pero al Ministerio Público no le importaba si yo estaba o no tratando de construir conocimiento; lo que importaba era recolectar pues eso significaba preservar, aún si el material quedaba por años perdido en algún galpón. Ante mi rechazo a atender la solicitud patrimonialista y positivista que ve un fragmento cerámico como una prueba inequívoca de alguna acción del pasado el Ministerio Público me amenazó con prisión por desacato. No tuve el apoyo del Instituto del Patrimonio Histórico y Artístico Nacional, que regula el trabajo arqueológico en Brasil, ni de la empresa que yo representaba. Ninguno de ellos quería problemas ante lo que consideraban sólo una "tontería" teórica.

Para mí ya era insostenible actuar de esta forma y todos los días a la mañana, cuando iba para la empresa, llegaba desanimado. La solución fue renunciar. El quiebre no fue tranquilo. El miedo, la inseguridad financiera y la falta de oportunidades me mantenían preso. Todo es lindo en el papel pero en la vida real necesitamos comer, pagar las cuentas, comprar el pan en la panadería de la esquina. Pero estaba decidido. No podía seguir viviendo así. No podía vivir me engañando y haciendo algo en lo que ya no creía. Necesitaba respirar, volver a soñar, volver a vivir.

Desde entonces vengo criticando abiertamente el sistema de mercado que rige la práctica de la arqueología comercial (Pellini 2014, 2011; Zarankin y Pellini 2012). Me siento tranquilo y apto de hacer esto pues viví esta práctica durante diez años. Exponer mi opinión, la opinión de quién vivió dentro del sistema durante mucho tiempo, me ha ganado las críticas enardecidas de quienes gestionan este sistema, es decir, los grandes empresarios- arqueólogos. Fui tildado de "hipócrita" y otras cosas más. Dijeron que "escupo en el plato del que comí".

Vean, no estoy en contra de la idea de ganar dinero; creo que es algo justo.

Sería hipócrita si dijera que estoy en contra de eso. Estoy en contra de la forma que usa la arqueología comercial para ganar dinero, es decir, sacrificando tiempo, experiencias, vivencias, inmersión, creatividad, imaginación. Estoy en contra de la mecanización del trabajo, del pensamiento, de los gestos, de los comportamientos. Estoy en contra de la objetivación de la práctica, de la naturalización del cuerpo y de los sentidos. Estoy en contra de la anestesia que nos domina en la práctica de la arqueología comercial.

Pero quizás el problema no sea la arqueología comercial o los empresarios arqueólogos. Quizás tampoco sean las grandes corporaciones que están presentes en la práctica disciplinar ni la ideología de mercado ni, mucho menos, el arqueólogo, pues parte de todos los problemas que están presentes en la arqueología comercial están también presentes en la arqueología académica. Por ejemplo, ¿cuál es el espacio que las narrativas alternativas e imaginativas tienen en las revistas y periódicos oficiales? ¿Cuál es el espacio que las arqueologías llamadas "radicales" tienen en el mundo académico hegemónico, sobre todo en Suramérica, todavía dominada por las corrientes histórico-culturales? Mis alumnos, por ejemplo, que trabajan con estudios sensoriales, son ridiculizados por ciertos profesores que defienden que la arqueología de los sentidos o sensorial no es arqueología. Tal vez el problema sea la propia arqueología, una ciencia concebida y fundada sobre la lógica del mercado, sobre el manto de las posturas distanciadas y de los modelos métricos oculocentristas y que se compromete con estructuras de poder que presuponen campos de verdades y lugares de autoridad. Esa es la esencia de la arqueología. Cambiar eso sería proponer el fin de la arqueología. ¿Será este el camino a seguir? ¿Qué debemos hacer?

Lo invisible

Los enfoques postmodernos llegaron a la arqueología para intentar corregir mucho de estos problemas. Se habló de una arqueología simbólica, de una arqueología de género, de una arqueología cognitiva, descolonizada y con tantos otros adjetivos. Lo que no nos faltan hoy son las arqueologías adjetivadas. Se ha intentado abrir la arqueología a diversas otras voces, volviéndola más democrática. Pero lo que hemos visto es sólo una retórica de cambio mientras mantenemos vivos nuestros privilegios frente a las narrativas del pasado.

Permitimos y reconocemos las diferencias pero limitamos su presencia y actuación (Gnecco 2009, 2012). Como ha demostrado Gnecco (2012) reconocemos al otro, reconocemos sus derechos, sus demandas, pero al mismo tiempo lo esencializamos. El otro tiene que ser lo que queremos que sea y así el nativo tiene que ser puro y fuerte, el árabe tiene que ser orientalizado, Egipto tiene que ser el país de los faraones, la Amazonia tiene que ser el bosque virgen. Si los criterios occidentales no se cumplen la autenticidad del otro se pone en riesgo.

No sólo mantenemos nuestro privilegio sobre los discursos sino que seguimos obsesionados con el registro y la documentación, aun sabiendo que el pasado no es estático y predeterminado (Pellini 2014; Edgeworth 2013).

Seguimos manteniéndonos lejos de los objetos de nuestra investigación (Ouzman 2005). Seguimos creyendo que el ojo es nuestra única fuente de verdad (Thomas 2009). De esta manera continuamos perpetuando la violencia epistémica y la base ontológica modernista de la disciplina (Gnecco 2012; Haber 2012). La arqueología ha cambiado para seguir haciendo lo mismo, es decir, ser un instrumento de poder.

Un ejemplo de esto es lo que sucede en algunos trabajos de arqueología indígena y colaborativa, donde los nativos sirven, apenas, como mano de obra o como facilitadores, guías e intérpretes. En estos trabajos la ciencia sigue siendo la base ontológica y epistemológica de la investigación. Las cosmologías locales, nativas, son tratadas sólo como ilustración, como un ejemplo de interpretación alternativa y no como un elemento que pueda verdaderamente conducir y determinar epistemológicamente la investigación. ¿Por qué no moldear los sistemas de prospección a las concepciones nativas sobre el paisaje?

Imaginemos, por ejemplo, a los nativos de Papúa Nueva Guinea que perciben su paisaje a partir de elementos sonoros y no visuales, como los occidentales. ¿No sería interesante intentar pensar en un sistema de prospección que tuviera por base ese paisaje sonoro, que cambia con las estaciones, con el clima?

Consideremos a los pueblos Desana, para quienes el olor de la materia prima determina la forma de los envases. ¿No sería interesante pensar en un sistema de clasificación basado en el olor de los objetos? Al mismo tiempo en que reconocemos las ontologías locales ellas siguen figurando sólo como alternativas interpretativas, como ejemplos curiosos y exóticos de visiones del mundo.

Continuamos dando más crédito a la ciencia que a las narrativas locales.

Es por eso que para mí no basta alterar los adjetivos de la arqueología pues no es sólo el hacer arqueológico el que está equivocado. Tenemos que alterar las bases ontológicas y epistemológicas de la disciplina. Necesitamos confrontar las ontologías disruptivas pues lo que no podemos colonizar con nuestros sistemas de conocimiento no puede ser considerado como un error o como una realidad discursiva.

Debemos recordar que el yo y el otro sólo existen y se definen a partir de un encuentro incorpado, sensorial, emocional. Reconocer esto es la única manera de romper con el determinismo cartesiano universalista que tanto caracteriza a la arqueología.

Pero ser relacional, descolonizado y proponer un trabajo verdaderamente abierto no es cosa fácil. Todo es hermoso en el papel pero a la hora de implementar las propuestas nos enfrentamos con los verdaderos problemas.

¿Qué pasa cuando los sistemas de creencia de los grupos que usted investiga o con los que usted interactúa son completamente diferentes a los suyos? ¿Qué sucede cuando lo que usted llama convencionalmente un sitio arqueológico puede ser, en realidad, el lugar de morada de entidades espirituales? Por ejemplo, el occidente científico tiene dificultad en creer en lo que la ciencia dice que no existe y, en general, no creemos en espíritus, en fantasmas, en ángeles o demonios.

Pero en Egipto muchas personas creen que algunas tumbas del período faraónico localizadas en la Necrópolis Tebana son habitadas por genios protectores de tesoros (Van der Spek 2011). Tiradritti (2015) nos cuenta que por siglos el complejo funerario de Harwa y Akhamunru fue considerado como un lugar negativamente encatado. Edward Lane dijo en el siglo dieciocho que muchos egipcios de aquel tiempo creían que la Gran Pirámide de Giza era habitada por genios. Lane relató en sus diarios que cuando intentó entrar en la Gran Pirámide sus compañeros egipcios no quisieron ir con él justamente porque creían que los genios vivían en la pirámide.

El caso más conocido asociado a la presencia de genios en sitios arqueológicos involucra a la familia de Ibrahim Abd al-Rahim Awad, morador de Qurna, una villa ubicada sobre el Nilo, en Luxor. Van der

Spek (2011) relató que un día Ibrahim comenzó a presenciar incendios inexplicables en su casa. Esto duró semanas. Sabiendo que se trataba de genios protectores de tesoros llamó a un sheik para acabar con los incendios y anular la influencia de los genios. El sheik fue a la casa y pasó horas recitando encantamientos. Enseguida su hija se enfermó y fue declarada muerta por un médico de Luxor. Según Ibrahim su hija fue poseída por un genio niño justamente porque ellos estaban en busca de tesoros. Fue la intervención del sheik la que permitió que el genio se calmara y la hija de Ibrahim recobrara la salud.

Las historias que asocian ruinas y sitios arqueológicos con los genios no son exclusividad de Egipto. Una ruina habitada por genios fue descrita por el explorador checo Alois Musil en 1908 (Lebling 2010). La ruina se ubicaba a unos 25 kilómetros de Ammam, en Jordania. Musil escribió que a la puesta del sol, en las montañas, siempre surgían genios que habitaban el lugar.

Pensar, como hacen algunos antropólogos y arqueólogos, que las historias que involucran genios, sheiks y sitios arqueológicos son un intento de crear una heramienta que impida el robo de las tumbas o que reflejan sólo la condena ética, moral y religiosa de estas acciones es una postura reduccionista que intenta racionalizar la creencia de los musulmanes en el mundo invisible.

En el occidente moderno la creencia en genios, espíritus y objetos animados es considerada como superstición, como algo exótico, un símbolo de inferioridad intelectual. Esto sucede, en parte, porque nuestro concepto de verdad está fundado y asociado a elementos que son concretos y visibles. La verdad eslo que se puede ver y tocar. Para los musulmanes el mundo es mucho más que lo que se ve porque está compuesto de dominios visibles e invisibles. En el mundo islámico los elementos visibles e invisibles del mundo son dominios inseparables de lo cotidiano; ontológicamente lo visible no existe sin lo invisible y el universo sólo existe a partir de la relación entre estos dos dominios. En este sentido, lejos de ser un elemento exótico, lo invisible no sólo es inseparable de lo visible sino que es un dominio crítico en la formación del pensamiento y de las experiencias materiales cotidianas. De acuerdo con El-Aswaad (2002, 62):

> The invisible allows for possibility, a core concept in Egyptian peasants' thought, and renders the whole cosmos a dynamic structure. Anything is possible, because there is always room for the invisible to work. This explains their dynamic, open, and flexible worldview and attitude of alertness for any possible event, peculiar or normal, to occur. It is not then a mere naive belief in ghosts, `afarit, jinn, blessing, or the eye that renders the peasants superstitious, irrational, or narrow-minded as some thinkers might suggest: It is the power of the imagined, socialized, internalized, and sanctified invisible within and through which these beliefs can be understood.

Según la creencia islámica los genios son seres espirituales inteligentes, tienen libre albedrío y pueden elegir su propia religión (Lebling 2010). Hay genios que son musulmanes, cristianos, judíos e, incluso, hay algunos que no siguen ninguna religión. Estos últimos se conocen como *shayatin* y se consideran genios maléficos. El líder de los *shayatins* es conocido por el nombre de *Iblis* o *Shatan* (El-Zein 2009). Como entidades espirituales los genios son considerados seres dobles, es decir, que poseen capacidad de vivir y operar en el mundo visible y en el mundo invisible (El-Aswad 1994). En el plano visible, es decir, en el plano de la existencia humana, los genios suelen habitar lugares oscuros, aislados, abandonados, pozos de agua, carreteras, desiertos, ruinas, callejones, tumbas del período faraónico y otros sitios arqueológicos.

En algunos lugares, como Luxor, la creencia en los ángeles y en los genios moldea el día a día material de los musulmanes. La disposición arquitectónica de la casa de muchos habitantes de Luxor, principalmente en Qurna, se basa en la creencia en los genios (El-Aswad 2002; Pellini 2016). El establo, el horno y el baño, tradicionalmente considerados como lugares habitados por genios, están fuera de la casa. El jardín, uno de los elementos centrales de la casa egipcia, tiene algunas especies de plantas para espantar a los genios.

Como los genios son seres invisibles hay que tener cuidado para no lastimarlos. Cuando un egipcio arroja agua caliente en el suelo, por ejemplo, dice *bismala*, una petición de permiso y excusa para que el genio tenga tiempo de salir y no se lastime. Lo mismo sucede cuando alguien arroja agua en una fogata, en un horno o se sienta en el umbral entre la luz del sol y la sombra. Cortar un árbol o una planta que pertenece a un genio también necesita permiso (Lebling 2010).

Cuando alguien actúa sin el permiso de un genio, invade su espacio o hace algo que lo golpee el genio busca venganza y pasa a atormentar y asombrar la vida y la casa del individuo. En los casos más extremos los genios, tanto buenos como malos, pueden poseer el cuerpo de un individuo. La posesión por un genio puede producir enfermedades en los seres humanos, relatadas por Ameen (2005). Entre ellas se encuentran enfermedades nerviosas y psicológicas, insanidad, depresión, tensión, miedo extremo, ansiedad, epilepsia, desórdenes de personalidad y alucinaciones. Las peleas entre parejas y entre parientes a veces también son atribuidas a la acción de los genios.

Los genios pueden parecer exóticos a los ojos del mundo occidental pero para muchos musulmanes son absolutamente reales. Estos seres no son un desvío o un equívoco epistemológico sino una realidad ontológica bajo la cual se fundan las experiencias de vida y las vivencias cotidianas. ¿Cómo pensar en la experiencia encarnada de algunos musulmanes sin tener en cuenta la existencia de los genios? ¿Cómo entender la relación entre genios y humanos sin tener en cuenta lo que piensan, cómo piensan y cómo actúan los genios? ¿Cómo entender la relación entre genios y humanos sin entender cómo cada uno de ellos aprende, interpreta y significa el mundo? ¿Cómo entender esta relación sin entender las diferentes fenomenologías involucradas en este proceso de interacción? ¿Cómo entender un sitio arqueológico en Egipto sin considerar que este espacio puede ser un lugar de morada de genios y otros seres espirituales?

Para nosotros, arqueólogos y científicos occidentales, un sitio arqueológico es sólo un sitio arqueológico, o sea, un espacio normatizado, disciplinado, un lugar donde cierta actividad fue realizada en el pasado. Pero cuando llamamos un lugar "sitio arqueológico" nos olvidamos que deja de ser cocina, paisaje, casa, campamento y se vuelve sólo un sitio arqueológico. Cuando yo, arqueólogo, fuente de autoridad, llamo un lugar sitio arqueológico las personas que en su día a día interactúan y significan aquel lugar pierden el derecho de ir y venir, pierden el derecho de decidir lo que hacer en este espacio, pierden su conexión con aquel paisaje. Una tumba puede ser una tumba o cualquier otra cosa, pero un sitio arqueológico es sólo y tan sólo un sitio arqueológico.

Para los arqueólogos y científicos los sitios arqueológicos son sólo eso y los seres espirituales no existen; una tumba del período faraónico es solamente el lugar donde alguien fue enterrado y donde se cumplieron ciertos ritos funerarios en el pasado. Pensar la tumba de cualquier otra manera es un exotismo antropológico. Pero la idea de que la tumba es, ante todo, un sitio arqueológico le roba la la posibilidad de ser algo más, como el lugar de morada de seres espirituales; no podemos entender aquel espacio sin aceptar que es posible que allí puedan vivir genios y otros seres espirituales. Al final no importa si las creencias de alguien son verdaderas o no; lo que importa es que las personas actúan de acuerdo con sus verdades, sus visiones del mundo, sus ontologías. No importa si creo o no en ángeles, en genios o cualquier otra entidad espiritual; lo que importa es que los musulmanes creen e interpretan su mundo a partir de esta creencia. Es por eso que el Programa Arqueológico Brasileño en Egipto, bajo mi coordinación, ha intentado entender la tumba del período faraónico en que trabajamos no como una tumba ni como un patrimonio o sitio arqueológico sino como un espacio relacional, es decir, un espacio donde los agentes humanos y no humanos son parte constituyente y resultado de una relación. Allí los diferentes agentes no se superponen unos a otros; se complementan. En ese mundo sujeto y objeto se convierten en sujeto y objeto a partir de una relación. Allí las entidades no tienen propiedades que preexisten al fenómeno en el que se manifiestan sino que son propiedades de los fenómenos de los cuales son partes constituyentes.

Pero no es fácil pensar en actuar así, aún más en un país como Egipto, donde hay un pensamiento patrimonial y arqueológico bastante ortodoxo. Lo que los organismos oficiales y los arqueólogos esperan de nosotros es un proyecto académico clásico que involucre excavación, documentación y preservación.

Pensar la tumba como un espacio relacional implica incluir otros discursos, narrativas y enfoques alternativos; implica discutir qué hacer y qué no hacer dentro de la tumba, discutir lo que hay que preservar y no preservar. Implica, sobre todo, crear un espacio de contestación, algo que no siempre es bien visto.

Pero hay que intentarlo pues un avance ontológico en la arqueología sólo será posible si pensamos en las teorías indígenas más seriamente como ontologías más que como epistemologías. Necesitamos tratar las teorías no occidentales de modo simétrico a las teorías occidentales. Pero antes de querer cambiar la arqueología que practicamos necesitamos cambiar nuestra postura frente al mundo. Tenemos que repensar nuestras vidas, nuestras emociones, nuestros afectos y nuestros sentidos. Creo que ya no se trata sólo de repensar la arqueología que practicamos o, incluso, de reeducar nuestros sentidos sino de aprender nuevamente a escuchar, a ver, a oler, a sentir. Sólo después de salir del coma profundo al que estamos sometidos en nuestro mundo moderno podremos repensar nuestra práctica disciplinaria y definir si queremos o no continuar llamándola arqueología o si queremos pensar en algo alternativo para entender la relación de los diferentes seres y entidades con el mundo material.

La revista

Ya estaba cansado de buscar aquella revista cuando el destino hizo su parte. Mirando algunos sitios sobre el programa "El cielo es el límite" descubrí que una mujer llamada Micheline Christopher había respondido sobre el antiguo Egipto a principios de los años 1970. Caí en cuenta de que en muchas de mis búsquedas en internet su nombre siempre aparecía pero me parecía improbable que fuera ella la única persona que respondió las preguntas de mi revista de la infancia; a fin de cuentas el programa el "Cielo es el límite" debutó en la televisión a finales de los años 1950; fue transmitido hasta 1975, cuando fue cancelado. En la década de 1980 el programa volvió a salir, aunque en otra red de televisión y con otro nombre, pero con el mismo presentador, y se transmitió hasta mediados de los años 1990. Sin embargo, era una pista que debea seguir. Busqué información sobre ella hasta encontrar su facebook. Le escribí preguntándole si sabía si su participación en el programa había sido publicada y dónde. Dos días después me escribió y dijo que sí, que su participación había sido publicada en la *Enciclopedia Bloch*, una revista que presentaba reportajes y materias sobre historia, artes, arqueología y asuntos asociados al programa escolar y que era publicada por la misma editorial de la revista *Manchete*. En ese momento me di cuenta de que pasé años buscando la revista equivocada.

Una vez que vi su respuesta inicié una nueva investigación, pero ahora enfocándome en la *Enciclopedia*. Pasé dos días buscando en la red pero los volúmenes que encontré sólo tenían la portada y no había ninguna mención al reportaje. Estaba a punto de desistir otra vez cuando encontré a un vendedor que había puesto a disposición el índice de las revistas. Miré con atención y vi que el informe sobre la participación de Micheline estaba en cuatro volúmenes secuenciales del año 1971, los volúmenes 51, 52, 53 y 54. En uno, el número 52 (*Figura 1*), el texto me llamó la atención y mi corazón empezó a latir más fuerte.

Entré en contacto con el vendedor, sabiendo en lo profundo de mi alma que aquella era la revista que estaba buscando. Ella no me dio más detalles y así resolví arriesgar y comprar el set con las cuatro revistas. Después de cuatro días esperando, finalmente las revistas llegaron ayer.

No abrí el paquete en ese momento. Esperé el momento adecuado para hacerlo. Me bañé, me calmé y, finalmente, con ayuda de Carol, mi esposa, lo abrí. Comencé con el volumen 51; era muy parecido a lo que yo estaba buscando: los colores, el formato, pero aún no era el reportaje que quería, el de mi infancia. Abrí los volúmenes 53 y 54 y resultó lo mismo. Finalmente abrí el número 52 y allí estaba, tal y como recordaba (*Figura 2*). Me quedé pasmado mirando y la emoción acabó apoderándose de mí. Una búsqueda de más de 15 años había finalizado. Todavía ahora, mirando la revista, no creo que después de tanto tiempo esté conmigo otra vez. Esta no fue sólo la búsqueda de una revista, de un reportaje. Fue la búsqueda de mí mismo, fue la búsqueda de los sueños de mi infancia, fue la búsqueda de una arqueología que me emociona, que es más humana, divertida y que me completa.

Figura 1. La primera página del reportaje. Enciclopedia Bloch, 1971, vol 52.

118 – Arqueologías vitales

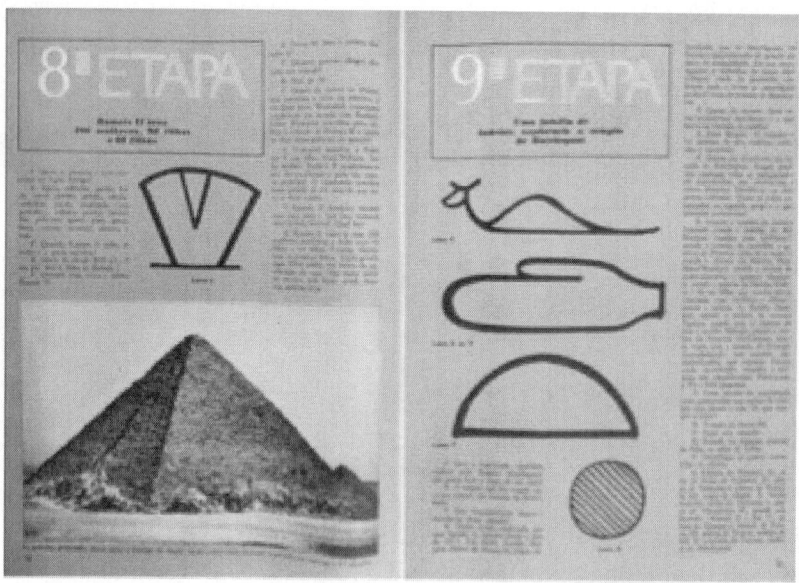

Figura 2. La porción central del reportaje. Enciclopedia Bloch, 1971, vol 52.

Referencias

Ameen, Abu'l-Mundhir Khaleel

2005 *The Jinn and human sickness: remedies in the light of the Qur'aan and Sunnah.* Darussalam, Riyad.

Bachelard, Gaston

1998 *A poética do espaço.* Editora Martins Fontes, São Paulo.

Classen, Constance

1993 *Worlds of sense: exploring the senses in history and across cultures.* Routledge, Londres.

El- Aswad, El-Sayed

2002 *Religion and folk cosmology. Scenarios of the visible and invisible in rural Egypt.* Praeger, Londres.

1994 The cosmological belief system of Egyptian peasants. *Anthropos* 89:359-377.

Edgeworth, Matt

2003 *Acts of discovery: an ethnography of archaeological practice.* BAR International Series, Oxford.

El-Zein, Amira

2009 *Islam, Arabs and the intelligent world of the Jinn.* Syracuse University Press, Syracuse.

Gnecco, Cristóbal

2009 Caminos de la arqueología: de la violencia epistémica a la relacionalidad. *Bol. Mus. Para. Emílio Goeldi. Ciências Humanas*

2012 Arqueología multicultural. Notas intempestivas. *Complutum* 23(2):93- 102.

Haber, Alejandro

2012 Un-disciplining archaeology. *Archaeologies* 8(1):55-66.

Howes, David

2009 Introduction: the revolving sensorium. En *The sixth sense reader*, editado por David Howes, pp 1-13. Berg, Oxford.

2010a *Sensual relations. Engaging the senses in culture and social theory.* University of Michigan Press, Ann Arbor.

Husserl, Edmund

1970 *The crisis of European sciences and transcendental phenomenology.* Northwestern University Press, Evanston.

Lebling, Robert

2010 *Legends of the fire spirits. Jinn and genies from Arabia to Zanzibar.* Tauris, Nueva York.

Macknik, Stephen y Susana Martínez-Conde

2010 *Sleights of mind: what the neuroscience of magic reveals about our everyday deceptions.* Henry Holt & Company, Nueva York.

Ouzman, Sven

2005 Prose has its cons. Seeing beyond material culture as Text. Ponencia presentada en el simposio *Seeing the past: building knowledge of the past and present through acts of seeing.* Stanford Archaeology Centre, Stanford University, Palo Alto.

Pellini, José Roberto

2011 Nem melhor nem pior. Apenas uma escavação diferente. *Revista do Museu de Arqueologia e Etnologia da Universidade de São Paulo* 21:3-15.

2014 Tomando chá com o chapeleiro: a arqueologia sensorial como arqueologia descolonizante. *Revista de Arqueologia* 27(2):14-34.

Thomas, Julian

2009 On the ocularcentrism of archaeology. En *Archaeology and the politics of vision in a post-modern context*, editado por Julian

Thomas y Vítor Oliverira Jorge, pp 1-12. Cambridge Scholar's Press, Cambridge.

Tiradritti, Francesco

2015 Twenty years of research in the cenotaph of Harwa (TT37). http://www.drhawass.com/wp/twenty-years-of-research-in-the-cenotaph-of-harwa-tt-37-by-francesco-tiradritti/

Van der Spek, Kees

2011 *The modern neighbors of Tutankhamun. History, life, and work in the villages of the Theban west bank.* The American University in Cairo Press. Cairo.

Zarankin, Andrés y José Roberto Pellini

2012 Arqueologia e companhia: reflexões sobre a introdução de uma lógica de mercado na prática arqueológica brasileira. *Revista de Arqueologia* 25(2):46-63.

LA CERÁMICA DE ANUMA'I Y LAS MARCAS DEL FIN DEL MUNDO

Fabíola Andréa Silva[1]

En octubre de 1996, después de navegar por el río Xingú por seis horas, finalmente llegué a la aldea Kwatinemu. Había salido de la ciudad de Altamira en un pequeño barco de motor en compañía del piloto, dos mujeres y dos niños para comenzar mi investigación de doctorado, una etnoarqueología cerámica junto a los asurini, un pueblo tupi-guarani amazónico que vive en las márgenes del río Xingu, en el Estado de Pará (Müller 1990; Silva 2000, 2008; Silva y Noelli 2015). Apenas descendí de la embarcación encontré un taller lítico constituido por varias depresiones de pulimento y afiladores dispuestos sobre los afloramientos rocosos del puerto de desembarque. Además, mientras subía la elevación que llevaba a la aldea pisé sobre muchos fragmentos cerámicos que habían aflorado en la superficie por la erosión de las lluvias y por el pisoteo constante. De inmediato percibí que la aldea Kwatinemu estaba asentada sobre un sitio arqueológico (Silva 2002).

Al llegar a la aldea fui inmediatamente conducida por el administrador de la FUNAI (Fundação Nacional do Índio) a mi alojamiento en la enfermería situada al lado de la sede del Puesto Indígena y de la escuela que eran, respectivamente, la residencia del administrador y de la profesora. Durante casi toda mi investigación, entre 1996 y 1998, la enfermería fue mi alojamiento y la compartí con los auxiliares de salud que pasaron por la aldea, excepto durante

---

[1] Traducido del portugués por Cristóbal Gnecco.

la temporada de campo de 1997, cuando me quedé en la casa de la profesora. En aquel tiempo no me parecía conveniente residir con una familia asurini pues creía que quedándome en un lugar "neutro" tendría mayor libertad de circulación por la aldea y acceso a todas las casas para recoger datos sobre la tecnología cerámica.

Después de instalarme decidí circular e intentar mi primer contacto con los asurini. De inmediato fui interpelada por una religiosa de la orden francesa "Hermanitas de Jesús" que residía entre los asurini desde hacía varios años y que se ofreció para acompañarme en mi paseo. Mientras me interrogaba sobre la razón de mi presencia allí y sobre la relevancia de mi investigación para los asurini me fue presentando a varias personas, entre ellas Myra, Parakakyja, Apirakamy y Maya que se volverían mis principales interlocutoras durante mi investigación de doctorado y marcarían mi vida hasta hoy. En aquel primer contacto con el contexto de la aldea dos cosas me impresionaron como arqueóloga: (a) la casa comunal (*tavyva*), que con sus casi seis metros de altura y doscientos metros cuadrados de área era realmente imponente; y (b) la cantidad de vasijas y fragmentos cerámicos esparcidos por la aldea, tanto en el interior de las casas como en las áreas al aire libre. La *tavyva* es la estructura que abriga la vasija cerámica ritual (*tauva rukaia*), la sepultura de los muertos, y es el lugar donde se realiza el complejo ritual *ture* que abarca los ritos asociados con la guerra, la muerte y la iniciación de los jóvenes. Como evidencia la semántica de la palabra *tavyva* (*tava* = aldea; *yva* = sufijo que remite a la idea de origen) esta casa comunal es la estructura que define una aldea asurini y solamente es erigida cuando alguien muere. Aquella noche me dormí maravillada por la aldea asurini, que consideré como un contexto privilegiado de investigación etnoarqueológica en la Amazonia brasilera.

Al día siguiente, cuando me fui a bañar al río —en un lugar próximo a la enfermería— observé otro taller lítico semejante al que había visto en el puerto de desembarque. Pregunté a los muchachos que estaban pescando junto a los afloramientos rocosos qué eran aquellas marcas en las piedras y ellos me contestaron: *Maira enewa*, el banco de Maira. Lo que yo identifiqué como depresiones de pulimento y afiladores era llamado *Maira enewa* (banco), *Maira apykauera* (donde se sentaba) o *gapypapera* (*ga* = él; *py* = pie; *papera* = rastro, huella) por los asurini; eran las marcas donde Maira se sentó y caminó en la tierra blanda del firmamento, antes de la catástrofe que hizo que esa tierra colapsara sobre sus ancestros (los *bava*). Maira es el demiurgo creador de los humanos, de los animales y de todas las cosas y fue quien enseñó las técnicas y las actividades de subsistencia a los asurini. En el mito Ajuru (pájaro) anuncia que el cielo va a caer y los hombres comienzan a oír un estruendo que atribuyen a las piedras cayendo del cielo. Los asurini se protegieron de esas piedras debajo de gruesos troncos de árboles. Los indios (de otras etnias) que no se protegieron se convirtieron en la gente que vive en el agua. Así, cuando hay ruido en el cielo hay que tener miedo pues puede caer nuevamente (Silva 2002).

A los fragmentos cerámicos (*tapemberas*) que abundaban en la aldea y en sus alrededores también atribuían un origen mítico o los relacionaban con los *bava*. Los que tenían paredes gruesas habrían sido producidos por Anuma'i, hermana de los chamanes primordiales y la primera uiratimbé —dueña de la papilla—, que dejó el mundo de los hombres por causa de una confrontación con Tapijawara —ser mítico monstruoso—, que ahogó a los humanos con las aguas del mundo subterráneo. Anuma'i había tirado a Tapijawara sus vasijas cerámicas con paredes gruesas para hacerlo regresar a las profundidades; las vasijas se rompieron y los fragmentos quedaron esparcidos por el suelo. En este episodio mítico murieron todos los asurini, excepto Ajaré, que sobrevivió sentado en un banco sobre una palmera. Cuando las aguas bajaron Ajaré reinició la vida de los asurini y tuvo hijos con Uirá, una mujer-pájaro que todos los días se le acercaba y le hacía la papilla. Los restos de las vasijas cerámicas de esos antiguos asurini que murieron están esparcidos por la superficie de la tierra, hasta hoy. Los fragmentos cerámicos de paredes finas, por otro lado, serían de Tauwuma, una mujer que abandonó el mundo de los vivos después de que su hermano asesinó a su amante, un hombre-tapir. Esos fragmentos serían finos como los de los asurini; sin embargo, según los ancianos, sólo serían encontrados junto al árbol de la fruta del conde (*Rollinia deliciosa*), el lugar donde Tauvuma mantenía relaciones sexuales con el hombre-tapir y le servía la papilla. Cada vez que él comía la papilla ella quebraba la vasija y Tauvuma tenía que hacer una nueva. Cuando se fue del mundo de los hombres ella se transformó en el ser sobrenatural Tauva, volviendo sólo en momentos rituales específicos que evocan su presencia en el mundo de los hombres (Silva 2015a).

Pronto comprendí que la materialidad que yo definía como registro arqueológico tenía otros significados para los asurini. En estos últimos veinte años de idas y venidas por estas tierras de la Amazonia oriental he tratado de comprender esos otros significados a partir de mis vivencias con este pueblo.

Andar por la tierra, recordar las historias y rescatar las vasijas cerámicas

Los chamanes asurini dicen que el mundo ya acabó varias veces. Los relatos míticos de estos eventos se materializan en las marcas de las piedras que se encuentran a lo largo de los ríos y en los fragmentos cerámicos que están esparcidos por su territorio. Cuando fueron contactados en 1971 el mundo casi se acaba de nuevo porque sufrieron una pérdida demográfica alarmante que casi los llevó a desaparecer como etnia pues fueron víctimas de diversas epidemias traídas con el contacto. La reducción fue de cerca de 35% debido a las enfermedades infecto-contagiosas (como gripa, malaria y tuberculosis) y a las precarias condiciones de asistencia médica. En 1983 la situación era grave y la población se redujo a 52 personas. Al final de la década de 1980 la situación comenzó a ser revertida con la mejoría de la asistencia médica y con el aumento de la fecundidad. Las mujeres tuvieron hijos desde la pubertad, aumentando el promedio de niños por grupo doméstico. El aumento de la expectativa de vida y la creciente tasa de natalidad permitieron que su densidad demográfica aumentara en las últimas décadas (Ribeiro 1982:23-30; Müller 1990:45-48; Silva 2000:43). En 2015 el grupo tenía 180 personas pero aún es un pueblo frágil en términos demográficos y ellos son absolutamente conscientes de ello.

Uno de los resultados de esta historia demográfica fue el desequilibrio en la pirámide etaria. En la actualidad más de la mitad de la población es menor de 25 años y hay pocos adultos "con mayor experiencia de la cultura tradicional" y muchos jóvenes y niños que "tienen entre sus pares experiencias variadas de identidad, socialización, integración social, participación cultural, lengua hablada" (Müller 2002: 204, 206). Debido a ello en los últimos años los adultos se han preocupado con lo que definen como "una falta de interés de los jóvenes en aprender la cultura" y se han esforzado por continuar y transmitir los saberes relacionados con los procesos de elaboración de sus objetos, performances rituales y técnicas de subsistencia. Para ellos es necesario (re)vivir "sus cosas" para que permanezcan vivos y su mundo continúe existiendo.

Ante esta coyuntura consideré oportuno elaborar en 2005 el proyecto "Cultura material y dinámica cultural. Un estudio etnoarqueológico sobre los procesos de mantenimiento y transformación de conjuntos tecnológicos entre los asurini del Xingú". El objetivo general era estudiar los procesos de producción y uso de determinados conjuntos tecnológicos de los asurini (como cerámica, trenzados, tejidos, adornos corporales, armas y objetos en hueso y madera), tanto como los procesos de transmisión de esos conocimientos en términos inter-generacionales. El objetivo etnoarqueológico era identificar los posibles mecanismos sociales que generan la variabilidad artefactual y el mantenimiento y transformación de las tradiciones tecnológicas a lo largo del tiempo. Además, la investigación también quería documentar (en forma escrita y audiovisual) esos saberes tradicionales y hacer una reflexión antropológica sobre el modo como producían sus objetos y (re)producían su modo de vivir ante el desequilibrio de su pirámide etaria y ante la intensificación de su contacto con el modo de vida occidental y con los bienes industrializados (Silva 2009, 2010, 2013a). Este proyecto fue realizado entre 2005 y 2008 y generó una nueva demanda de investigación por parte de los asurini.

Cierto día de 2007 mi amigo Apewu me sugirió proponer un proyecto que permitiera a los jóvenes conocer la historia de la ocupación de su tierra y, a partir de allí, asumir la responsabilidad de su protección. Según él los viejos estaban "desapareciendo" y llevando consigo esa parte del conocimiento de la historia de su pueblo. Seguí su consejo y presenté esta propuesta o los demás, que la aprobaron. No sólo las viejas generaciones estaban deseosas de volver a ver sus antiguos lugares de vivienda; también los jóvenes querían visitar las aldeas que sólo conocían a través de la tradición oral: "Nosotros los jóvenes queremos visitar las antiguas aldeas que nunca vimos. Yo no sé dónde queda Taiuviaka —la última aldea erigida por ellos antes del contacto con los blancos y del aldeamiento de la FUNAI, en 1971— y esta es una buena oportunidad para que veamos dónde queda. Después vamos a poder contar a nuestros hijos cómo vivían nuestros antiguos, lo que comían, dónde habitaban, dónde plantaban, dónde vivían Mureyra, Tacamui, Mwaiva y todos los antiguos. Es muy bueno conocer nuestras aldeas y recordar a nuestros antepasados, lo que hacían, cómo escaparon de los ataques, cómo fue su encuentro con los blancos. Es muy importante conocer nuestro pasado". Además, estaban preocupados con las amenazas de invasión de su tierra pues fueron informados por la FUNAI de que había señales de ocupaciones clandestinas en el límite norte del territorio. Para ellos esas invasiones serían cada vez más frecuentes, sobre todo por el inicio de las obras del complejo hidroeléctrico Belo Monte, a pesar de las protestas de los pueblos indígenas y tradicionales de la región y de los ambientalistas y otros interesados en la preservación ambiental y de los modos de vida tradicionales.

En 2008 formulé el proyecto "Territorio e historia de los asurini del Xingú. Un estudio bibliográfico, documental, arqueológico y etnoarqueológico sobre la trayectoria histórica de los asurini del Xingú (desde el siglo XIX hasta nuestros días)". El proyecto fue concebido a partir de los parámetros de una investigación arqueológica colaborativa y tenía como objetivo general comprender la "historia de la formación del territorio" (Zedeño 1998), o sea, el modo y las vicisitudes de la ocupación de los asurini en la tierra indígena Koatinemo a lo largo del tiempo.

Para alcanzar ese objetivo consideré fundamental (a) localizar y georeferenciar los lugares de ocupación antiguos y actuales de los asurini en la quebrada Ipiaçava; (b) inspeccionar partes de la tierra indígena que hace años no eran visitadas y que podían estar invadidas por ocupantes ilegales y madereros; (c) documentar los relatos autobiográficos de los ancianos sobre su experiencia con el evento del contacto y sobre sus vivencias en los diferentes lugares que ocuparon en la quebrada Ipiaçava; y (d) hacer un registro del potencial arqueológico de esta área del bajo y medio Xingú.

Como arqueóloga estaba entusiasmada con la idea de investigar esta región amazónica, poco conocida en términos de contexto arqueológico. En realidad, se trataba de la oportunidad de investigar una región fundamental para la historia de las poblaciones juruna y tupí-guaraní, de las cuales los asurini del Xingu eran herederos contemporáneos, junto con los parakanã y araweté.

Conversé con ellos sobre mi deseo de realizar una investigación arqueológica en sus asentamientos antiguos y ellos estuvieron de acuerdo pero sin saber muy bien qué significaba "hacer arqueología".

En 2010, durante doce días y con un grupo de 55 personas (3 arqueólogos, 1 auxiliar de salud, 2 profesoras y 49 indígenas), subimos por la quebrada Ipiaçava, acampando en sus márgenes para localizar las antiguas aldeas asurini de los períodos pre y post-contacto. Navegamos por 70 kms a lo largo de la quebrada y localizamos cuatro asentamientos antiguos: las aldeas Awatikirera, Kwatinemu Viejo, Akapepugi y Taiuviaka y el campamento Itapemuu. Casi todos estaban situados sobre áreas de tierra negra y contenían vestigios que no eran de los asurini. En todos esos lugares aplicamos técnicas de arqueología (como recolecciones superficiales, pozos de sondeo y excavaciones) en las que participaron los asurini, que recibieron un pago diario como auxiliares de campo (Silva 2013b, 2015a, 2015b; Silva et al. 2011; Silva y Garcia 2015).

En el campo los arqueólogos del equipo procuraron mostrar a los asurini cómo se hace arqueología, explicándoles los procedimientos y sus razones científicas y respondiendo sus preguntas sobre los procedimientos de análisis de los materiales arqueológicos en el laboratorio. En 2007, en el ámbito del proyecto "Cultura material y dinámica cultural" algunos jóvenes y ancianos fueron a São Paulo para realizar una curaduría de los objetos asurinis recolectados por la antropóloga Regina Polo Müller en sus cuarenta años de convivencia con ellos. Se trataba de un conjunto artefactual representativo de su trayectoria histórica y sus transformaciones, desde su contacto oficial por la FUNAI en 1971. También visitaron el Museo de Arqueología y Etnología de la Universidad de São Paulo (MAE), donde observaron los materiales arqueológicos que estaban siendo analizados en los laboratorios y almacenados en la Reserva Técnica (Silva 2012). Por lo tanto, ya tenían una idea de lo que sucedería con los materiales recolectados durante la investigación.

Después de algunos días investigando sus asentamientos les pregunté qué pensaban de la investigación arqueológica y un joven hizo la siguiente explicación: "Podemos ver que este trabajo de arqueología es un trabajo bien detallado, bien organizado. Estamos ayudando y también aprendiendo en este trabajo de arqueología. Encontramos cerámica y eso nos deja más contentos. Esta cerámica es de los más antiguos asurini". Para la mayoría de ellos algunas actividades del trabajo arqueológico (recolección, sondeos, excavación, tamizado, acondicionamiento del material) eran muy aburridas y sin sentido. Yo creo que realizaban esas actividades por el pago y como una especie de concesión a mis expectativas e intereses como investigadora. Lo que les interesaba era "andar por la tierra y encontrar los lugares de los antiguos" y reflexionar sobre los materiales y la estratigrafía de los lugares excavados en términos de su mito-historia.

Durante aquellos días dentro de la selva presencié el encuentro entre las generaciones más viejas y las actuales, entre el pasado y el presente de los asurini. Todos los asentamientos localizados en Ipiaçava eran de una época extremadamente penosa para los asurini y sus antiguos moradores procuraban encontrar, con rapidez, las marcas de su ocupación (pilares de las casas y de la *tavyva*, fragmentos cerámicos). A finales de la década de 1960 fueron atacados por los xikrin y los araweté; sufrieron un descenso poblacional significativo y sintieron los efectos de las enfermedades llevadas por los colonizadores. Para los ancianos volver a ver esos asentamientos antiguos fue rememorar momentos de profunda tristeza y aflicción. Para los jóvenes, en cambio, estar en esos lugares despertó un sentimiento de empatía con relación a sus antepasados: "Yo [Ajé] y Tukura nos quedamos sentados en el descampado de la aldea Taiuviaka y conversamos sobre cómo habría sido la vida de los viejos en aquel lugar, lo que habrían pasado, cómo debe haber sido difícil para ellos estar huyendo de los otros indios. Casi podíamos sentir lo que habían pasado allí".

El último día de la expedición, cuando nos preparábamos para volver a la aldea, una pareja de ancianos apareció con una vasija cerámica del tipo *yava*, que tradicionalmente servía para almacenar y transportar agua, pero que ahora está en desuso. Me dijeron que debería llevarla al museo y guardarla porque era de una gran perfección, como ya no se veía en la aldea. Según ellos si se quedaba en la aldea se podía quebrar. Envolví la vasija y los demás fragmentos cerámicos arqueológicos y garanticé que los guardaría con cuidado en la Reserva Técnica del MAE, junto con los otros materiales que habíamos recolectado durante el viaje.

Cuando volvimos de Ipiaçava a la aldea ellos expresaron su intención de proseguir con la investigación y pronto planeamos subir por la quebrada Piranhaquara, donde estaban las aldeas más grandes y antiguas. Así, en 2012 elaboré el proyecto "Territorio y memoria de los asurini del Xingú. Arqueología colaborativa en la Tierra Indígena Koatinemo – Pará, Brasil", repitiendo los objetivos del proyecto anterior. En mayo de 2013, durante 17 días y con un grupo de 98 personas (4 arqueólogos, 1 antropóloga, 1 cocinera, 1 auxiliar de salud y 91 indígenas), subimos cerca de 140 kms de la quebrada Piranhaquara para localizar las antiguas aldeas del período pre-contacto. Localizamos cuatro aldeas antiguas (Ipukui, Tapipiri, Itapytiuu y Myiryna) sobre áreas de tierra negra y ocupaciones no asurini y más de 10 sitios arqueológicos (algunos en la vecina Tierra Indígena Araweté). Como en la etapa anterior, en todas las aldeas antiguas y sitios arqueológicos no asurini realizamos recolecciones superficiales, pozos de sondeo y excavaciones (Silva y Garcia 2015).

Andando en esas aldeas antiguas —y en Ipiaçava— sus viejos moradores pronto comenzaron a localizar los pilares de las casas y de la *tavyva*. Al mismo tiempo, los viejos recordaron los eventos que vivieron allí con sus parientes que, a diferencia de lo que había sucedido en Ipiaçava, eran experiencias menos penosas. Eran recuerdos de la infancia, de los grandes rituales que habían presenciado y de los poderosos chamanes que habían conocido, así como de la vida abundante de caza y grandes rozas y, también, de las guerras con los pueblos indígenas enemigos. Cuando llegamos a la aldea Tapipiri el más viejo de los chamanes recogió en el lugar de su casa un pequeño *japepaí* que, según él, era de su tía y en el cual había comido papilla muchas veces. Durante el tiempo en que estuvimos en esta aldea anduvo con esta vasija en los brazos, relatando sus recuerdos y cantando los cantos que había oído en los tiempos de los grandes rituales. Siguiendo su ejemplo varios jóvenes comenzaron a buscar otras vasijas y, en poco tiempo, fueron recolectados o excavados ejemplares enteros o casi enteros —sin preocuparse por el rigor cartesiano de las excavaciones que habíamos realizado en los asentamientos de Ipiaçava—. De hecho, para ellos no se trataba de la "excavación" de las vasijas desde el punto de vista arqueológico sino de su "recuperación" (Gnecco 2012:14). Cuando volvíamos de la aldea Tapiri un joven hizo el siguiente comentario: "Fabíola, podemos ver este proyecto como un tipo de rescate. Voy a llevar esta olla y la voy a guardar para mi hija; cuando crezca va a poder aprender a hacerla del modo como la hacían los antiguos".

Cuando llegamos al campamento y mostramos las vasijas rescatadas la euforia se apoderó de las mujeres, que se acercaron a ellas haciendo comentarios sobre la habilidad de las ceramistas antiguas y de cómo ellas ya no dominaban las técnicas de confección de las formas de las vasijas con la misma perfección.

Algunas vasijas enteras fueron llevadas a la aldea Kwatinemu y un gran *japepaí* se dejó en la escuela para ser mostrado a los niños. Otras vasijas casi enteras o que podían ser reconstruidas fueron donadas al MAE.

Percepciones sobre la materialidad y la disciplina arqueológica

Para los asurini lo que los arqueólogos llamamos registro arqueológico son las marcas de las acciones, habilidades y conocimientos de los demiurgos y de los seres y ancestros míticos y, también, la materialización de eventos míticos y de experiencias autobiográficas. Además, lo que entendemos como la excavación del registro arqueológico y, consecuentemente, el descubrimiento de materiales que necesitan de la "hermenéutica arqueológica" (Gnecco 2012:14) para adquirir significado lo entienden como una búsqueda de la memoria, el rescate de cosas vivas y (re)conocidas ya plenas de significado. Para ellos lo que nosotros llamamos sitios arqueológicos son paisajes y lugares de vivencias donde el tiempo mítico, el tiempo de la memoria y el tiempo presente están entrelazados. Andar por sus tierras, rememorar sus historias en las quebradas Ipiaçava y Piranhaquara y rescatar las vasijas cerámicas les posibilitó actualizar sus relaciones con sus ancestros míticos y con sus antepasados y, al mismo tiempo, con ellos mismos.

Para ellos la materialidad que encontramos a lo largo de esta experiencia remite a los acontecimientos de un pasado memorial y mítico y da sentido a sus vidas en el presente y a sus proyecciones para el futuro. Como en otros contextos amerindios (e.g. Fausto y Heckenberger 2007; Gnecco y Hernández 2012) la historia asurini está ontológicamente inscrita en la materialidad —en el paisaje y en las cosas— y (re)vivirla es crucial en sus procesos de reproducción cultural.

Esta experiencia y las concepciones asurini sobre lo que yo siempre definí como registro arqueológico me permitieron pensar en otros términos la práctica arqueológica y mi relación con los asurini. Por primera vez pude entender lo que significa decir que "la práctica de la arqueología es una forma de habitar" (Ingold 1993:152) pues ellos me enseñaron a mirar el registro arqueológico como una cosa viva, pulsante, en movimiento, y que se vuelve conocible a partir de diferentes experiencias vividas. Cuando llegué a la aldea Kwatinemu en 1996 estaba convencida de que la arqueología era una ciencia que buscaba interpretar un registro arqueológico estático y que mi experiencia etnográfica me daría datos para devolverle su dinámica sistémica (Schiffer 1972; Binford 1991). A lo largo de los años esta percepción de la experiencia etnográfica se fue transformando pues fui dejando de lado la preocupación por observar los procesos culturales de formación del registro arqueológico (Schiffer 1987) y pasé, de hecho, a convivir con los asurini. Cuando ellos me pidieron elaborar el proyecto de investigación sobre la ocupación territorial de su territorio percibí que era resultado de la relación que habíamos construido en esos años de convivencia. Con este proyecto finalmente pude vivir lo que viene siendo llamado "arqueología relacional (que se relaciona con otras visiones, otras historias, otros mundos)" y que apuesta "por la transformación de la disciplina y de su manera de relacionarse con la gente" (Gnecco y Ayala 2010:45). También comprendí lo que algunos autores perciben como la "indigenización de los museos" (Roca 2015). En ningún momento los asurini se opusieron al hecho de que los materiales rescatados serían llevados al MAE —por determinación del IPHAN, el órgano gubernamental responsable de la gestión del patrimonio arqueológico—. Constantemente escuché la frase "lleva al museo y guarda", lo que para mi significaba que los asurini habían insertado esta institución —como exterioridad— en sus redes de transmisión de saberes y producción de la memoria. Esto también me lleva a pensar sobre lo que implicó este proyecto en la actualización de su relación con los blancos —entre los cuales me incluyo— y en los procesos de construcción de su identidad y alteridad.

En cierta ocasión, rememorando con algunos jóvenes nuestras experiencias en sus tierras y explicándoles cuáles eran los presupuestos de las ciencias occidentales (lingüística, antropología y arqueología) sobre el origen y la expansión de los pueblos tupí-guaraní en la región amazónica uno de ellos hizo el siguiente comentario: "Sabe, Fabíola, esta explicación puede ser cierta para los otros indios pero no para los asurini. Yo confío en nuestra explicación. Creo que nacimos de Uirá y Ajaré. Creo en esta historia porque viene de mucho tiempo atrás... y fue contada de padre a hijo... no se pierde... no se olvida... por eso es más cierta... pero puede ser que algunas cerámicas, las que están más abajo, no sean de Anumaí sino de otros indios más antiguos, como usted dijo". Este comentario puso en evidencia, en primer lugar, que para los asurini la adquisición de conocimiento no sólo pasa por la experiencia —en este caso indirecta— sino que la autoridad y veracidad que se le confiere no está en el saber en sí sino en el modo como fue elaborado y transmitido. Además, demuestra que la explicitación de la diferencia —en este caso de construcción de conocimiento— está modelada en la relación interpersonal y de forma contextual. Ellos buscan dar sentido a nuestras experiencias conjuntas haciendo sus propias reflexiones sobre nosotros, en este caso sobre mi forma de pensar el dato arqueológico (Wagner 2010; Silva 2015). Las palabras de este joven también muestran que el diálogo entre arqueólogos e indígenas no siempre produce discursos híbridos o complementarios y el rompimiento de la dicotomía entre indígenas y arqueólogos, como fue preconizado por algunos autores (e.g., Colwell-Chanthaphonh *et al.* 2010), sino, por el contrario, puede resaltar la diferencia entre los regímenes de conocimiento y verdad de los interlocutores y evidenciar su imposibilidad de conciliación.

¿Qué debemos hacer frente a esas diferencias entre modos de conocer?

Viveiros de Castro (2012: 164), al reflexionar sobre la posibilidad de transformación de la disciplina antropológica, afirmó: "Lo que podemos, y debemos, como mínimo y como máximo, es pensar con ellos, en suma, tomar en serio su pensamiento —a diferencia de su pensamiento en serio"—. Lo común sólo se podrá imaginar (construir) si esa diferencia y esas singularidades se acogen de manera integral. Tal vez la posibilidad de "transformación" de la arqueología — tan anhelada por quienes están comprometidos con el movimiento de descolonización de la disciplina— radique "en tomar en serio" la apropiación diferenciada que los "otros" hacen de los datos y de las prácticas arqueológicas, en invertir en esta posibilidad de contraposición de modos de conocer y de percibir lo que los arqueólogos llamamos registro arqueológico. Para eso, sin embargo, los arqueólogos no podemos asumir una actitud arrogante y condescendiente con los pueblos indígenas, en el sentido de proponer la incorporación de sus conocimientos tradicionales como una simple referencia y a partir de los intereses y paradigmas de las prácticas científicas occidentales (Gnecco 2012; González-Ruibal 2014). Necesitamos reconocer que la arqueología es, solamente, una de las muchas alternativas de traducción de la materialidad.

Sobre colaboración

En cierto momento de la investigación me di cuenta de que algunos aspectos emblemáticos de la pericia arqueológica no eran relevantes para lo que buscaban los asurini en nuestras andanzas por las quebradas Ipiaçava y Piranhaquara. Ellos no necesitaban excavar controlando la estratigrafía, realizar recolecciones sistemáticas, delimitar los asentamientos, georeferenciar los sitios arqueológicos y otras tantas cosas que son fundamentales para que los arqueólogos produzcamos conocimiento. Ellos estaban empeñados en *encontrar* los antiguos lugares de ocupación de sus antepasados, *andar* sobre ellos, *tocar* los materiales que estaban esparcidos sobre la superficie, *recuperar* las vasijas cerámicas enterradas parcialmente en el suelo y *sentir* lo que sus antepasados habían vivido en aquellos lugares. Compartir esta experiencia con ellos me permitió entender de otro modo lo que se acostumbra definir como una prospección arqueológica. Sin embargo, también realizamos excavaciones de pozos de prueba, recolecciones puntuales de materiales para análisis y georeferenciamiento de los sitios arqueológicos a partir de los parámetros de la llamada objetividad científica. Los asurini trabajaron codo a codo con los arqueólogos aunque estas actividades les parecieran irrelevantes. La colaboración con ellos no me hizo renunciar, totalmente, a aquello que constituye la arqueología o a lo que ella es desde el punto de vista de la ciencia occidental. Sería una hipocresía de mi parte afirmar que mi praxis arqueológica fue transformada, completamente, a partir de esta experiencia. Generalmente los diferentes modos de conocer —de la arqueóloga y de los indígenas— andan en paralelo y, también, en oposición. Todavía falta mucho para que se afecten y transformen mutuamente y para que de eso resulte un conocimiento reflexivamente común —que no debe ser entendido como hibridación—.

Un paréntesis: desde que comencé a explicitar y reflexionar sobre esta perspectiva en mis publicaciones percibí que algunos colegas todavía no comprendían las implicaciones de compartir diferentes regímenes de conocimiento en la praxis arqueológica. En cierta ocasión, cuando envié para publicación un artículo sobre los resultados de estos proyectos con los asurini, recibí una evaluación desfavorable; el evaluador consideró que se trataba de una investigación arqueológica de relevancia social pero más bien ingenua desde el punto de vista académico.

Los asurini acostumbran decir: "Fabíola, usted hace el proyecto y escribe el reporte y deja que nosotros hagamos la investigación". Para ellos hacer la investigación significa dar cuenta de aspectos como (a) la definición del período del año en que serán realizadas las actividades del proyecto; (b) la definición de los lugares que van a ser localizados; (c) la organización de los equipos e instrumentos necesarios para el viaje; (d) la definición de la logística del viaje en términos de la rutina diaria y la división de tareas; (e) la definición y montaje de los campamentos; (f) la definición de los lugares que van a ser investigados arqueológicamente; (g) la ejecución de las actividades arqueológicas; (h) la obtención y procesamiento de alimentos; y (i) velar por la seguridad del grupo y su retorno a la aldea.

Nuestra colaboración ha ocurrido de esta forma y los asurini no parecen interesados en cambiar esta dinámica. Por ahora no se quieren convertir en arqueólogos indígenas ni ser co-autores de los textos científicos que escribo sobre los resultados de la investigación y se muestran parcialmente interesados en los resultados de los análisis de los datos arqueológicos. Están fascinados con las dataciones radiocarbónicas de los materiales (cerámica, carbón y sedimentos) —las fechas varían entre 1000 AP y 300 AP— y, normalmente, las asocian, indistintamente, con el tiempo de los ancestros míticos y con sus antepasados. Se apropian de esta cronología para situar su mitohistoria en un tiempo que definen como "muy antiguo". Además, se interesan en el mapeo de los sitios y les gusta ver gráficamente la localización de las aldeas antiguas. Para ellos nuestra cartografía es una forma de objetivación de sus mapas mentales.

En palabras de Kuwanwisiwma (2008), un líder del pueblo hopi, "la colaboración significa igualdad, respeto y reciprocidad". Mi experiencia con los asurini me mostró que la colaboración también significa conflicto, desencuentros, negociación entre diferentes puntos de vista y, además, un profundo ejercicio de tolerancia mutua. En vez de intentar ocultar las contradicciones y asimetrías inherentes al encuentro entre arqueólogos e indígenas, como señaló González-Ruibal (2014), las prácticas colaborativas también deberían ponerlas de relieve pues solamente así se pueden superar y promover el respeto con la diversidad.

La experiencia de investigación colaborativa con pueblos indígenas posibilita una reflexión sobre nuestra praxis arqueológica, no solamente en lo que se refiere al encuentro entre diferentes regímenes de conocimiento y verdad —como señalé antes— sino, también, sobre la apropiación que los indígenas hacen de esa praxis a partir de sus demandas sociales, políticas y económicas. En el caso asurini estas demandas son la principal motivación para su participación en los proyectos de investigación que mencioné.

En los últimos años actúan junto a los asurini individuos e instituciones con los más variados intereses económicos, políticos, científicos, sociales y religiosos, trayendo nuevas necesidades en términos de productos industrializados y recursos financieros. Además, la restructuración de la FUNAI, el órgano gubernamental responsable de la protección de los pueblos indígenas en Brasil, y que implicó una mayor autonomía de ellos frente a la sociedad nacional, también trajo consecuencias para sus vidas. Algunas transformaciones generadas por esas relaciones con el mundo de los blancos son: (a) el surgimiento de líderes jóvenes con mayor responsabilidad en los asuntos administrativos y en los problemas sociales, políticos y económicos de las aldeas; (b) el debilitamiento del poder político y decisorio de las generaciones más viejas; (c) la percepción de los asurini de la necesidad de más autonomía en la dirección de sus destinos; y (d) la inseguridad con relación al futuro, considerando el debilitamiento de la tutela del órgano indigenista y el crecimiento del movimiento desarrollista en la región, con la realización de grandes obras en las proximidades de las tierras indígenas (como Belo Monte). Estas transformaciones asociadas con el desequilibrio etario que mencioné antes afectan los procesos de construcción de la memoria y de la transmisión de saberes entre las viejas y las nuevas generaciones, generando conflictos intergeneracionales e inquietud en algunos individuos —principalmente en los ancianos— sobre el futuro y el mantenimiento de los saberes tradicionales.

Para los asurini la experiencia y el mantenimiento de las relaciones inter-generacionales son las condiciones necesarias para la transmisión y adquisición de esos saberes. De la misma forma, el recuerdo o el olvido de las cosas se pautan en la experiencia, en (re)vivir aquello que vivieron las generaciones anteriores. Esas prerrogativas culturales permiten comprender la relación que establecieron entre la investigación de sus aldeas antiguas y la percepción y mantenimiento de saberes sobre su pertenencia a la Tierra Indígena Koatinemo y a la región del medio Xingu. Visitar esos lugares era la condición fundamental para que los jóvenes se apropiaran de la historia y memoria de los más viejos.

Estos proyectos arqueológicos fueron desarrollados en el contexto del reinicio de las acciones gubernamentales para la construcción de Belo Monte, en la región conocida como Volta Grande, en el curso medio del río Xingu. Para los viejos chamanes asurini la conclusión de esta represa podrá provocar, nuevamente, el fin del mundo. Para ellos el represamiento de las aguas del Xingu inundará las tierras río arriba de Volta Grande, incluyendo su territorio. Por eso vislumbran una catástrofe semejante a la que fue ocasionada por Tapijawara, cuando sólo quedó Ajaré para recomenzar la humanidad. Para los jóvenes las consecuencias nefastas de esta represa se traducirán en la invasión de sus tierras.

Durante la búsqueda de la aldea Taiuviaka, en la quebrada Ipiaçava, localizamos un pequeño sendero hecho por invasores y que ya había sido registrado por un equipo de la FUNAI. Este hecho produjo una revuelta entre los asurini, que resolvieron construir algunas *tukaias* —estructuras de paja que sirven de escondite a los cazadores— en diferentes puntos de este sendero como un aviso a los invasores "de que esta tierra tiene dueño". Cuando uno de ellos fue preguntado sobre el hecho de que hubiéramos encontrado estas señales de invasión dijo: "Sentí disgusto al ver aquel sendero de blanco. El hombre blanco ahora quiere controlar el lugar donde nuestros antepasados vivieron por tanto tiempo. No acepto este tipo de cosas y nuestra venida a este lugar es muy importante. Lo que realmente espero encontrar son las aldeas más antiguas de las que habla nuestro pueblo. Este viaje está siendo difícil. Es difícil llegar a este lugar pero es muy importante ver de cerca lo que está sucediendo con nuestras tierras". Lo que parece decir —además del discurso de revuelta contra los invasores— es que esta área del bajo Xingu es territorio asurini a partir de una cadena de vivencias con los lugares a lo largo del tiempo. En este sentido "andar por la tierra", como ellos dicen, reforzó esos vínculos en la medida en que revisitaron los lugares de sus antepasados e inscribieron en ellos sus propias experiencias, entrelazando el pasado y el presente. Al mismo tiempo, marcaron su presencia en esas tierras en oposición a las iniciativas de invasión de los blancos. Por lo tanto, la colaboración también puede ser entendida como una apropiación de la arqueología por la agencia indígena en términos de una performance política y de control de la representación cultural.

Conclusión

En septiembre de 2015 volví a Koatinemo para conversar con los asurini sobre la continuidad de nuestras investigaciones sobre su ocupación territorial. Ellos quieren encontrar las aldeas antiguas que están en las áreas interfluviales de las quebradas Ipiaçava e Piranhaquara y, también, las que están fuera del área demarcada. Esta demanda está relacionada con el crecimiento de los conflictos político-económicos ocasionados por la expansión de los intereses capitalistas en la región amazónica, entre los cuales está la posible aprobación en el Congreso Nacional de una nueva legislación que pretende revisar —en detrimento de los intereses de los pueblos originarios— la demarcación de las tierras indígenas en Brasil. Para los asurini es necesario localizar todas las aldeas antiguas para mostrar a los blancos que estas tierras del medio Xingu siempre fueron territorio de sus ancestros. También quieren continuar la investigación debido a las transformaciones que están experimentando en su modo de vida y que afectan sus procesos de construcción y mantenimiento de la identidad. Un joven me dijo: "Fabíola, ya no podemos ser como antes porque necesitamos las cosas de los blancos pero no queremos olvidar de dónde venimos". Esta afirmación expresa su forma de estar en el mundo en la actualidad y evidencia la manera como su relación con la alteridad —en este caso con el mundo de los blancos— es parte de sus procesos de construcción de identidad. Al parecer en esta relación con la alteridad también se incluye la investigación arqueológica.

Continuar esta investigación significa dar otro sentido a mi praxis arqueológica. Se trata de mi compromiso con las diferentes trayectorias culturales en el pasado y en el presente y de no permitir que la arqueología se transforme, irremediablemente, en una *expertise* subalterna dentro de un proceso postmoderno perverso de destrucción de otros modos de conocer y de otros mundos —entre ellos el mundo de los asurini del Xingu—.

Agradecimientos

Agradezco a Cristóbal Gnecco y Henry Tantaléan la oportunidad de expresar de forma más intimista mi experiencia con los asurini del Xingú. A la FAPESP por los auxilios de investigación (2006\60241-8, 2008\58278-6, 2012/51312-0) y al CNPq por la beca de productividad. A los arqueólogos Eduardo Bespalez, Francisco Stuchi, Lorena Gomes

Garcia y Meliam Gaspar por su acompañamiento en el campo. A Francisco Silva Noelli por las sugerencias y por la revisión del texto. A los asurini del Xingu por permitirme compartir sus vidas.

Referencias

Binford, Lewis

1991 *Em busca do passado*. Europa-América, Lisboa.

Colwell-Chanthaphonh, Chip, Thomas Ferguson, Dorothy Lippert, Randal McGuire, George Nicholas, Joe Watkins y Larry Zimmerman

2010 The premise and promise of indigenous archaeology. *American Antiquity* 75(2):228-238.

Fausto, Carlos y Michael Heckenberger (Editores)

2007 *Time and memory in Indigenous Amazonia*. University Press of Florida, Gainsville.

Gnecco, Cristóbal

2012 Escavando arqueologias alternativas. *Revista de Arqueologia* 25(2):8-22.

Gnecco, Cristóbal y Patricia Ayala

2010 ¿Qué hacer? Elementos para una discusión. En *Pueblos indígenas y arqueología en América Latina*, editado por Cristóbal Gnecco y Patricia Ayala, pp 23-47. FIAN-Universidad de los Andes, Bogotá.

Gnecco, Cristóbal y Carolina Hernández

2012 History and its discontents: stone statues, native histories, and archaeologists. *Current Anthropology* 49(3):439-466.

González-Ruibal, Alfredo

2014 Malos nativos. Una crítica de las arqueologías indígenas y poscoloniales. *Revista de Arqueología* 27(2):47-63.

Ingold, Tim

2001 *The perception of the environment. Essays in livelihood, dwelling and skill.* Routledge, Londres.

Kuwanwisiwma, Leigh

2008 Collaboration means equality, respect, and reciprocity: a conversation about archaeology and the Hopi tribe. En *Collaboration in archaeological practice. Engaging descendent communities,* editado por Chip Colwell-Chanthaphonh y Thomas Ferguson, pp 151-169. Altamira Press, Lanham.

Müller, Regina

1990 *Os Asurini do Xingu (História e Arte).* UNICAMP, Campinas.

2002 As crianças no processo de recuperação demográfica dos Asurini do Xingu. Em *Crianças Indígenas. Ensaios Antropológicos,* editado por Aracy Lopes da Silva, Ana Vera Lopes da Silva Macedo y Ângela Nunes, pp 188-209. MARI/FAPESP, São Paulo.

Ribeiro, Berta

1982 A Oleira e a Tecelã. *Revista de Antropologia* 26:25-61.

Roca, Andréa

2015 Acerca dos processos de indigenização dos museus: uma análise comparativa. *MANA* 21(1):123-155.

Schiffer, Michael

1972 Archaeological context and systemic context. *American Antiquity* 37(2):156-165.

1987 *Formation processes of the archaeological record*. University of New Mexico Press, Albuquerque.

Silva, Fabíola Andrea

2000 As tecnologias e seus significados. Um estudo da cerâmica dos Asurini do Xingu e da cestaria dos Kayapó-Xikrin sob uma perspectiva etnoarqueológica. Tesis Doctoral, Universidad de São Paulo, São Paulo.

2002 Mito e arqueologia. A interpretação dos Asurini do Xingu sobre os vestígios arqueológicos encontrados no parque indígena Kuatinemu, Pará. *Horizontes Antropológicos* 8(18):175-187.

2008 Ceramic technology of the Asurini do Xingu, Brazil: an ethnoarchaeological study of artifact variability. *Journal of Archaeological Method and Theory* 15(3):217-265.

2009 A variabilidade dos trançados dos Asurini do Xingu: uma reflexão etnoarqueológica sobre função, estilo e frequência dos artefatos. *Revista de Arqueologia* 22(2):17-34.

2010 A aprendizagem da tecnologia cerâmica entre os Asurini do Xingu. En *Os ceramistas tupiguarani: eixos temáticos*, editado por André Prous y Tânia Andrade Lima, pp 7-26. IPHAN, Belo Horizonte.

2012 Os Asurini do Xingu no Museu de Arqueologia e Etnologia da Universidade de São Paulo (MAE-USP). En *Questões indígenas e museus: debates e possibilidades*, editado por Marília Xavier Cury, Camilo de Mello Vasconcelos y Joana Montero Ortiz, pp 163-172. ACAM Portinari/MAE USP, São Paulo.

2013a Tecnologias em transformação: inovação e (re)produção dos objetos entre os Asurini do Xingu. *Boletim do Museu Paraense Emilio Goeldi*, 8:729-744.

2013b Território, lugares e memória dos Asurini do Xingu. *Revista de Arqueologia* 26(1):28-41.

2015a El pasado en el presente de los Asurini do Xingu: narrativas arqueológicas y narrativas indígenas. En *Multivocalidad y activaciones patrimoniales en arqueología: perspectivas desde Sudamérica*, editado por María Clara Rivolta, Mónica Montenegro y Lúcio Menezes Ferreira, pp 35-59. Félix Azar Editores-Universidad de Maimónides, Buenos Aires.

2015b Arqueologia colaborativa com os Asurini do Xingu: um relato sobre a pesquisa no igarapé Piranhaquara - Terra Indígena Koatinemo. *Revista de Antropologia* 58(2):142-173.

Silva, Fabíola Andrea, Eduardo Bespalez y Francisco Stuchi

2011 Arqueologia colaborativa na Amazônia: Terra Indígena Koatinemo, Rio Xingu, Pará. *Amazônica* 3(1):32-59.

Silva, Fabíola Andrea y Lorena Garcia

2015 Território e memória dos Asurini do Xingu: arqueologia colaborativa na T.I. Kuatinemu, *Amazônica* 7(1):74-99.

Silva, Fabíola Andrea y Francisco Noelli

2015 Mobility and territorial occupation of the Asurini Do Xingu, Pará, Brazil: an archaeology of the recent past in the Amazon. *Latin American Antiquity* 26(4):493-511.

Viveiros de Castro, Eduardo

2012 "Transformação" na antropologia, transformação da "antropologia". *MANA* 18:151-171.

Wagner, Roy

2000 *A invenção da cultura*. Cosac & Naify, Río de Janeiro.

Zedeño, María Nieves

1997 Landscapes, land use, and the history of territory formation: an example from puebloan southwest. *Journal of Archaeological Method and Theory* 4(1):63-103.

LA ARQUEOLOGÍA EN LA ERA DEL MULTICULTURALISMO NEOLIBERAL:

UNA REFLEXIÓN AUTOBIOGRÁFICA DESDE SAN PEDRO DE ATACAMA (NORTE DE CHILE)

Patricia Ayala Rocabado

En este artículo presentaré una reflexión sobre mi práctica arqueológica en San Pedro de Atacama, abordando el período comprendido entre los años 2000 y 2009. Centraré este análisis en mi rol como coordinadora del programa de educación patrimonial de la Escuela Andina, de la Unidad de Relaciones con la Comunidad Atacameña y del programa de retiro de los cuerpos humanos de la exhibición permanente del Instituto de Investigaciones Arqueológicas y Museo G. Le Paige (IIAM, en adelante). A través de un proceso de reflexividad autobiográfica mostraré las articulaciones de la arqueología con el contexto político y económico en que se desarrolla, las repercusiones disciplinarias del multiculturalismo neoliberal, las implicancias de nuestra inserción como arqueólogos en el campo burocrático del Estado y el impacto y uso de nuestras interpretaciones en la construcción y legitimación de identidades étnicas. Aunque la historia de la arqueología chilena se retrotrae a finales del siglo XIX me concentraré en un lugar y tiempo determinados, en una micro-historia reciente contada desde mi perspectiva como agente (individual y colectivo) en la conformación de una "arqueología multicultural" en San Pedro de Atacama.

Estableciendo una conversación entre este ejercicio reflexivo y los aportes de las teorías arqueológicas decolonial, relacional, crítica e indígena discutiré las principales características de la "arqueología multicultural", dejando al descubierto su reproducción del poder y lugar de enunciación disciplinario y su adopción de discursos políticos de participación indígena restringida y controlada, así como sus tensiones y contradicciones en la articulación de teoría y práctica.

El lugar y el contexto histórico

El poblado de San Pedro de Atacama se localiza en el desierto de Atacama al norte de Chile. Es el asentamiento rural más grande de la etnia atacameña, cuyo territorio abarca otras localidades del Salar de Atacama y la cuenca del río Loa. Actualmente la economía atacameña depende, básicamente, de la minería y del turismo, la primera de las cuales se instaló a finales del siglo XIX y la segunda en la década de 1980 (Bolados 2014).

La extrema sequedad de este desierto genera excelentes condiciones de conservación de los restos arqueológicos por lo que desde hace más de un siglo se practica arqueología en este territorio. Aunque en esta zona trabajaron investigadores de larga trayectoria (como Max Uhle, Ricardo Latcham, Aureliano Oyarzún y Grete Mostny) la figura del sacerdote y arqueólogo aficionado Gustavo Le Paige destaca en la configuración de la historia local, no solo por su estadía de más de 25 años en esta localidad (1954-1980) y su creación del Museo Arqueológico de San Pedro de Atacama (1958) sino, también, por la publicación de la *Revista de Estudios Atacameños* y la conformación de una de las colecciones arqueológicas más grande y ricas del país. En la década de 1980 se integraron otros arqueólogos al museo de San Pedro de Atacama, quienes se caracterizaron por la profesionalización de la arqueología regional, el desarrollo de nuevas temáticas y metodologías de estudio y por la transformación de esta institución en el IIAM de la Universidad Católica del Norte. A la hora de comprender la historia de la arqueología en años previos, durante y después de la dictadura, destacaron figuras como Lautaro Núñez, Agustín Llagostera y María Antonieta Acosta.

Desde sus inicios las relaciones entre arqueólogos y atacameños fueron marcadamente asimétricas y estuvieron atravesadas por la negación de estas poblaciones por parte de los arqueólogos y el Estado chileno. Aunque ocurrieron algunas instancias de colaboración históricamente primaron relaciones de corte colonialista en las cuales el poder de la arqueología se impuso sobre los valores y significados culturales de los atacameños (Ayala 2008). Desde mediados de la década de 1990, con la instalación de la política multicultural y el reconocimiento de las poblaciones indígenas en Chile, los arqueólogos y los líderes étnicos radicalizaron sus discursos y se generó un contexto conflictivo en torno al patrimonio arqueológico. Así, las demandas étnicas hacia esta disciplina y sus acciones concretas, como el intento de quemar el museo, pusieron al descubierto —más claramente que nunca— las críticas atacameñas hacia esta institución y la práctica arqueológica desarrollada en la zona. En este escenario la política multicultural de la década de 1990 se caracterizó por discursos y acciones de confrontación por parte de agentes del Estado, las comunidades indígenas y los museos.

Reflexividad autobiográfica

A principios de los años noventa me mudé desde Bolivia, mi país de origen, a Santiago de Chile, donde estudié arqueología y viví doce años antes de irme a trabajar al norte del país. Llegué a vivir a San Pedro de Atacama en 2002 en un contexto de cambios del multiculturalismo neoliberal que reemplazaron los discursos de negación y conflicto por otros de inclusión, diálogo, negociación y consenso (Bolados 2010). Este giro hacia una retórica más dialógica de parte del Estado no solo repercutió en la política indígena nacional sino, también, en la patrimonialización del siglo XXI. En efecto, durante el tercer gobierno concertacionista, con Ricardo Lagos como presidente, la administración y protección del patrimonio se asumieron políticas de Estado, lo que derivó en la consolidación y ampliación de la patrimonialización en Chile, así como en un discurso de participación ciudadana a partir del cual se creó el Área de Asuntos Indígenas del Consejo de Monumentos Nacionales. Esto entró en sintonía con el multiculturalismo participativo de la Corporación Nacional de Desarrollo Indígena y el Programa Orígenes MIDEPLAN/BID, cuyas acciones en territorios étnicos apostaron a la profesionalización del conocimiento indígena y a la capacitación en temática patrimonial.

A nivel disciplinario me encontré con un museo en proceso de transformación, no solamente en cuanto al cambio de director sino, también, en términos de sus relaciones con la comunidad indígena local. El intento de incendiar esta institución en 2001 llevó a sus autoridades a considerar la importancia de re-orientar las relaciones con los atacameños que demandaban, entre otros temas, el acceso a la información generada por las investigaciones y su inclusión en el quehacer museológico y arqueológico (Ayala 2008). Tomando como ejemplo las mesas de diálogo creadas por el gobierno para abordar problemas de derechos humanos se convocó a los líderes étnicos a una mesa de diálogo en el museo. Asimismo, se concretó el proyecto de la Escuela Andina, programa de educación patrimonial orientado hacia la población atacameña que contó con el financiamiento del Consejo de Monumentos Nacionales y la Corporación Nacional de Desarrollo Indígena ya que a través de este programa estas agencias estatales cumplían con sus objetivos de difusión y valoración del patrimonio y de capacitación de las comunidades indígenas.

En el año 2002 comencé a trabajar como profesora del curso de arqueología en la Escuela Andina y entre 2003 y 2007 asumí la coordinación de ese programa. Esto coincidió con una etapa de cambios en mi práctica profesional ya que después de varios años de investigar la prehistoria tardía de la región atacameña comencé a estudiar las consecuencias sociales de la arqueología y su vínculo con su contexto político e histórico de producción. Paralelamente, junto con Ulises Cárdenas y Sergio Avendaño desarrollamos el proyecto "Vinculaciones entre una arqueología social y la comunidad indígena de Ollague", en el marco del cual realizamos cursos de capacitación y un encuentro de discusión sobre patrimonio. Estas acciones estuvieron basadas en la idea de que el aspecto social de nuestra disciplina debía centrarse en la socialización de las interpretaciones arqueológicas (Ayala *et al.* 2003).

Aunque la creación de la Escuela Andina tuvo como objetivo principal difundir el conocimiento científico sus repercusiones a nivel institucional fueron decisivas en la conformación de un discurso de participación indígena que, poco a poco, se fue articulando más estrechamente con la política indígena participativa del multiculturalismo de Estado. Por otro lado, la apertura de este programa, que funcionaba 9 meses al año con clases los fines de semana y un cupo de 25 alumnos, generó expectativas y demandas de parte de la comunidad indígena local. El currículo docente ofrecido por esta Escuela fue visto por los atacameños como una oportunidad de acceder a los conocimientos científicos y una vía de capacitación para mejorar sus oportunidades de trabajo. Dos años después de inaugurar la Escuela Andina, considerando sus beneficios en el "cambio de imagen" del museo al interior de la comunidad local y la demanda de participación indígena en el quehacer arqueológico, se creó la Unidad de Relaciones con la Comunidad Atacameña, uno de cuyos principales objetivos era ejecutar, anualmente, la Escuela Andina y gestionar fondos externos para su realización, además de encargarse de realizar charlas sobre arqueología y patrimonio, promover instancias de conversación y negociación y participar en reuniones y actividades organizadas por las comunidades atacameñas (*Figuras 1 y 2*). Entre los años 2004 y 2007 asumí la coordinación de esta área y continué con la dirección de la Escuela Andina y mi docencia en este programa. Después de retirarme por un año de esta labor entre 2008 y 2009 ocupé un puesto académico.

Paralelamente a mi trabajo en esta institución cursé la Maestría en Antropología de la Universidad Católica del Norte y organicé el simposio "Pueblos Originarios y Arqueología" en el 51º Congreso Internacional de Americanistas desarrollado en Santiago. En ese evento conocí a Cristóbal Gnecco, cuyos planteamientos críticos a la arqueología repercutieron, fuertemente, en mis investigaciones posteriores, junto a los de otros colegas suramericanos como Alejandro Haber, Wilhelm Londoño, María Luz Endere, Eduardo Neves y Marcia Bezerra. Esta experiencia fue fundamental en la construcción del problema de estudio y metodología de mi investigación doctoral: "La patrimonialización y la arqueología multicultural y las disputas de poder sobre el pasado indígena". Inicialmente la concebí como una continuación y profundización de mi tesis de maestría (Ayala 2008). Una de las conclusiones de este último trabajo apuntaba a que después de años de negación y posteriormente al reconocimiento estatal de las poblaciones indígenas en Chile se diversificaron y mejoraron las

Patricia Ayala Rocabado, *La arqueología en la era...* – 157

Figura 1. Taller de cerámica realizado en la sede de la Comunidad Atacameña de Quitor.

Figura 2. Taller de discusión sobre museo de sitio realizado en la sede de la Comunidad Atacameña de Coyo.

relaciones entre arqueólogos y atacameños. También planteé que dentro la política multicultural ya no se podía negar a los indígenas sin que existieran consecuencias, por lo que la apuesta de la arqueología atacameña debía orientarse a relaciones de colaboración. Sin embargo, mi participación en el grupo de discusión que llamamos GETIME junto a los antropólogos Guillermo Boccara, Marinka Núñez, Paola Bolados y Cristina Garrido, me llevó a problematizar algunas de las conclusiones de mi tesis de maestría.

Este proceso de reflexividad enmarcado en mi investigación doctoral implicó explorar líneas de trabajo que cuestionaran desde la antropología y la arqueología la neutralidad científica y la despolitización de estas disciplinas. En este contexto adopté y desarrollé la definición planteada por Gnecco (2008) sobre la arqueología multicultural que visibiliza las trampas del multiculturalismo. Para Gnecco este tipo de arqueología es una práctica disciplinaria interesada en alcanzar audiencias más amplias, entrenar actores locales en investigaciones de campo y usar visiones históricas no académicas en sus interpretaciones. Es una arqueología acomodada a los mandatos de la lógica multicultural sin renunciar a sus privilegios. Junto con esto mi estadía con Larry Zimmerman en el Departamento de Antropología de Indiana University-Purdue University Indianapolis (IUPUI) en 2007 y su perspectiva crítica de la relación de los arqueólogos con las comunidades indígenas me permitieron evaluar, una vez más, mis preguntas de investigación. Esto también se vio enriquecido por el acceso a nueva bibliografía, tanto de Norte como de Suramérica, de las arqueologías crítica, postprocesual, postcolonial, pública, indígena y relacional.

A esto se sumó la lectura de nuevos aportes de la antropología, destacando los planteamientos de Charles Hale y Guillaume Boccara sobre el multiculturalismo. Para Hale el multiculturalismo no puede ser comprendido sin su estrecha conexión con el neoliberalismo, ya que para él la premisa de que las luchas indígenas y las ideologías neoliberales son dos fenómenos opuestos entre sí es incorrecta; por eso definió esta relación como "multiculturalidad neoliberal" (Hale 2002; Hale y Millaman 2005). Boccara (2007) planteó que el multiculturalismo es una nueva forma de gubernamentalidad de tipo étnico que tiende a extender los mecanismos de intervención del Estado y a mercados de bienes simbólicos y exóticos. En ese contexto nuevos agentes sociales se enfrentan en torno a la definición de los principios legítimos de autentificación cultural y de visión y división del mundo social.

Considerando estos planteamientos provenientes de la arqueología y la antropología la preguntas de mi investigación doctoral fueron: ¿cuáles son las nociones de cultura/patrimonio e identidad que se construyen a través de la patrimonialización en la era multicultural?, ¿cómo y a través de qué mecanismos la arqueología participa en la fábrica del multiculturalismo de Estado?, ¿cuáles son las repercusiones de la política de la diferencia al interior del campo arqueológico? y ¿cuáles son los procesos y espacios de autentificación y legitimación estatal en los cuales la arqueología y la patrimonialización ocupan un papel central en la construcción de identidades étnicas y nacionales? Los objetivos generales de esta investigación fueron realizar una etnografía del Estado multicultural neoliberal y llevar a cabo una etnografía de la arqueología atacameña y sus espacios de participación indígena.

Aunque comencé a escribir el manuscrito de esta tesis en San Pedro de Atacama, gran parte las reflexiones las escribí en Maine, al noreste de Estados Unidos. Al ser mi esposo e hijos miembros de la tribu

Passamaquoddy de este país, vivíamos en territorio indígena, entre la reserva de Sipayik y la ciudad de Bar Harbor. Por esta razón tanto mis estudios como mis reflexiones para abordar las preguntas que guiaron mi investigación se vieron atravesados por mi experiencia de convivir con miembros de la tribu Passamaquoddy. El trabajo de mi esposo como educador, artista y activista político de su comunidad y su asociación laboral con museos, centros culturales y parques nacionales no sólo me sumergieron en sus procesos de preservación, rescate y difusión cultural sino que me permitieron acceder a mayores recursos bibliográficos.

A continuación presentaré algunos de los resultados de mi tesis doctoral, abordando dos aspectos de mi práctica como coordinadora de la Escuela Andina y de la Unidad de Relaciones con la Comunidad Atacameña del IIAM: la construcción del discurso participativo y la reafirmación del lugar de enunciación de la arqueología.

El discurso de la participación atacameña

Desde sus inicios la Escuela Andina y la Unidad de Relaciones con la Comunidad Atacameña han reproducido los principales lineamientos de la política indígena estatal. Un análisis de sus discursos oficiales evidencia que en actos públicos y actividades institucionales ambas instancias se presentaban como espacios de diálogo y participación que cuadraban muy bien con la retórica del multiculturalismo neoliberal, especialmente con aquella vinculada a la tan postergada inclusión de los pueblos indígenas como interlocutores válidos ante el Estado y la sociedad. Sin embargo, una evaluación de sus prácticas y discursos pone en evidencia la reproducción de una participación restringida y controlada a través de la cual se gobernaba a las poblaciones indígenas.

En este sentido es interesante observar que el discurso institucional, repetido en diferentes eventos públicos por autoridades del museo y por mí, mostró el objetivo de "vinculación étnica" como algo muy central, lo que no se condecía con los recursos aportados por el museo para la Escuela Andina, que funcionaba con fondos externos, ni con el escaso financiamiento otorgado a la Unidad de Relaciones con la Comunidad Atacameña. Asimismo, describimos la interacción con las comunidades indígenas en términos más horizontales y dialógicas de lo que era en la práctica, ya que en lo concreto los atacameños participaban como "alumnos" de la Escuela Andina sin mayor acceso a los proyectos científicos del museo. A esto se suma que la condición de "alumnos" no habilitó a los atacameños que participaban de la Escuela Andina a formar parte de la toma de decisiones sobre este programa ni respecto a las colecciones resguardadas por esta institución.

Este contexto, bajo el "encanto multicultural" aportamos a la construcción de un discurso que generaba la idea de que los atacameños habían sido completamente incluidos en el quehacer del museo y que se vivía un verdadero vuelco en sus relaciones. Por su parte, a través de la patrimonialización el Estado creaba la percepción de que los indígenas participaban en la toma de decisiones referentes a su patrimonio y su cultura. En estas circunstancias la Escuela Andina se constituyó en una herramienta de control y fiscalización de la participación y la conducta indígena ya que reguló su integración al museo y sus derechos sobre el patrimonio que alberga.

La reproducción de este discurso más inclusivo también estuvo atravesada por mi investigación acerca de este tema ya que después de analizar el largo período de vínculos de negación desde la arqueología y el museo de San Pedro de Atacama planteé la existencia de nuevas forma de relacionamiento con los atacameños a partir de 2001 materializadas en la diversificación de relaciones de conocimiento mutuo, diálogo, negociación, colaboración e intermediación (Ayala 2007, 2008). Las definiciones de la Escuela Andina que entregué en mis discursos se encontraban influenciadas por los postulados de la "arqueología social" que desarrollé con otros colegas en Ollague, así como por una perspectiva de la "arqueología pública" en términos de la difusión de conocimientos científicos (Ayala *et al.* 2003). En este sentido interpreté a la Escuela Andina como un ejemplo de relaciones de conocimiento, colaboración y diálogo, así como definí a la Unidad de Relaciones con la Comunidad Atacameña como un espacio de mediación (Ayala 2007, 2008). De esto modo, visualicé la participación indígena generada a través de la Escuela Andina como un cambio rotundo desde los vínculos históricos de negación. Sin embargo, se produjo una disociación entre este discurso más inclusivo y las prácticas concretas de participación, es decir, el accionar cotidiano de este programa dentro el museo. Si bien la creación de la Escuela Andina condujo a una apertura institucional sin antecedentes previos, al no evaluar la coherencia entre nuestros discursos y acciones de relacionamiento con los atacameños aportamos a la reproducción del discurso multicultural de la "participación sin participación" (Bolados 2010). Además, al no existir una política étnica en el museo, a pesar de la creación de Unidad de Relaciones con la Comunidad Atacameña y de los intentos de crearla a través de un taller interno, no se contó y aún no se cuenta con lineamientos que orienten e integren los enfoques arqueológicos conservadores y críticos que coexisten en la institución. Por ello no existía una congruencia entre el discurso y la práctica sobre los vínculos con las comunidades étnicas desde este programa. A ello debo añadir que la dependencia económica estatal de la Escuela Andina atenta contra la construcción de una relación realmente colaborativa entre el museo y los atacameños ya que, a fin de cuentas, debe su existencia a su encuadre cotidiano con la política multicultural.

La arqueología y la reproducción de su lugar de enunciación

La Escuela Andina

A través de la Escuela Andina se validó el lugar de enunciación del discurso científico, más aún considerando que los cambios realizados en el programa a lo largo de su historia de nueve años no hicieron otra cosa que reafirmar el poder de la ciencia y el Estado en desmedro de los reclamos de inclusión del saber indígena. Aunque los atacameños planteaban la necesidad de integrar "cultores locales"[1] esta demanda no fue considerada por el museo en los términos propuestos por los líderes étnicos.

A través de mi práctica docente inicialmente reproduje el discurso y autoridad científica de esta disciplina al asumir que con la sola difusión de este conocimiento establecía relaciones de cercanía, diálogo y colaboración con los atacameños (Ayala 2007, 2008). Esto se vinculaba con mis definiciones, en ese entonces, de la arqueología social y la arqueología pública que apuntaban a la divulgación como un medio de integración y participación de los pueblos indígenas. Desde esta perspectiva, tanto en las clases como en las salidas a terreno reproduje las principales interpretaciones de la arqueología atacameña, sin cuestionar su poder como voz autorizada sobre el pasado indígena, aunque en algunas discusiones con los alumnos abrí el debate sobre el principal lugar de enunciación de este discurso: el museo de San Pedro de Atacama. Sin embargo, así como las definiciones de la arqueología pública y social han ido cambiando, mi práctica como docente de la Escuela Andina transitó de un modelo de comunicación unidireccional y vertical a otro más horizontal en mi último año de docencia, ya no del curso de arqueología sino del de cultura andina,

---

[1] Los cultores atacameños son portadores del conocimiento local, en particular de las tradiciones ancestrales y del manejo de las plantas medicinales.

lo que se relacionó con una mayor familiaridad de mi parte con los planteamientos de las arqueologías postcolonial e indígena. En este contexto en mis clases busqué descentrarme del lugar de enunciación disciplinario y problematizar la autoridad del discurso arqueológico en la definición y validación de identidades étnicas ante el Estado, además de discutir sobre las definiciones de cultura andina construidas desde la arqueología y la antropología.

Dicha experiencia me permite afirmar que si bien la difusión del conocimiento científico ha sido un aporte en la construcción de nuevas relaciones con las comunidades indígenas en Atacama la reproducción de las interpretaciones arqueológicas sin cuestionar su poder, el lugar desde donde se enuncian y cómo se hace, replica las mismas desigualdades y negaciones que el Estado multicultural mantiene con estas poblaciones, conformando así una "arqueología multicultural", es decir, una arqueología tradicional ajustada a los mandatos del multiculturalismo neoliberal y su política de participación étnica restringida que valida el poder y lugar de enunciación disciplinario.

La práctica desarrollada por algunos docentes de la Escuela Andina contribuía a legitimar la "arqueología multicultural". Las clases en este programa se convirtieron en una forma de seguir practicando un tipo de arqueología que escasamente cuestiona o confronta su lugar de enunciación y las relaciones de poder en las que se encuentra inmersa la disciplina. A esto se suma que existía una disociación entre la difusión del conocimiento científico hacia las comunidades a través de la Escuela Andina y el quehacer arqueológico; ciertos arqueólogos seguían tomando las decisiones sobre el estudio, interpretación y manejo del pasado y el patrimonio atacameño. Según Marcos (2010:155) en la Escuela Andina "la vinculación con la comunidad se ha limitado al dictado de clases en el espacio educativo y con este único acto muchos investigadores han considerado suficientemente abordada la dimensión social de la arqueología". La difusión del conocimiento arqueológico en este programa implicó sólo un "reajuste de cintura" y no así una descolonización disciplinaria.

Esta falta de congruencia entre el discurso y la práctica arqueológica fue criticada por alumnos y dirigentes étnicos en diferentes reuniones convocadas por la Escuela Andina y la Unidad de Relaciones de la Comunidad Atacameña en el museo. Algunos estudiantes plantearon que la integración de ciertos docentes en proyectos de impacto ambiental que atentan contra los intereses de sus comunidades evidencia una falta de consecuencia, por lo que cuestionaban los vínculos étnicos construidos por el museo de San Pedro de Atacama. Pese a ello la apertura de este espacio de participación estatal y académica restringida, materializada en la Escuela Andina, también fue contestada y utilizada por los atacameños para plantear sus propios intereses, demandas y críticas a esta institución, sus profesionales y al Estado. Por su parte, algunos alumnos destacaban los efectos positivos de este programa en términos políticos y de acceso a información, así como otros hacían un llamado a integrar la Escuela Andina pues dicen que los "atacameños son los actores principales de este proceso". Esto pone en evidencia los efectos inesperados del multiculturalismo neoliberal, ya que los espacios de participación y profesionalización indígena, como la Escuela Andina, fueron apropiados por la dirigencia étnica para cuestionar la política intercultural chilena y la autoridad de la arqueología atacameña y para proveerse de herramientas legales y discursivas contra el poder estatal y científico.

El retiro de los cuerpos de exhibición

El Estado diversificó aún más sus espacios y mecanismos de regulación en la era multicultural ya que desde su poder de nombramiento se sigue definiendo quién está autorizado y legitimado a reclamar a los "restos humanos" como ancestros y quién puede estudiarlos, exhibirlos, conservarlos, colectarlos, excavarlos o re-enterrarlos. El proceso de re-localización de los cuerpos humanos de la exhibición permanente del IIAM es una muestra del poder simbólico del Estado en el acto de nombrar y del poder de la arqueología para reproducir su autoridad y lugar de enunciación. Esto quedó en evidencia en el poder que ejercimos como profesionales del IIAM para reafirmar la decisión institucional de "cambiarlos de lugar en el mismo museo". A pesar de que nuestros esfuerzos por justificar esta decisión desde el punto de visto científico estuvieron atravesados por nuestra relación contractual con esta institución, en detrimento de nuestras voluntades y posiciones personales, ejercimos la autoridad de la arqueología y el museo al controlar el diálogo y enfocarlo, exclusivamente, en el retiro de los cuerpos humanos de las salas de exhibición, sin dar pie a mayores discusiones sobre su re-entierro o devolución. Sin embargo, el análisis de las reuniones realizadas con el grupo de trabajo, compuesto por profesionales del IIAM y representantes atacameños, evidencia que los espacios de participación abiertos por esta institución también fueron apropiados y utilizados por los líderes étnicos para cuestionar el tipo de participación impuesta y el poder de decisión del museo, así como para visibilizar las relaciones coloniales que siguen operando en esta institución. Por ello la carta presentada por uno de los miembros de las comunidades atacameñas, Carlos Aguilar, en la cual solicitó información detalla sobre las colecciones del museo, su lugar y año de excavación y sus responsables, no hizo otra cosa que proponer al IIAM "desclasificar" la epistemología colonial de desconectar las colecciones de su historia. Para Vezub (2009:3-4) esa desclasificación consiste en "conectar a los restos con su historia, invirtiendo el trabajo de campo… y concebir al museo como el terreno arqueológico para desandar una historia y una historiografía".

Como Coordinadora de la Unidad de Relaciones con la Comunidad Atacameña lideré este proceso junto a Flora Vilches, Solange Santander y María Paz Miranda, encargadas de las Unidades de Curadoría, Conservación y Museografía, respectivamente. Participé activamente del pronunciamiento oficial del museo a través de una noticia publicada en el periódico local; también gestioné y moderé las reuniones del grupo de trabajo. Asistí a varias asambleas comunitarias y sesiones de las Áreas de Desarrollo Indígena de San Pedro de Atacama y el Alto Loa para difundir esta información y discutir los detalles al respecto. A petición de los líderes atacameños participé en una actividad en la que ningún profesional del IIAM estuvo involucrado: la conversación con "cultores" locales para la realización de una ceremonia tradicional previa al retiro de los cuerpos de la exhibición. En dicha ceremonia, dirigida por "cultores" atacameños, comprendí la inexistencia de esa histórica separación entre arqueólogos e indígenas, entre observador y observado, al tratar de controlar mis emociones frente al llanto de algunos atacameños al ver los cuerpos humanos en el museo.

Aunque trabajamos arduamente para establecer procedimientos básicos de conservación en la mayoría de los cuerpos humanos y dejarlos en el espacio especialmente construido para ello dentro el museo quedaban cuerpos en depósitos antiguos que no habían sido tratados ni estudiados desde que Le Paige los dejó en esta institución décadas atrás. En todo caso, independiente de si se encontraban en depósitos nuevos o viejos o si recibieron el tratamiento de conservación o no, su presencia en el museo causó el descontento y cuestionamientos de varios líderes y "cultores" atacameños durante la ceremonia previa a la re-localización de los cuerpos humanos. Esto da cuenta de la tónica que se vivió a lo largo de un año de conversaciones con representantes de la comunidad indígena local ya que, a pesar de nuestros esfuerzos por restringir el diálogo y validar la visión científica defendida por el IIAM, el hecho de que los cuerpos humanos fueran dejados en el museo suscitó discusiones y críticas por parte de los atacameños. Sin embargo, hubo distintas posiciones al interior de las comunidades; algunos de sus miembros —sobre todo aquellos con un discurso patrimonial y arqueológico internalizado y que trabajaban en el museo— consideraban a esta institución como un lugar adecuado para proteger y conservar a los que algunos llamaban cuerpos humanos o "momias" y otros "abuelos". Esta situación puso en evidencia las complejidades de este proceso.

Palabras finales

A través de este ejercicio de reflexividad autobiográfica he querido mostrar cómo se entretejieron mis recorridos personales con la historia institucional y el contexto sociopolítico en el cual me desenvolví como arqueóloga en San Pedro de Atacama, lo que da cuenta del carácter político, económico y sociológico de mi practica arqueológica en un tiempo y lugar específicos. Evidencia, además, los cambios en mi postura frente al multiculturalismo, ya que deja entrever cómo mi concepción inicial sobre las políticas de la diferencia, al considerarlas como una respuesta a la historia de dominación de las poblaciones indígenas, repercutió en mis prácticas y discursos como coordinadora de la Escuela Andina y de la Unidad de Relaciones Comunitarias; también influenció mis definiciones de los aspectos sociales de la arqueología y las líneas de acción adoptadas para construir nuevas relaciones con los atacameños. Por esta razón en este texto me centré en las "trampas" del multiculturalismo neoliberal y su discurso político de participación indígena y legitimación del conocimiento científico, sin abordar sus aportes a las reivindicaciones étnicas de los últimos años.

Esta micro-historia también pone al descubierto las dificultades de articular propuestas teóricas con prácticas concretas y evidencia los problemas enfrentados al tratar de re-orientar una historia de relaciones de negación desde enfoques que no cuestionan el poder y lugar de enunciación de la arqueología y su estrecha relación con el Estado. Transitar desde una práctica históricamente colonialista a otra que se haga cargo de esta herencia y busque revertirla no es una tarea fácil. Requiere un proceso reflexivo conjunto entre arqueólogos, indígenas y otros interesados en el pasado y el patrimonio cultural, así como el desarrollo de una conciencia vigilante frente al "encanto multicultural" que, hasta el momento, sólo ha impulsado un "deber ser" en la arqueología en San Pedro de Atacama que ha reproducido un lógica de "participación indígena sin participación" más que una descolonización disciplinaria y una transformación de sus relaciones con los atacameños.

Referencias

Ayala, Patricia

2007 Relaciones entre atacameños, arqueólogos y Estado en Atacama. *Estudios Atacameños* 33:133-157.

2008 *Políticas del pasado: indígenas, arqueólogos y estado en Atacama.* Universidad Católica del Norte, San Pedro de Atacama.

2014 Patrimonialización y arqueología multicultural en San Pedro de Atacama (Norte de Chile). *Estudios Atacameños* 49:69-94.

Ayala, Patricia, Sergio Avendaño y Ulises Cárdenas

2003 Vinculaciones entre una arqueología social y la comunidad indígena de Ollagüe. *Chungará* 35(2):275-285.

Boccara, Guillaume

2007 Etnogubernamentalidad: la formación del campo de la salud intercultural en Chile. *Chungará* 39(2):185-207.

Bolados, Paola

2010 Neoliberalismo multicultural en el Chile democrático: gubernamentalizando la salud atacameña a través de la participación y el etnodesarrollo. Tesis de doctorado, Universidad Católica del Norte-Universidad de Tarapacá, San Pedro de Atacama.

2014 Los conflictos etnoambientales de "Pampa Colorada" y "El Tatio" en el Salar de Atacama, norte de Chile: procesos étnicos en un contexto minero y turístico transnacional. *Estudios Atacameños* 48: 229-248.

Gnecco, Cristóbal

2008 Discursos sobre el otro. Pasos para una arqueología de la alteridad étnica. *CS* 2:101-129.

Hale, Charles

2002 Does multiculturalism menace?. Governance, cultural rights and the politics of identity in Guatemala. *Journal of Latin American Studies* 34:485-524.

Hale, Charles y Rosamel Millaman

2005 Cultural agency and political struggle in the era of the "indio permitido". En *Cultural agency in the Americas*, editado por Doris Sommer, pp 281-304. Duke University Press, Durhamn.

Marcos, Soledad

2010 La arqueología bajo la perspectiva de la comunicación: estudio de caso en San Pedro de Atacama. Tesis de maestría, Universidad Católica del Norte-Universidad de Tarapacá, San Pedro de Atacama.

Vezub, Julio

2009 Henry de La Vaulx en Patagonia (1896-1897): la historicidad escindida de la antropología colonial y la captura de corpus y cuerpos. *Nuevo Mundo Mundos Nuevos*. http://nuevomundo.revues.org/5781

CONFESIONES DE UN POSTARQUEÓLOGO

Cristóbal Gnecco

Para John Dendy

Tengo cincuenta y cinco años. Pasé veinte años de mi vida haciendo arqueología (moderna), y una de las menos imaginativas y más irresponsables, la del poblamiento de América. Hace unos tres lustros comencé a dudar de lo que hacía y esa duda terminó convertida en certeza: no quiero seguir siendo arqueólogo en el sentido moderno. ¿Cómo puede alguien invertir tanto tiempo en una ocupación que termina abandonando? ¿Cómo puede dejar atrás la seguridad del sentido corporativo, el fuerte espíritu de cuerpo que caracteriza una profesión? ¿Cómo puede saltar al vacío, cambiar el suelo sólido y firme conquistado con la construcción de un nicho académico por el tremedal de una vida nueva? Esta crónica es un recorrido cándido por ese desencanto que es, al mismo tiempo, el ingreso a un mundo lleno de sugerencias y posibilidades. En vez de vacío, entonces, pura plenitud.

Años de tiestos y clasificaciones

Empecé a estudiar arqueología en 1977, matriculándome en el programa de antropología de la Universidad del Cauca, entonces joven —había sido creado en 1970, a imitación de otros programas hechos con la estructura de cuatro sub-disciplinas. Mi profesor de arqueología, un sujeto pomposo y oscuro cuyo nombre prefiero olvidar, profesaba una disciplina simple y elemental: excavaba en el campo (ese lugar icónico donde ocurre el encuentro del arqueólogo con el pasado) y clasificaba en el laboratorio, una vieja casa en un patio trasero de uno de los edificios coloniales de la universidad. Como parte de su grupo de investigación aprendí a hacer perfiles rectos; a llevar registros meticulosos de lo excavado; a separar lo hecho de los humanos de lo hecho por la naturaleza; a llenar formatos interminables que discriminaban forma, tamaño y materia prima. No había teoría. El profesor había sido lapidario: la arqueología es una disciplina empírica que trata con cosas, no con ideas. Tampoco había presente: el arqueólogo trabajaba con el pasado y sus tratos con los acontecimientos cotidianos no eran parte de su ocupación; eran, acaso, devaneos de una vida paralela que no podía (no debía) inmiscuir sus sórdidas manos en el mundo limpio e higiénico de la historia.

Mientras tanto, el mundo bullía a mi alrededor.

El Cauca era uno de los bastiones del anacronismo: aferrándose a tiempos ya pasados en casi todo el mundo, las violentas elites aristocráticas locales trataban de sostener un férreo sistema feudal, entonces amenazado por la creciente organización indígena. En una descarada alianza con la fuerza pública y con los jueces, pusieron en marcha medidas de presión sobre los líderes indígenas para forzarlos a volver a la época sumisa que tanto añoraban —las elites, no los líderes—.

Los desalojos de tierras recuperadas, la persecución judicial y los asesinatos fueron frecuentes. Las viejas elites no andaban con timideces. El Departamento de Antropología, donde se discutían las ideas de los antropólogos mexicanos que criticaban el indigenismo, hizo eco de las reivindicaciones indígenas. Varios estudiantes y algunos profesores participaron del movimiento que se gestaba y la Facultad se volvió un lugar de agitación y confrontación. Las asambleas estudiantiles ocurrían varias veces por semana. Acudía a ellas y trataba de participar, pero mi ocupación con el pasado, tal y como había sido instruido, me mantenía al margen de cualquier activismo. Un día estaba esperando el inicio de una asamblea y una mujer que me encantaba, también estudiante de antropología y a quien había visto a distancia sin nunca haber reunido el valor suficiente para hablarle, me dirigió la palabra por primera vez y me preguntó si iría a la asamblea. Con el corazón latiendo acelerado y las manos sudorosas me aprestaba a decirle que sí, que desde luego, cuando cortó toda esperanza: ella misma respondió su pregunta, diciendo que yo no asistiría porque era arqueólogo. Acababa de ser matriculado, por mano ajena, en el mundo descontextualizado y autista de la arqueología.

En 1980 el sujeto pomposo y oscuro, a la sazón jefe del Departamento de Antropología, se las ingenió para que el rector de turno comprara su idea de que antropología estaba llena de comunistas peligrosos. Veinte estudiantes, algunos compañeros míos, fueron expulsados de la universidad. Aunque fueron readmitidos dos años después, cuando llegó a la rectoría un demócrata que derogó la medida de expulsión, el daño ya estaba hecho: dejé de trabajar en el equipo de investigación de ese sujeto y pasé la mayor parte de mi tiempo restante en la universidad leyendo poesía y conociendo los rincones nocturnos de la ciudad que me habían sido negados hasta entonces.

En 1985, tres años después de terminar el pregrado, llegué a un jardín con senderos que se bifurcaban: uno conducía a la literatura; el otro a la arqueología. Tomé el segundo camino (todavía no sé bien por qué) y pensé necesario seguir estudiando. Si iba a ser arqueólogo, sería un arqueólogo de verdad. Contemplé la posibilidad de ir a España, un país que adoraba, pero un amigo de mis padres, antiguo funcionario de educación con una autoridad impoluta, me convenció de que la modernidad estaba en otra parte. Hice maletas y partí para Estados Unidos.

Mi encuentro con Paul Feyerabend

En 1987 llevaba ya un año en St. Louis haciendo un doctorado en antropología —aunque la única antropología que estudié fue en un curso general de primer semestre; los demás eran cursos de arqueología científica dura, entonces y hoy todavía muy popular en Estados Unidos—. Ese año me inscribí en un seminario de teoría arqueológica con Pat Watson, reputada popularizadora del programa científico. De ese seminario recuerdo poco (lo usual: Taylor, Clarke, Binford y, a regañadientes, Hodder) pero quedará para siempre en mi memoria y mi afecto John Dendy, otro estudiante del doctorado. Hippie militante, con pelo largo como símbolo de su militancia y el orgullo imborrable de haber estado en la marcha a Washington junto a King y miles de personas, John se volvió un amigo entrañable. Un día, casi al azar y en un corredor, me preguntó si conocía a Paul Feyerabend (*Figura 1*). Cuando le dije que no, que no lo conocía, John me tenía reservada una sorpresa mayúscula. Al día siguiente apareció en mi oficina con su ejemplar ajado de *Adiós a la razón*. Al leerlo sentí la misma conmoción, el mismo zumbido, la misma ansiedad, que había sentido once años atrás, aún en bachillerato, cuando leí los libros del filósofo antioqueño Fernando González, que cambiaron mi vida para siempre. (Soy un sujeto libresco. No creo en la división entre vida y libros. Creo que la vida también está en los libros, y de una manera especial: condensada, filtrada, elevada a sus más altas cimas o rebajada a sus más profundas miserias. Los libros son la vida de otra manera.)

Figura 1. Paul Feyerabend trabajando, tomada de Paul Feyerabend Foundation: http://pkfeyerabend.org/en/paul-k-feyerabend/

Adiós a la razón puso de manifiesto a un hombre de 27 años que la cosmovisión en la que operaba (y en la que creía, acaso dentro de una fe irreflexiva) podía profesar niveles extremos de violencia.

Feyerabend había recorrido una senda particular: de discípulo de Karl Popper y creyente fervoroso del positivismo había pasado a ser un duro crítico de la ciencia, esta vez ya no desde las finuras de la discusión filosófica sobre la relación entre mundo y representación sino desde su operación política. Feyerabend me mostró que el discurso de la ciencia no sólo podía ser falible, algo que ya conocía por mi cercanía con las discusiones sobre el tema, sino cuestionable, sobre todo cuando se arroga el derecho a decidir por los demás el camino al conocimiento y, en últimas, las decisiones sobre la vida y la muerte. La imagen trastocada del "experto", ese ser que Feyerabend despreciaba con toda la fuerza de su retórica potentísima, empezó a encarnar a mi alrededor. A trompicones, con dolor y seguramente con asombro, poco a poco también encarnó en mí. La duda sobre el conocimiento experto y sus acólitos tomó la forma de una expiación y, desde entonces, de una militancia en contra de su arrogancia y de su violencia.

Aurelio Arturo, el poeta del sur de mi país, escribió: "Los días que uno tras otro son la vida". Mi encuentro con Feyerabend bien puede ser apenas uno de esos días, pero ¡qué día! En el otoño de 1987, en una bella ciudad del Medio Oeste de Estados Unidos, acababa de perder la inocencia. Mi relación con la arqueología, con esa arqueología científica y descontextualizada que había ido a aprender a Estados Unidos, entraba en una etapa de cuidados intensivos. Bastarían otros eventos para sellar la separación. No tardaron en llegar.

Nueva constitución, viejos asuntos

En 1991 Colombia estrenó constitución. El asunto no hubiera tenido demasiada importancia en una región del mundo donde las constituciones se modifican o se cambian al vaivén de los deseos de los gobernantes de ocasión, pero esta vez se trataba de algo diferente. La presencia de varios representantes de una política alternativa en la Asamblea Nacional Constituyente, encargada de redactar el borrador final del texto constitucional, auguraba cambios importantes. Sucedieron: se abandonó la idea centenaria de un país monoétnico y monocultural, perdió preponderancia el papel de la iglesia católica y se consagraron los derechos colectivos (que, desde entonces, han vivido una relación incómoda y tensa con los derechos individuales). Colombia entraba, cómo no, en la era multicultural.

En los años siguientes las disciplinas sociales, muchas de las cuales habían sido interlocutoras activas en los debates que condujeron a la nueva constitución, empezaron a participar en la construcción del nuevo país. Los antropólogos, en particular, jugaron un papel destacado en la consagración de los derechos de las minorías y de los derechos colectivos. Su participación en las discusiones de la Asamblea Constituyente, junto con sociólogos, historiadores y politólogos, ayudó a posicionar la idea de un país de muchas culturas y la necesidad de garantizar los derechos de los diferentes. Nada de eso sucedió entre los arqueólogos, pájaros anacrónicos afanados en ponerse a tono con el mundo moderno que estaba dejando de existir. La paradoja absoluta es que tanta urgencia modernizadora —mandar a estudiantes a obtener doctorados en el exterior; viajar a congresos internacionales; publicar en revistas y libros de distribución global, usualmente en inglés y arbitrados por pares igualmente convertidos a la religión de la ciencia; implementar reformas curriculares— ocurría justo cuando Colombia dejaba atrás el ideal monocultural. Los arqueólogos, ocupados en su negocio, quizás oyeron hablar de una nueva constitución y sobre autonomía y reconocimiento pero asumieron, una vez más, que el asunto no era con ellos. Y no era con ellos por tres razones fundamentales, a veces conectadas: porque están convencidos de que su estudio del pasado es muy importante para la humanidad; porque están satisfechos de sus concesiones multiculturales, acercándose a los *otros* pero sin mezclarse demasiado; porque adoran recibir los beneficios comerciales de la arqueología de contrato.

La gota que llenó mi copa fue un simposio sobre arqueología del poblamiento de América en La Plata, en 2000. Tres días de fechas de radiocarbono, modelos sobre caza y recolección y fotos de abrigos rocosos y puntas de proyectil fueron suficientes. Todo era lo mismo, pareciendo distinto. Sólo cambiaba el nombre del lugar y la dimensión de la fecha —entre más vieja, mejor—. Tanto dinero y tiempo invertidos en esos trabajos, tantas vidas y carreras académicas gastadas alrededor de temas tan irrelevantes para los problemas actuales del mundo y de la sociedad. Podía entender que el plan último de la arqueología seguía teniendo relevancia para la temporalidad moderna pero todo me pareció tan banal, tan superficial, tan esotérico, tan alejado de los acontecimientos contemporáneos que, como me dijo alguien entonces, perdí el fuego secreto. El generoso afecto de tanta gente que había conocido trabajando en ese tema no bastó para retenerme en el redil. Abandoné, para siempre, la arqueología del poblamiento, que tanto me había dado —amigos, viajes, mis años felices en St. Louis, un atardecer sobrenatural en la pampa—.

Si mi situación con la disciplina parecía sólo algo abstracto, algo que acontecía afuera, con los demás, la extraordinariamente rica y compleja realidad se encargó de hacerme ver que era concreta, dura y específica. En 2006 fui invitado a participar en un foro sobre el estado de la disciplina en el IV Congreso de Arqueología en Colombia que tuvo lugar en Pereira. Participaron en el foro, además, un representante del Instituto Colombiano de Antropología e Historia, otro de la Fundación de Investigaciones Arqueológicas Nacionales y otro de los museos de arqueología. El aparato institucional, digamos, los guardianes de la ortodoxia. Preocupado, como estaba, por el destino de la arqueología en un país que cambiaba de piel hablé sobre responsabilidad, sobre política, cosas así. Hice una pregunta sencilla: si la arqueología debía su suerte al discurso nacional ¿qué pasaba con ella ahora que ese discurso hacía agua? A nadie importó mi intervención. Los asistentes estaban vivamente preocupados con lo que acontecía con las políticas de regulación del mercado de contrato como para que los desvelaran las simplezas contextuales que ofrecí.

La experiencia se repitió en 2010, esta vez al lado del mar. Los organizadores del VI Congreso de Arqueología en Colombia, en Santa Marta, creyeron que yo podría decir algo útil en la conferencia de apertura del evento. Como en las corridas de toros, en buena hora en declive, la apertura fue más festiva de lo que hubiera esperado. No era sólo yo quien hablaría; también lo haría un arqueólogo argentino conocido por sus trabajos disciplinados. Así que éramos dos, y con visiones bastante opuestas. La mesa estaba servida. Mi compañero de faena habló sobre los usos de las observaciones etnoarqueológicas en la interpretación del registro. La suya fue una conferencia al uso y bien recibida: útil y disciplinaria. Yo hice una presentación histórica sobre arqueología y nacionalismo. Antes de viajar a Santa Marta había pensado que limitaría mi intervención a esas notas históricas, para que nadie se sintiera aludido, pero un viejo sentido de agitador me hizo extender los argumentos hasta la época actual. Hablé, entonces, de la soledad irresponsable de la arqueología académica, de la miseria de la arqueología de contrato, de la desvergüenza de la arqueología multicultural. Mis argumentos disgustaron pero nadie dijo nada en el espacio de preguntas después de la charla, salvo unos cuantos estudiantes despistados. Los arqueólogos establecidos y prestigiosos, cada uno cuidando su parcela de conocimiento y su sitio de trabajo (sus fechas, sus tipologías cerámicas, sus tumbas), permanecieron rigurosamente callados. Muchos, sin embargo, denostaron a mis espaldas, molestos y ofendidos porque uno de los suyos hablara en términos tan duros contra la arqueología. El viejo arqueólogo metafísico, que decía cosas ingeniosas de vez en cuando, se había convertido en un traidor. A medio camino entre la hipocresía y el desdén, mis viejos colegas dejaron de verme como colega. Poco a poco me había ido convirtiendo en un ruido molesto, pero inofensivo.

La vida está en otra parte

Entre 2007 y 2011 coordiné seminarios sobre arqueologías latinoamericanas en universidades de Colombia, México, Argentina y Brasil. Las acogidas de los seminarios, críticos de la arqueología moderna y propositivos de una práctica diferente, fueron tan dispares como sus audiencias. Mientras los estudiantes mexicanos me depararon la sorpresa de la heterodoxia, en un país tan sometido a la presencia normalizadora del Estado, en Argentina fui tomado fuera de base por la dureza del aparato disciplinar. En Tilcara, en la alucinante Quebrada de Humahuaca, el seminario fue un desastre. Varios de los asistentes quedaron vivamente ofendidos por mis argumentos, tan alejados de sus aprendizajes canónicos. Tenía poco sentido esperar, como esperaba (una prueba más de mi irredimible ingenuidad), que esos estudiantes estudiados en las aulas más ortodoxas del país respondieran de manera positiva a mis propuestas. El horizonte creativo y libertario que esperaba en ellos estaba solamente en mi imaginación. Este golpe contra la dura pared de los hechos llegó después de otro, que había sucedido pocos días antes. Aprovechando mi presencia en Tilcara para el seminario había sido invitado, como observador, a un encuentro entre arqueólogos y comunidades originarias (el nombre que se daba entonces a los indígenas en esa parte de los Andes) para tratar asuntos que se habían vuelto contenciosos recientemente. Los arqueólogos, por primera vez en sus muchas décadas de presencia en el noroeste argentino, habían sido enfrentados por los moradores de la Quebrada y de sus alrededores, quienes les reclamaban por irrespetar a sus muertos, robar sus pertenencias e ignorar a sus autoridades. El encuentro fue patéticamente postideológico, un vivo ejemplo de democracia y de desactivación de conflictos, sin resolverlos. Los arqueólogos propusieron compartir su conocimiento del pasado a través de investigaciones en las que no sólo consultarían a las autoridades locales sino que dejarían participar a los lugareños. Los indígenas aceptaron su generosidad. El ejemplo del cual se partiría era una hoja llena de firmas (y sellos, muchos sellos) de aceptación por parte de las autoridades indígenas de un recóndito lugar de la puna de Jujuy que un arqueólogo de Buenos Aires, célebre por su defensa de la ortodoxia disciplinaria, había logrado obtener para su trabajo, vaya uno saber cómo. En esa hoja, sacada del maletín de cuero del arqueólogo con la misma elocuencia y ritualidad del conejo que sale del sombrero del mago, estaba todo escrito: los arqueólogos seguirían con su negocio pero darían espacio a los lugareños, quienes aceptaban la presencia de los intrusos e, incluso, ofrecían colaborar con ellos. Nada se discutió sobre la arrogancia de la colonialidad arqueológica, nada del vivo desinterés disciplinario por los asuntos actuales de la gente. Nada se dijo sobre el hecho lapidario de que los arqueólogos hablaban de una cosa y los indígenas de otra. El éxito del encuentro fue sellado, si mi memoria no me traiciona (o, quizás, gracias a la traición de mi memoria), con unos cuantos abrazos efusivos de las partes antes en conflicto y ahora acomodadas en una relación igual de dañina y de desigual pero ahora bendecida y legitimada por la apertura multicultural.

Esos dos eventos académicos en Tilcara, uno con la inclusión de participantes no académicos (lo que realzó la grandeza democrática que ofrecían los arqueólogos), me hicieron entender la parábola bíblica de arar en el desierto y supe, sin dolor, que lo que yo buscaba no estaba en la academia (quizás no sólo en la academia), tan conservadora, sino en otras partes —como las que había encontrado en una investigación conjunta con la comunidad nasa de Juan Tama, en el Cauca, y en la que el sentido de los conceptos modernos (tiempo, pasado, historia, arqueología, patrimonio) fue suspendido y abierto el campo para concepciones alternativas—. Este traspié con la academia me hizo ver que mi activismo por construir y posicionar una arqueología diferente —que escape a las dicotomías modernas, que dé el impulso para cambiar la disciplina (algo que la mayoría de los arqueólogos simplemente desdeña)— se encuentra en otro lugar, en red con otros agentes (pueblos indígenas, campesinos, habitantes de la ciudad, desposeídos) que también están interesados en los mismos temas que los arqueólogos pero por otras razones y a través de otras conceptualizaciones. Ese trabajo conjunto puede crear redes de conocimiento y acción en torno a temas cruciales como el tiempo, el pasado o los ancestros. Mi traspié, pues, afiló mi pesimismo con respecto al potencial transformador de la academia pero profundizó mi optimismo con respecto al potencial que ofrecen las redes con otras gentes.

Die hard

La arqueología no es una disciplina frágil que esté dispuesta a morir sin dar batalla. Sus tres siglos de existencia han creado un fuerte sentido corporativo y el convencimiento de que el conocimiento que produce es útil e importante para la humanidad; además, está feliz con el abundante dinero que ofrece el mercado de contrato. Pretender que renuncie buenamente a sus privilegios es una ilusión, como me ensañaron tres casos recientes, uno en las calurosas tierras del trópico americano y los otros dos en las heladas esferas electrónicas.

En 2010 viajé a Costa Rica, invitado por el Museo Nacional como parte de un grupo de "expertos" que habría de evaluar la postulación del paisaje cultural del Delta del Diquís como patrimonio de la humanidad. Fui por curiosidad, queriendo saber por qué había sido invitado a pesar de mi posición iconoclasta, y con ganas de conocer cómo operaba la maquinaria de la UNESCO por dentro. En el bus que conducía al grupo desde San José hasta el sur, a la caliente y húmeda frontera con Panamá, pregunté a los organizadores por qué estaba allí. La respuesta fue convencional, pero suficiente: les interesaba mi visión crítica del patrimonio. Los eventos siguientes se encargaron de que su interés fuera seriamente debilitado. El segundo día de la visita, después de conocer las impresionantes esferas prehispánicas de piedra que parecen hechas por poetas y que eran el plato principal de la postulación, los invitados presentaron sus áreas y períodos de trabajo. Una arqueóloga norteamericana y yo hicimos críticas básicas a las políticas de patrimonialización, claramente disonantes con lo que ya había sido dicho. La organizadora principal de la reunión, la entonces directora para América Latina del Centro Mundial de Patrimonio de la UNESCO, estaba visiblemente molesta con nuestras presentaciones; al fin y al cabo los "expertos" estaban allí para legitimar la operación patrimonial, no para poner palos en sus ruedas. Esa bella mujer, que parecía flotar en una nube de perfume mientras los demás nos cocinábamos a fuego lento en un horno de sudor, pidió nuestras cabezas. Le fueron entregadas: fuimos reseñados como *outsiders* problemáticos y quedamos fuera de la lista del grupo. Solidarizados en la desgracia, mi amiga de infortunio y yo planeamos una venganza sumaria: organizaríamos una reunión con activistas y académicos para cuestionar las políticas patrimoniales, especialmente las que se visten de humanismo trascendente.

Convinimos en que el mejor lugar para hacerlo era Cusco, el centro del universo, y que aprovecharíamos la conmemoración de los cuarenta años de la Lista del Patrimonio Mundial para llamar la atención sobre lo que estaba aconteciendo, sobre todo los deletéreos impactos de la patrimonialización en las comunidades locales. Si en algún momento pensé que ese evento sería un acto de militancia contra esas políticas, estaba equivocado. Redacté un texto radical para que sirviera de convocatoria pero mi colega no estuvo de acuerdo. Varios correos de conciliación produjeron un texto crítico, pero algo complaciente, que no me dejó enteramente insatisfecho. Lo triste vendría después. Mi colega sugirió que invitáramos a ICAMH como patrocinador y yo no dije que no, sin saber bien en qué me estaba metiendo. A los pocos días recibí un correo, como copia, escrito por el presidente de ICAMH y enviado a un conocido "experto en patrimonio", invitándolo a ser uno de los conferencistas centrales de lo que ya no era una reunión contestataria sino un congreso de celebración. El texto que incluía el mensaje como descripción del congreso no era el que habíamos redactado, salvo en unas pocas ideas; el sentido crítico había sido eliminado y lo que quedaba era una invitación a celebrar el cumpleaños de la lista de patrimonio, sin voces disonantes. Escribí a mi colega, pidiendo una explicación, que obtuve: nuestro texto inicial había sido reemplazado por éste, diplomático y conciliador, porque ICAMH no podía (no quería) alienar a posibles participantes interesados en las políticas patrimoniales. Me pedía comprensión y me invitaba a que acomodáramos nuestra crítica radical a la UNESCO y sus adláteres en un simposio, uno más, en la ahora desvirtuada reunión de Cusco. Me negué. No iba a legitimar el sentido unidireccional de las políticas patrimoniales globales con una postura crítica, a la que se hacía espacio como prueba irrefutable de su democracia y de su inclusión.

Hace un tiempo el ciberespacio trajo a mi cuenta de correo electrónico dos discusiones fascinantes, ejemplos de que las listas de correos son teatros sociológicos inestimables. Aunque desde 2010 no renové mi membresía de tres décadas a la Society for American Archaeology, cansado de su férrea militancia disciplinar, seguía apareciendo como miembro del Comité Asesor de una de sus revistas, *Latin American Antiquity*. Los editores de la revista creyeron necesario consultar al comité sobre un artículo cuya publicación les parecía problemática porque usaba "evidencias" obtenidas de manera "ilegal" —una vasija prehispánica producto de guaquería—. Las decenas de correos cruzados entre los miembros del comité y los editores se extendieron por varios días y cubrieron el espacio de varias pantallas, una señal inequívoca de que todos estaban vivamente interesados en el asunto que se discutía. La conclusión final fue predecible desde el principio: el artículo tenía que ser rechazado. Hubo, sin embargo, un resultado de más largo alcance: era necesario endurecer la vigilancia disciplinar para que nada semejante volviera a ocurrir. Los arqueólogos habían cumplido su tarea a cabalidad: ser guardianes de la estructura binaria de la ontología moderna, a un lado de la cual está lo legal/permitido (la arqueología y sus relaciones conexas, como lo patrimonial) y al otro lo ilegal/reprimido (la guaquería y sus relaciones conexas, como el trato cotidiano de la gente con "lo arqueológico" sin la mediación policiva de la academia). En mis años de pertenencia a la lista de correos de la SAA nunca había presenciado nada semejante y no me sorprendió saber que ocurría alrededor de un asunto puramente disciplinario, ya prolijamente regulado por los principios éticos adoptados por las asociaciones profesionales.

La otra discusión es más vernácula. Los arqueólogos colombianos están laxamente relacionados alrededor de congresos y de eventos académicos más específicos pero los intentos por asociarlos gremialmente no han dado muchos frutos. Una medida reciente del Instituto Colombiano de Antropología e Historia parece cambiar la dirección de la marea. El ICANH creó, a comienzos de 2015, el Registro Nacional de Arqueólogos con la intención manifiesta de "establecer un procedimiento que tenga por objeto el registro y acreditación de los profesionales en materia arqueológica que podrán ser autorizados conforme a lo dispuesto en la ley y sus decretos reglamentarios para intervenir el patrimonio arqueológico de la nación". El ICANH creyó necesario ordenar la casa, sobre todo el amplio mercado de la arqueología de contrato, porque los muebles estaban fuera de lugar y muchos extraños se estaban sentando en ellos sin su permiso. El nuevo registro complementa medidas ya existentes, como la "autorización para exploración y/o excavación arqueológica", una licencia que permite "intervenir" el "patrimonio arqueológico" de la nación solamente a sujetos investidos para hacerlo. El instituto encargado de vigilar y proteger el patrimonio de los colombianos aprieta las tuercas en torno a lo que considera legítimo y legal con el propósito de dejar por fuera (penalizándolo, por contera) lo que considera ilegítimo e ilegal. Pero ante un pastel tan grande como el del mercado de contrato, que reparte dinero a discreción a cambio de la sumisión disciplinaria, los arqueólogos (profesionales o no tanto) no quieren nada que los limite, ni siquiera el representante de la institucionalidad, y por eso amenazan rebelión.

Esas dos discusiones virtuales y ese evento en el calor inverosímil son paradigmáticos de la situación actual de la arqueología: por un lado están las preocupaciones disciplinarias (la defensa del registro arqueológico, la importancia global del pasado que se excava e interpreta) que los arqueólogos no están dispuestos a negociar porque están convencidos de que son fundamentales (ellos, claro, y sus preocupaciones) para el destino de la humanidad y porque piensan que son los operadores designados de ese acto trascendente; por otro lado están las suculentas propinas que reparte el mercado de la arqueología de contrato. Por esas dos circunstancias (control académico y mercado de contrato), nada despreciables en términos de los privilegios que otorgan (académicos, cognitivos, económicos), la arqueología está dispuesta a dejar la piel en la batalla: fortalece el sentido corporativo alrededor del esoterismo académico (más congresos, más revistas, más libros); endurece la vigilancia sobre lo que considera suyo (más leyes, más códigos éticos); reproduce su discurso (más programas universitarios, más espacios de divulgación); afila la soberbia (más concesiones democráticas, más conciencia ilustrada de su intervención).

Ante un panorama tan desalentador —por la dureza disciplinaria, cada vez más aguda, cada vez más templada— no es infrecuente que me pregunte qué hago aquí, por qué no estoy en otra parte. Cuando esas preguntas se vuelven agónicas — usualmente en medio de la noche, cuando los amados gatos rondan— pienso en lo que dice mi amigo Alejandro, en su entusiasmo indeclinable: no podemos dejar la arqueología a los arqueólogos. Así de simple. O como dijo Bruno Latour sobre la política esta "es una cosa demasiado seria como para dejarla en manos de aquellos pocos que parecen tener el derecho de decir en qué consiste". Si no podemos dejarla a los arqueólogos tenemos que buscarla en nuestras manos y en las manos de los demás que piensan, como nosotros, que la vida está en otra parte y de otra manera, fuera de los salones graves y esotéricos de la academia y lejos del aparato extorsivo de la modernidad y el desarrollo. Entonces aparece la arqueología más allá de las fronteras disciplinarias, aparece como mucho más que la disciplina y sus fronteras vigiladas. Aparece, ante todo, como una actitud distinta frente al mundo, el tiempo y la continuidad de la vida "porque no puede ser que no haya otra cosa", como escribió Cortázar que dijo Johnny Carter en *El perseguidor*. Porque no puede ser que la arqueología sea este esoterismo desaforado; este desinterés por lo que sucede alrededor, en este tiempo; porque no puede ser esta meta-realidad tan irreal, este dar la espalda al mundo; porque no puede ser esta acomodación oportunista a la reorganización global de la sociedad y la política; porque no puede ser esta entrega brutal al mercado; porque no puede ser. Porque no puede ser que no haya otra cosa la arqueología en la que pienso, por lo que trabajo, no huye de las palabras que dijo André Breton el 7 de junio de 1946 en una velada en homenaje a Antonin Artaud, recién liberado del manicomio de Rodez: "Me parece motivo de burla toda forma de compromiso que no llegue a este objetivo triple e indivisible: transformar el mundo; cambiar la vida; rehacer, completamente, el entendimiento humano". Porque la arqueología en la que pienso, por la que trabajo, participa de la transformación del mundo y de un debate global para aprender a desaprender lo que nos han enseñado porque no estamos condenados a reproducir el canon disciplinario y sus formas atrabiliarias de relación con otros sujetos y cosmologías. El futuro no tiene por qué ser el lugar de reproducción del presente. Hace un tiempo Hugo Achugar dijo que "entre las muchas cosas que han entrado en crisis o están siendo cuestionadas se debe agregar la idea de la fundación como momento de clausura de un pasado y de comienzo de una nueva época, única e irrepetible en el tiempo". Esta observación inquietante pone el dedo en la llaga: con el multiculturalismo la nación bien puede haber sido alterada, pero ¿no hay un nuevo momento fundacional a mano? Muchos países se complacen en la idea de forjar mosaicos culturales sólo para descubrir que era muy arriesgada, demasiado ambiciosa o demasiado ambigua. Ante este hecho algunos retroceden y tratan de reingresar al jardín nacional por la puerta de atrás; eso es lo que están haciendo o intentando hacer varios países en Europa Occidental, de Alemania a Holanda, de Suiza a Francia. Otros se aferran tercamente al multiculturalismo, sin realmente saber adónde se dirige. Contradictorio y errático, pero inmensamente excitante, este momento actual marcado por el surgimiento de las sociedades post-nacionales puede ser fundacional, una oportunidad (quizás irrepetible) para redefinir la postnación desde las diferencias hacia arriba y no desde las diversidades hacia abajo.

ENTRE EL CAUCA Y EL MAGDALENA:
UNA HISTORIA APÓCRIFA DE LA ARQUEOLOGÍA COLOMBIANA EN EL ÚLTIMO TERCIO DEL SIGLO XX

Wilhelm Londoño

A inicios de la década de 1990 Colombia venía sufriendo la cruenta guerra urbana que enfrentaba pequeños clanes de narcotraficantes, asociados a los polos más grandes del cartel de Medellín y el cartel de Cali. En Medellín, Pablo Escobar había llamado a militar en contra de la policía y ofrecía hasta un millón de pesos de la época (1990) por cada agente caído. Las cosas no eran diferentes en Cali; aunque la policía no era masacrada como en Medellín, la guerra entre bandas hacía que los sicarios imaginaran cada vez más crueles formas de asesinato.

Llegué a Cali con 18 años huyendo del mundo del narcotráfico que se cernía sobre nosotros en la convulsionada Tuluá, una ciudad en la mitad del Departamento del Valle del Cauca. La década de 1980 había sido realmente cruda en ese pueblo. El creciente negocio del narcotráfico había impulsado la expansión de barrios de lujo en los polos de la ciudad y los nuevos ricos hacían alarde de su poder con todo tipo de objetos que traían de los viajes frecuentes a Florida. En la escuela salesiana, que era la mejor de la ciudad, eran frecuentes los sepelios de los padres de mis compañeros de clase, quienes caían en las batallas entre narcos que, usualmente, acaecían los fines de semana. Salsa, cocaína y plomo, los ingredientes de aquel frenesí. En esa época los domingos en la mañana eran el escenario predilecto para que aparecieran las noticias radiales contando la novedad: un muerto por acá, otro por allá.

Como era asmático mi padre decidió mudarnos de la fría capital al valle del río Cauca, a ese pueblo, Tuluá, que después sería celebre porque allí nació Faustino Asprilla, una estrella del fútbol nacional. Uno de los narcos del pueblo había empezado a construir un complejo residencial y había fracasado en su intento. Las casas quedaron a medio hacer y así familias de clase media pudieron acceder a ellas. Yo llegué a ese barrio tal vez de 7 años. Quedaba al frente de un cañaduzal y en las tardes, mientas llegábamos del colegio, cambiábamos agua helada por caña de azúcar pelada en tiras cuadradas perfectas para masticar con las muelas. Algunos días nosotros cruzábamos la cerca y entrabamos a los campos con caña quemada a recolectar los troncos dulces que, después, pelábamos en los andenes de nuestro barrio.

Las eras del cañaduzal, después de que se levantaba la caña, descubrían pedazos de vasijas de cerámica y los corteros especulaban con esos hallazgos. Algunos de los corteros vivían cerca del barrio que habitábamos pero en una sección masiva que se había hecho para que las familias pudieran adquirir sus viviendas. El programa se llamaba "Casas sin cuota inicial" y se propagó por todo el país en el gobierno de Belisario Betancourt, quien se haría célebre por ceder el poder a los militares en la famosa toma del Palacio de Justicia, en 1985.

En las noches, mientras podíamos y nuestras madres lo aceptaban, nos reuníamos chicos de ambos barrios a escuchar las historias de los corteros. El cañaduzal estaba lleno de seres, de espíritus, estaba el diablo, pero también la pata sola, la llorona, y las guacas. En esas conversaciones nos preparaban para conjurar los males que se nos pudieran presentar si una de estas entidades aparecía en el transcurso de nuestras vidas. Como decía Mario, uno de los corteros con los que hablaba, si uno agarraba en dirección al río Cauca, que quedaba a pocos kilómetros de nuestras casas, y si era de noche, lo más probable es que apareciera el diablo, quien hacía su presentación susurrando nuestro nombre en nuestros oídos. Decía Mario que si uno miraba hacia atrás quedaba perdido porque pasaba a ser propiedad del maligno. La contra suponía mantener el paso, rezar los Ave Marías y cruzar el río lo más rápido posible pues el agua curaba. Estas historias del río, seguro, estaban relacionadas con el imaginario más extendido que se iba formando alrededor del hecho de que el afluente era el depósito de cadáveres que producía la máquina del narcotráfico. En la película colombiana *Perro come perro* el guionista notó esto y ejemplificó la situación mostrando cómo los sicarios de los narcos llamaban "la piscina" al río Cauca. Cuando capturaban a alguien y lo iban a matar le decían "nos vamos para la piscina, hijueputa".

Esta poética de la violencia conminaba al río a hacerse responsable de lavar la sangre; convertía al pasado en ese lugar siniestro y a los indios en sus habitantes. Los curas salesianos de Tuluá, algunos de ellos pedófilos que corrían con la suerte de encontrar algún amante desprevenido, enseñaban a los niños que Colón había regalado a estas tierras la civilización y había desterrado la ignorancia de los indios. Para que esta idea encarnara en nuestras mentes púberes nos hacían comprar unas láminas con los rostros de los conquistadores para pegarlas en los cuadernos. Los profesores de historia nos hablaban del canibalismo de los indios y de las muertes por asfixia que producían los caciques a sus súbditos pues, según el imaginario, a su muerte pedían a su séquito seguirle en la paz de la tumba, aún estando ellos vivos. Además de la política de las láminas se nos exigía comprar una plantilla del mapa de Colombia para que la usáramos y así aprendiéramos cómo era nuestro territorio. En esa plantilla uno deslizaba el lápiz por las fronteras del país de tal suerte que quedaba dibujado el espacio de la nación. De esta suerte, la nación pasaba a ser parte de nuestra corporalidad; teníamos de dibujarla, plasmarla en papel, hacernos representaciones de ella. Así se sedimentaba nuestra conciencia territorial y desde la andina e ilustrada Bogotá, que era donde se producían todos esos "recursos pedagógicos", se nos presentaban las selvas del Amazonas, los llanos del oriente, las sabanas del Caribe, los bosques del Chocó, como las antípodas a civilizar.

Durante la década de 1980, mientras estudié en el colegio, nunca se hizo mención ni siquiera a la existencia de conocimientos arqueológicos, mucho menos a la existencia de comunidades indígenas o étnicas en el Valle del Cauca. Los indígenas simplemente no existían y si existían tenían que hacerlo en las páginas delirantes de las historias coloniales. La institución educativa donde estudiaba hacía un esfuerzo sobrehumano por hacer parecer a los indios como serios psicópatas con un desdén natural por la vida, lo cual era entendible dentro del objetivo de catequizar y expandir la religión católica. Este discurso de una sociedad católica blanca era ciertamente problemático en medio de una creciente comunidad afrodescendiente que comenzaba a ascender socialmente y que tenía la posibilidad de mandar a sus hijos a las escuelas de clase media. Algunos de estos personajes habían usado el trampolín del narcotráfico y otros el de la universidad. En ese colegio de curas italianos, empotrado en el corazón del valle geográfico del río Cauca, el mestizaje reinante y los tonos afros de la sociedad nacional se maquillaban para producir la ensoñación de vivir en una ciudad blanca y castiza.

Así fue configurándose una estructura que nos organizaba la vida. En la mañana los curas, blancos, algunos de Antioquia, nos hablaban de la bondad del catolicismo, de lo bueno de la religión y de lo importante de ser conservadores y aceptar el mundo tal como Dios lo había creado. En la tarde los corteros nos contaban sus historias e, incluso, jugando fútbol lográbamos la ecúmene que se impedía en la mañana. Por la noche caíamos en los brazos de nuestras novias que, por una razón que no quisiera explorar, eran afrodescendientes. Así nosotros, que aprendíamos a ser buenos colombianos idolatrando a los conquistadores por traer la civilización, éramos realmente socializados por nuestras relaciones con familias de diversas proveniencias sociales y étnicas, pero con un fuerte sustrato afrodescendiente. En el marco de esas relaciones, de amistad con los chicos, de noviazgo con las chicas, principalmente, lograba dominar las artes de la salsa, cosa indómita aún para mí, y también aprender el sabor del Valle del Cauca por medio de las marranitas hechas de plátano maduro y cuero de cerdo, la espectacular lulada, cuyo misterio está en saber dejar madurar los lulos para congelarlos y después servirlos machacados. También por el majestuoso champús que une el maíz y el lulo de los indios con el guarapo de los afros.

Era muy amigo de una familia de afros de apellido Manyoma. Ellos eran el ejemplo a seguir. Eran atléticos, buenos estudiantes, excelentes bailarines de salsa. Algunos domingos íbamos a su finca cerca de Tuluá y la abuela materna nos ponía a moler el maíz para las arepas o partíamos los limones para el agua de panela. Todo esto lo hacíamos en medio de las vasijas y las piedras de moler de los indios que se hallaban usualmente en la finca. Ahora que lo pienso nadie estaba interesado en esos objetos, a nadie importaban porque todos habíamos aprendido la lección: esas cosas simplemente no debían estar allí, así que realmente no existían.

A finales de la década de 1980 la violencia alcanzó picos inusuales. Nos tocó la puerta de la casa. Nuestros amigos comenzaron a caer porque, algunos, abandonaban la escuela para cargar cocaína. Mientras hacían el encargo las personas que les daban la cocaína avisaban a la policía que cierto carro con cierta gente llevaba droga. La policía hacía la patraña de un retén, encontraba la droga, metía preso a los sujetos. Entonces los dueños de la cocaína llamaban al preso a decirle que tenía que responder por el valor de la mercancía. Algunos hacían que sus padres respondieran por sus deudas; los que no podían tenían que esperar con resignación a que los mataran en cualquier esquina después de salir de la cárcel.

Mi familia se mudó a Cali; aunque no era menos violenta que Tuluá por lo menos el espectro de clase media era más amplio, lo que hacía que se pudiera respirar otros aires. Mi padre, geólogo en la zona del Pacífico, comenzó a llegar a casa, tal vez en 1991, con pequeños fragmentos de figurinas en cerámica. Sabíamos que eran de los indios, sabíamos que eran bellas. Mi padre comenzaba a contarme relatos sobre los indios: que eran astutos, que eran brillantes, que tenían tecnologías que ahora no conocíamos. Además de los fósiles que mi padre coleccionaba de sus excursiones en el norte de Colombia estaban los restos de cerámica que comenzaban a engrosar su pequeño museo. Era nuestro museo de rarezas, de diferencias; ese rincón de la casa donde estaba la alteridad fue, sin duda, un lugar poderoso en mi empeño de cruzar los campos de la arqueología.

Mientras la colección se engrosaba mis padres, en su ingenuidad, decidieron meterme a un colegio católico en Cali. Lo que hoy llaman bullying, en esa época era el arte cotidiano de devorar o ser devorado. Pronto me perseguían pandillas y yo, a mis 16 años, tenía que defenderme apelando a tácticas de guerrilla. Ya que era recién llegado y no podía defenderme de un grupo huía de los ataques, evitaba la confrontación directa, y en los momentos de descanso, cuando las aulas estaban solas, iba a los salones de mis enemigos y les destruía cosas sensibles. Así era que me estaba educando. Cali-calabozo como decía Andrés Caicedo.

En medio de estas trifulcas, donde me reventaban la nariz y donde yo las reventaba, me veía envuelto en procesos de disciplina que hicieron rápidamente que me expulsaran, para la gloria del señor, de ese colegio que no quiero recordar. Así que no tuve más alternativa que persuadir a mis padres de financiarme una institución alternativa. Estos colegios habían comenzado a emerger en la década de 1980 cuando varios grupos de hippies que se habían cansado de vagar por el mundo habían decidido estudiar ciencias sociales y pedagogía y fundar colegios menos ortodoxos. Uno de esos colegios había sido fundado por un chico que había sido amigo de infancia del escritor caleño Andrés Caicedo. Este hombre, a diferencia de Caicedo, se había refugiado en las selvas para desaprender los valores y creencias de la sociedad racista y excluyente de Cali. Su proyecto, un colegio decolonial, buscaba dar herramientas para construir bajo otros referentes epistémicos. Cuando supe que el rector del colegio tenía un nombre indígena comprendí que en ese lugar tenía una posibilidad. Cuando presenté mi aplicación me preguntaron qué quería aprender y ello fue realmente sorprendente porque yo pensé que me iban a contar qué me iban a enseñar. Esa fue una gran diferencia. Respondí que me gustaría aprender cosas útiles, como hacer un pantalón, unas medias, o una camiseta. Me hablaron de los talleres de manualidades, literatura, agricultura y otras cuantas cosas más. Como el colegio era alternativo los maestros convencionales no calzaban. Así que el colegio tenía como docentes estudiantes universitarios de la Universidad del Valle, la universidad pública de la región. Eso nos dio acceso directo a discusiones de otro nivel. No teníamos que supeditarnos a los textos escolares que, a la luz de los textos universitarios, eran simplemente cartillas insultantes. De allí a conocer textos de antropología solo había un paso. Finalmente llegó a mis manos el *Manual de Historia de Colombia*, editado por Jaime Jaramillo Uribe a finales de la década de 1970. En ese manual estaba el artículo de Gerardo Reichel-Dolmatoff sobre Colombia.

Para mí fue una revelación. El libro decía que el maíz se había inventado en Colombia, se había ido para México, había permitido fundar un imperio, para luego regresar a Colombia y permitir a los indios la "colonización maicera" que marcaba el paso del Formativo a los Desarrollos Regionales. Era alucinante saber eso, saber que los indios tenían economías complejas, redes de intercambio, estructuras políticas. Adiós a la basura que aún guardaba de la versión de la historia que aprendí en los claustros salesianos. Pero la fascinación no terminaba allí. Después hubo un hecho curioso. Había empezado el mundial de fútbol de 1994 en Estados Unidos. Colombia era una selección candidata a la copa. Acaba de meterle 5 goles en eliminatoria a la Argentina de Diego Maradona que no pudo jugar ese partido por miles de líos. Un sábado de ese verano de 1994 Colombia cayó ante Rumania y el país sintió que sus pilares se hundían. Como la selección no ganó, la portada del domingo de la revista dominical no se la llevó la biografía de Carlos Valderrama sino un artículo sobre el yagé que citaba párrafos enteros de las obras de Reichel-Dolmatoff, en especial *Los Desana*, una etnografía sobre una comunidad del Vaupés. En medio de toda la violencia que había visto resultaba interesante que en un periódico se citara un antropólogo que decía que la droga había que verla como una manifestación humana, que la etnografía ayudaba en ese propósito y que había que discutir la legalización de estas sustancias.

El sábado siguiente pedí a mi madre una guía de universidades en el país y ella me trajo la versión 1993-1994. Como no había red, o no era frecuente, solo se podía saber de las carreras en el país por medio de este sistema. Fácilmente salió en la A la carrera de antropología. No sé qué decía de la carrera pero supe que había un programa en la Universidad de Cauca, situada en Popayán. Apliqué, fui aceptado y me mudé a esa vieja ciudad colonial. Popayán resultó deslumbrante;

las calles blancas adornaban el cielo azul que aparecía cuando en la ciudad paraba de llover. El claustro donde estudiaba, El Carmen, era de una belleza singular por sus patios y sus fuentes y por los silencios de sus pasillos, perturbados en aquella época solo por el revoloteo de las palomas.

Al iniciar mi carrera me encontré en la transición del paradigma histórico cultural al procesual. Cristóbal Gnecco, con su sitio La Elvira, había desvirtuado la idea ingenua de una caza de megafauna especializada, tesis que se consideraba válida para hablar del poblamiento temprano de Colombia. De otro lado, Diógenes Patiño, por medio de sus trabajos en el Pacífico colombiano, había documentado procesos de complejidad social. La arqueología así se desprendía del propósito tipológico de la categorización cultural para dar paso a un enfoque sistémico. No habíamos descubierto las posibilidades analíticas del procesualismo cuando en 1999 Cristóbal Gnecco sorprendió con su temprano ensayo *Multivocalidad histórica*. Ahí estaban los indígenas con sus visiones históricas, con sus conexiones identitarias, con su crítica al catastrofismo que los confinaba a ser otros desvinculados de la historia. Tal vez este no sea el lugar para hacer un análisis de la historia de la arqueología colombiana pero queda claro que la década de 1990 fue escenario de un cruce rápido por las agendas procesuales, lo que no desembocó en agendas de investigación regionales que resolvieran problemas esenciales, como las secuencias de poblamiento de las vertientes de los Andes colombianos y la relación de este proceso con la generación de diferenciación social. Tal vez por la desidia institucional, tal vez por el conflicto, tal vez por la falta de financiación (o por todas estas cosas a la vez), la arqueología no se tomó en serio como un proyecto académico. En la década de 1990 comenzó, en todo caso, una crítica a la arqueología tradicional. Varios arqueólogos colombianos (como

Carlo Emilio Piazzini, Carl Langebaek y el mismo Cristóbal Gnecco) documentaron cómo la disciplina venía siendo un mero proyecto de recolección de tiestos sin ninguna orientación analítica. Fueron los años en que se intentó reproducir las revoluciones epistemológicas que habían consolidado una arqueología procesual dos décadas atrás en los Estados Unidos, cosa que no ocurrió.

El inicio del nuevo mileno supuso dos caminos no siempre coincidentes para la arqueología colombiana. Uno fue el derrotero que había dejado una década de arqueología procesual con grandes aportes como, por ejemplo, la ruptura del famoso paradigma paleoindio que suponía que los primeros pobladores del territorio eran meros autómatas detrás de megaterios; asimismo, que las grandes manifestaciones de complejidad en el suroccidente del país, como la estatuaria agustiniana, eran anteriores a lo que podría considerarse innovaciones económicas en los sistemas productivos. ¿Qué quería decir esto? Que los primeros pobladores eran grandes agentes del territorio y conocían bien la posibilidad de usar sistemas para incrementar la producción; sin embargo, ello no se hizo (incrementar la producción económica) en el momento en que les dio por modificar el paisaje, hacer hipogeos y sembrar estatuas; los incrementos agrícolas se hicieron mucho después, de modo que no hay una relación causal entre sistemas de producción y la cultura material ceremonial. Así se concluyó que la centralización política no era una regla en la formación de estructuras sociales con producción excedentaria. La otra vía que dejó la experiencia seminal de la arqueología de la década de 1990 fue una crítica a los sistemas de producción de historia hegemónica. Varios académicos, desde diferentes ángulos, señalaron la manera como la episteme occidental construyó un sistema de conocimiento basado en la idea de que los prejuicios del eurocentrismo eran universales.

A inicios de la década del 2000 un evento en Popayán fue paradigmático en la consolidación de una mirada desde la arqueología que cuestionaba el mundo en el que vivimos. Allí se presentó el arqueólogo venezolano Rodrigo Navarrete, quien venía trabajando con Randall McGuire. Rodrigo mostró, con una magistral conferencia de arqueología, que los modelos sistémicos tipo "nueva arqueología" eran inútiles pues las configuraciones políticas del Orinoco no se asemejaban al modelo de macho alfa, un cacique poderoso rodeado de súbditos, que se imponía desde los delirios androcéntricos del procesualismo. En ese mismo evento Alejandro Haber presentó sus resultados de investigación en la Puna de Atacama. La puna está repleta de vida y allí habitan las ágiles vicuñas, hermosos camélidos que la gente suele cazar desde tiempo inmemoriales. Alejandro mostró que las innovaciones en la domesticación de camélidos no habían sido un instrumento que, como dictaría un enunciado procesual, desembocaba en el abandono de la caza de vicuña para depender de las llamas. Alejandro mostró que la caza siguió siendo fundamental pues la relación de los puneños con el entorno no era una relación basada en la necesidad de que los primeros extrajeran lo máximo de lo segundo, luego domesticar no era una prioridad.

Este inicio de década generó algún horizonte promisorio para establecer una arqueología colombiana más allá de las fronteras que le demarcaba una agenda anacrónica e infructífera basada en los objetivos histórico-culturales. A la par que abrazaba el procesualismo la arqueología colombiana le decía adiós, recogiendo preocupaciones más políticas sobre la producción de conocimiento disciplinar y las maneras como esta producción silenciaba otras voces. Otros se quedaron fascinados por las agendas procesuales y su afán de ver dominados y dominantes a lo largo de la historia. Unos, incluso, nunca salieron de las agendas descriptivas que trazaban como derrotero de la disciplina la recolección de materiales. Hoy día sería complicado decir qué es la arqueología colombiana y si uno se aventura por ese sendero encontrará que las promesas fundadas en la comprensión neoevolucionista de la historia prehispánica de Colombia se sepultaron bajo miles de informes técnicos que nada dicen del pasado. Esa es otra historia.

Retornado al camino muchas veces me he preguntado qué llevó a que un texto temprano como *Multivocalidad histórica* brotara en el Cauca. Bueno, sin duda está el peso inconmensurable del movimiento indígena caucano que labró su destino en el siglo XIX cuando en las guerras civiles pactó con los gamonales caucanos lealtad a cambio de reconocimiento territorial. La historia contará cómo esa política se coló en las entrañas de la Universidad del Cauca porque no en balde de sus prensas han salido bastantes hojas del árbol iconoclasta del bosque arqueológico de Colombia. Este rizoma de una consideración indígena de la realidad pronto me alcanzó porque terminé haciendo mi tesis de pregrado (algo que era usual en la década de 1990 en Colombia) con los Nasa del resguardo de Novirao, ubicado a pocos kilómetros de Popayán. El escenario no podía ser más ilustrativo. Los Nasa de Noviaro habían logrado restituir unas 800 hectáreas, concentradas en una hacienda que pertenecía a una acomodada familia de la ciudad. Eso había ocurrido años atrás y al momento de mi llegada la comunidad recién comenzaba a re-organizarse tras haber pasado varios siglos sirviendo como aparceros en las tierras de la hacienda. Presencié cómo en unos 12 meses el nuevo gobernador (esto era 1998) había logrado rehacer la minga, la forma de trabajo comunal que no se sabe cuándo había sido prohibida para dar paso al modelo cacical de trabajo en la hacienda a cambio del uso de pequeñas franjas de tierra.

Mi rol en Novirao era claro: debía acompañar una prospección arqueológica para detectar sitios que sirvieran a los comuneros para fortalecer sus procesos de enseñanza de historia propia. A pesar de que se pensaría que este proyecto era sencillo las relaciones de los Nasa con la tierra, con el pasado, pronto comenzaron a emerger señalando el complejo panorama político que se cernía sobre las organizaciones indígenas. El panorama era más o menos así: durante un proceso sistemático de negación de los componentes indígenas de la nación las comunidades nativas, en la década siguiente a la constitución política de Colombia de 1991, debían existir resolviendo el problema de construir mecanismos de transmisión de la cultura local y convivir con los intentos de la economía moderna por homogeneizar la población. En ese contexto cerré un ciclo de formación que duró algo más de una década, otorgándome una visión del mundo particular. Un día, mientas luchaba un lugar en el departamento de antropología de la Universidad del Cauca, el finado antropólogo Edmundo Quimbayo me exhortó a dejar Popayán pues "nadie es profeta en su propia tierra".

Por las redes que se iban armando terminé en Catamarca, trabajando con Alejandro Haber y un equipo de becarios más. Era el colombiano en Catamarca, una ciudad con un casco antiguo y calles ordenadas, con suburbios como en mi país y con los mismos problemas del capitalismo contemporáneo: una historia de pauperización del campesinado y de consolidación de periferias con infinidad de precariedades. Me llamaba la atención el silencio de Catamarca; todos los días parecían domingo.

Las condiciones de mi estancia eran básicas: dos años de colegiatura, algo de campo y presentación de tesis doctoral. Durante 2006 y 2007 tomé la mayor cantidad de cursos posibles y visité la puna de Atacama. En el proceso de formación conocí personajes maravillosos como Gustavo Verdesio, José Luis Grosso, José Yuni, Elsa Ponce, Carlos Figari. En algunas ocasiones los seminarios se hacían al sazón del vino catamarqueño de Fiambalá y de carne de quién sabe dónde. De todas maneras el grupo trabajaba orientado a comprender los procesos por medio de los cuales se naturalizaban ciertos componentes de la realidad en escenarios tan diversos como las representaciones de los otros y de la naturaleza. El lugar privilegiado para analizar esta situación era la aldea de Antofalla, al norte de Catamarca, seno de la crianza epistemológica de Alejandro Haber. Aunque sería complicado reunir esas experiencias en una sola imagen recuerdo con nitidez que en una ocasión, en Antofagasta, la capital de la Puna de Atacama, comenzaron a exhibir un cuerpo momificado que había sido encontrado por las autoridades. Al parecer se trataba de un decomiso que se había hecho a unos traficantes de piezas arqueológicas. El cuerpo se exhibía en el "Museo del Hombre de Antofagasta de la Sierra" y la persona que lo cuidaba en ese momento era Ernestina Mamaní. Una vez, en una reunión convocada por Alejandro, Ernestina quebró en llanto y nos manifestó lo mal que se sentía por tener que ir a trabajar a un lugar donde había un cuerpo que no se dejaba descansar. Era el mismo problema que había visto en el Cauca: las personas luchando por convivir con los sistemas políticos republicanos y lidiando con la negación sistemática de formas de relación con el mundo que eran, incluso, prohibidas por el Estado y la Iglesia en estas comunidades locales.

La estancia en Catamarca fue interesante. Tal vez era el único colombiano en la ciudad y eso, en cierto sentido, era ventajoso pues me daba la oportunidad de conocer diversas personas; por otra parte, no dejaba de cargar con el peso de ser aquel foráneo de otras tierras en una comunidad más que conservadora. En la iglesia, que era centro de devoción por ser el lugar donde está la Virgen del Valle, había un fresco que adornaba una de las cúpulas. La imagen que se presentaba allí no podía ser más diciente de la manera como el colonialismo había creado horizontes de subjetividad: un grupo de conquistadores se cernía, amenazante, con sus lanzas, sobre un numeroso conjunto de indígenas. Lo más impactante del cuadro era que la Virgen del Valle acompañaba a los conquistadores. El pintor había puesto la Virgen María detrás de los conquistadores; así, ella era una guerrera más que, desde el cielo, bombardeaba las hordas indígenas para permitir el avance de la conquista. El gesto predecía lo que sería la arqueología de Catamarca: la historia del cerramiento de las culturas indígenas y el florecimiento de la sociedad criolla, pensada como una reproducción exacta de Europa.

La historia del colonialismo había construido un régimen de representación en el que el otro era condenado a una invisibilización activa pues no se le invisibilizaba para ignorarlo sino para convertirlo en un agente funcional a los emprendimientos necesarios para la ampliación de la frontera del capitalismo. En 2006 y 2007 estuvimos en la Puna de Atacama con la gente de Antofalla, una comunidad de coyas atacameños que había terminado, recientemente, de organizar la documentación para que el Estado Argentino la reconociera como preexistente al Estado. A este propósito es interesante notar que en Colombia, en cambio, no se reconoce la preexistencia al Estado sino la sincronía con el multiculturalismo. Es una ironía del destino que en el caso colombiano nada preexista al Estado; de tal suerte las comunidades étnicas deben esquivar el hecho de que la taxonomía antropológica que define su identidad sea una invención paralela a la del Estado.

Paulatinamente a mi desarrollo político, aferrado a las periferias epistémicas, fui tratando de comprender cómo las imágenes de la realidad se iban configurando, haciendo que nos hiciéramos ciertas preguntas y no otras. Uno podría denominar a este proyecto el de una arqueología de los problemas históricos; esa vía apócrifa y disidente pronto me alejó de las realidades de la arqueología colombiana que, en una suerte de maniobra intencionada, derivó en una práctica técnica y paquidérmica que conminó a muchas personas a ser instrumentalizadas en emprendimientos de obras de infraestructura.

Al cerrar mi ciclo catamarqueño en 2008, pues la beca se había agotado, decidí regresar a Colombia a pesar de que se me había concedido una beca postdoctoral para continuar en Catamarca. No tenía muy claro qué haría en Colombia; en un café en Bogotá, cerca de la biblioteca Luis Ángel Arango, abrí el periódico y leí un llamado para ser profesor de arqueología en la Universidad del Magdalena, en Santa Marta. Al regresar a Cali, a la casa de mis padres, organicé la aplicación y la envié a Santa Marta. A las pocas semanas me llamaron a presentar pruebas. Al llegar a la ciudad me alojé en Taganga, la aldea de pescadores que está saturada de extranjeros, en especial de israelitas, quienes han colonizado importantes segmentos del territorio. Para marzo de 2008 estaba dando clases de antropología y arqueología en esa ciudad. Ya que era uno de los primeros profesores de tiempo completo que había, pues el programa funcionaba con profesores invitados, principalmente desde Bogotá, fui altamente visible y sobre mi trabajo se centraron las miradas. La tranquilidad y pasividad de Catamarca contrastaban, enormemente, con la intensidad y bullicio del Magdalena. Por haber excavado fui condenado, públicamente, por los antropólogos que remarcaban la inutilidad de la arqueología; por haber hecho etnografía de la cultura material prehispánica fui vilipendiado por los arqueólogos que consideraban que mi trabajo no era digno interlocutor de sus producciones basadas en representaciones del espacio que permitían presentar secuencias poblacionales. Algo extraño ocurrió en ese proceso en el Magdalena: entré siendo un profesor pagado por horas y terminé siendo el Decano de la Facultad de Humanidades, donde se encuentra el programa de antropología. Quimbayo, al parecer, tenía razón. Como con los ríos, el Cauca terminó desembocando en el Magdalena, que cierra su ciclo inundando las aguas caribes. El Magdalena, el Departamento, debe su nombre mítico al río que unió al Caribe de Cartagena con los Andes de Bogotá. Si tuviera que definir Colombia diría que es, en gran parte, la tierra que acompaña el curso del Cauca y el Magdalena en su perpetuo transcurrir hacia el norte, como mi vida.

Para 2007 la región aun humeaba de la guerra paramilitar que se había gestado en la década de 1990. Las muertes habían sido constantes y un régimen de terror se había consolidado en la región. Era un ambiente complejo y no faltaban las insinuaciones sobre lo que debía hacer para moverme en esa convulsionada geográfia.

Ya instalado en Santa Marta comencé a hacer exploraciones por el Departamento. Viajé al Bajo Magdalena a visitar un pequeño poblado a orillas de uno de los brazos del río Magdalena, lugar por donde había estado Fals Borda haciendo sus trabajos etnográficos desde la Investigación-Acción-Participativa. Allí conocí un alcalde, un gran hombre, un gran amigo. Había escrito una carta a Bogotá. La típica carta del hombre de pueblo que llama al Instituto Colombiano de Antropología e Historia a reportar un hallazgo arqueológico con la esperanza de que de esa fortuna emergiera algún tipo de cambio en la monotonía del pueblo. Es interesante pensar cómo esa relación del Caribe colombiano con Bogotá se centra en la metáfora de la carta que se envía y cuya respuesta se espera en un mar de incertidumbre pues al parecer todos llevamos dentro ese coronel que no tiene quién le escriba.

En ese año Emilio Piazzini era el subdirector de la entidad y me llamó para hacer la visita en cuestión. Fue así como me desplacé al área con un grupo de estudiantes y constatamos que se trataba de un enterramiento. Después de prestar los primeros auxilios al hallazgo algunas muestras señalaron que era una población con una afectación nutricional algo complicada y que había habitado la región entre inicios de la conquista e inicios del XVIII. Las dataciónes no eran muy precisas porque, hechas sobre colágeno, fluctuaban pues los materiales habían sido calcinados. Pasamos la información a los pobladores y nuestro amigo alcalde estuvo muy contento. Nos invitó a su casa a compartir comida y bebida. Al pasar las horas de la noche quedamos en la sala de su hogar sus guardaespaldas, él y yo. A las tres de la mañana mi amigo me dio su arma nueve milímetros porque todos estábamos borrachos, incluso sus guardaespaldas, y así fue como yo terminé con una pistola encargado de cuidar al grupo en caso de que los paramilitares vinieran a "darnos plomo". El alcalde había logrado quitarle la alcaldía del pueblo a estos grupos y después del desarme de los paramilitares, que hoy día se dice fue una farsa, había recibido amenazas de muerte. Cuando este hecho ocurrió pensé que este tipo de cosas no pasaba en Antofagasta de la Sierra. Pensé: "esto es Colombia"; acá estaba yo, una vez más de espectador de esta violencia inoculada en nuestras maneras de hacer las cosas en el mundo.

Cerré la puerta y llegó el amanecer. Pronto apareció el relevo, pronto todos se levantaron, pronto todos comimos de las manos de la madre de nuestro amigo alcalde aquellos deliciosos bollos de maíz y yuca. Fuimos varias veces a verle, incluso en la feroz temporada de lluvia de 2010, cuando las ciénagas recobraron sus niveles y los autos se quedaban sembrados hasta que cesara el capricho de las aguas.

No recuerdo cuándo, pero estaba en Catamarca y recibí un mensaje por Facebook. Era una amiga entrañable del pueblo del Bajo Magdalena. Me decía que a nuestro amigo lo habían matado en su casa, no estaba borracho, no era de noche, un sicario se acercó y le disparó en el pecho, no tuvo opción de vivir.

Cuando regresé a Colombia vi a su viuda y ella tenía en el rostro una pena tan profunda que es indescriptible. Fue triste. Este hombre había recobrado de los paramilitares la alcaldía del pueblo. Los paramilitares habían obligado a las personas a votar por sus candidatos durante años y él había logrado romper esa perversa cadena. En esas elecciones la gente se había organizado y había pensado una estrategia para tomarse el poder. Como los candidatos no podían vivir en el pueblo, porque los iban a matar, este hombre hizo su campaña desde afuera, mandando mensajes por radio y redes sociales pues su esposa era experta en comunicaciones. Fue así como el electorado lo votó. Decía, en una conversación que tuvimos en 2009, que cuando se dio cuenta de que había ganado la alcaldía llamó al presidente Álvaro Uribe Vélez y le pidió ayuda para que pudiera ir al pueblo a gobernar. El presidente ordenó que llegara un destacamento militar; la alcaldía, me consta, financiaba el combustible que requería. Desde esa fecha el ejército estaba en el pueblo y había mayor control legítimo, aunque no faltaban los incidentes de violencia común, en especial el cobro de extorsiones a los comerciantes de la región.

Las marcas de la violencia eran aún muy recientes en 2008. Algunos colegas eran amenazados por sus actividades en la promoción de los derechos humanos en la región, en especial en Santa Marta. Hoy en día la Universidad del Magdalena, en la que he estado ya casi una década, tiene una maestría en derechos humanos que es fundamental para documentar los procesos de violencia que ocurrieron en la región. Es un avance importante en la construcción de una cultura de paz que, aunque no se crea, es necesaria en una región azotada por la violencia estructural.

Habría que pensar las maneras como los arqueólogos obliteramos nuestro presente para desenmascarar un pasado que nos sepulta.

Colombia ha sido una región fundada entre estos dos ríos, ríos que han lavado nuestros pecados. Estos ríos han alimentado nuestros pueblos, han irrigado los valles fértiles y, a cambio, los hemos convertido en nuestras cloacas, como en una suerte de gesto desgraciado. Mientras eso pasa seguimos abriendo huecos para esconder nuestra vergüenza. Habrá que refundarnos, habrá que dejar que las aguas se limpien.

   Esta historia aún no termina.

CUANDO EL "OTRO" ERES TÚ
ENCUENTROS DE UN EMPRESARIO ESPAÑOL EN AMÉRICA

Jaime Almansa Sánchez

> We know now that as human beings busied themselves about their various concerns they were scrutinized and studied, perhaps almost as narrowly as a man with a microscope might scrutinize the transient creatures that swarm and multiply in a drop of water.
>
> Orson Welles, *The war of the worlds*

Welles bien podía estar definiendo la actitud y el trabajo de un arqueólogo tradicional que se coloca, cual extraterrestre, frente a una humanidad que ya poco le puede contestar. Así era cuando jugábamos con nuestro pasado y así siguió siendo cuando jugamos con el de otros. Hablo del nuestro, porque por mucho que lo intente no puedo escapar de una realidad.

Me llamo Jaime, soy español y empresario. Así. Con todo lo que ello conlleva. Porque no puedo obviar que a pesar de ser un privilegiado en el contexto de mis estudios la realidad en la que he crecido es muy concreta. Tuve ocasión de leer y de descubrir las teorías críticas. Tuve la suerte de cruzarme en el camino de la arqueología pública con esa base. También tuve la oportunidad de enfrentarme a otros en Etiopía... y en varias obras de España. Al final, comencé una empresa y abandoné el trabajo de campo. Hace años que no me puedo considerar arqueólogo porque no hago arqueología en el sentido tradicional del término. Me dedico a ver la arqueología desde fuera, como esos extraterrestres de Welles, criticando cómo funciona. Y al final, criticándome a mi mismo como si el subjetivismo hubiera fagocitado todo mi ser. Durante mi corta carrera había conocido dos realidades bastante marcadas: la de la Europa socialdemócrata —y otra un poco más liberal— y la de una Etiopía tan occidentalizada que tendría la sensación de estar en casa si no fuera por los cortes de luz y agua. Ambas realidades contrastaron con una tercera, la americana, que me lleva a (re)plantearme algunas cosas.

Contratos y prevención

Entonces, me planto en uno de los temas centrales que me lleva a discutir con mis colegas americanos; el contrato[1]. ¿Cuál es la diferencia entre un proyecto de iniciativa pública y uno de iniciativa privada? Dentro del contexto globalizador y homogeneizador de la actividad arqueológica se ha exportado a casi todo el mundo un modelo de gestión basado en dos principios básicos del medioambiente: la mitigación del impacto y la compensación del daño. Por un lado, se trata de reducir el impacto de cualquier intervención sobre el medio al mínimo posible con una serie de estudios previos que evalúen y actúen en consecuencia. Por otro lado, en caso de que el daño sea inevitable se trata de compensar de formas muy diversas. Estos principios no son nuevos pero hay una diferencia muy marcada entre las aproximaciones ideológicamente más comprometidas con

---

1 Voy a utilizar la palabra "contrato" para adaptarme al contexto terminológico americano pero poniendo de manifiesto mi oposición a un término que no es definitorio de la realidad del modelo cuestionado. Prefiero utilizar "comercial" para poner de manifiesto el fondo del problema; no que se contrate a alguien por hacer un trabajo, algo que entra dentro de lo esperable, sino que el objetivo de ese contrato sea obtener un beneficio económico por encima de los objetivos investigadores de nuestro trabajo.

la verdadera sostenibilidad ambiental y esas otras donde los objetivos son otros —no siempre económicos, pero principalmente—. Cuando esto se exporta al ámbito cultural entra en juego un nuevo factor importante, el humano.

Si me paro a ver algunas de las atrocidades que se están cometiendo en el contexto americano bajo el beneplácito de "compañeros" de profesión —lo entrecomillo por las dudas que me plantea— comprendo la creciente oposición que existe hacia una nueva forma de hacer arqueología que tiene poco de nueva y poco de arqueología (ver Gnecco y Dias 2015). Pero, ¿qué pasa cuando esto se hace, como en México[2], desde las instituciones públicas? ¿Nos opondremos a la gestión pública, a la academia, a los museos? Quería aprovechar este momento para reivindicar, no el modelo sino la existencia de un colectivo profesional ligado al contrato que ejerce mayoritariamente su función de una forma eficiente y sin conflicto. Es más, muchas veces mejor que la academia que tanto se contrapone a ellos. Quiero considerarme parte de ese colectivo, cuyos miembros somos los primeros en criticar otro tipo de prácticas que no tienen que ver con el contrato sino con la ética profesional de quien las lleva a cabo. Ahora bien, no es tan sencillo.

Antes de continuar me gustaría explicar mejor cómo funciona el modelo y su principal vicio: la administración pública no puede asumir, por sí sola, su compromiso con la protección del patrimonio. Algo, por cierto, con un trasfondo colonial importante —y aquí también vuelvo más adelante—. Como respuesta toma un modelo sencillo y práctico que consiste en liberalizar un nuevo mercado, el de la arqueología, que fuerza pero no abandera. Así, exige a particulares y empresas que lleven a cabo intervenciones arqueológicas a su cuenta, siguiendo

---

2 Puede seguirse la actualidad del patrimonio mexicano y una crítica a su gestión en: http://arkeopatias.wordpress.com

los principios citados anteriormente y contratando profesionales cualificados para ello. El buen profesional llevará a cabo su trabajo y aportará su dictamen. El mal profesional se plegará al cliente. Y aquí es donde está el problema.

Pero pongámonos en otro escenario. Una empresa minera plantea un proyecto agresivo y el equipo arqueológico hace bien su trabajo aportando un dictamen negativo. La empresa podrá contestar con otros arqueólogos menos honrados pero de no haberlos terminará presionando a un poder político que es el último depositario de la decisión final. Ante un gobierno corrupto el contrato o la honestidad de los profesionales queda de lado. Si hay algo que nos ha demostrado la experiencia es que la corrupción administrativa se da a todas las escalas y en todos los lugares, también en Europa, aunque no haya vidas en juego. Por ello, sin un sistema limpio de base la relevancia del debate sobre el modelo es mínima. El poder económico suele estar por encima de cualquier principio profesional. Más que criticar un modelo de gestión del patrimonio cultural tal vez deberíamos estar criticando un modelo de organización social y política.

Este es, seguramente, el principal punto de conflicto con mis compañeros sudamericanos. No es baladí, pero debo defender desde mi posición como "contratado" la integridad de mis compañeros y plantear como respuesta un sistema de autocontrol como el que tratamos de establecer desde las asociaciones profesionales para que las faltas éticas y prácticas no ocurran (ver el caso inglés en Bradley *et al.* 2015). Por eso debo defender la arqueología preventiva como marco de trabajo en la gestión, consciente de que ya sea a partir de iniciativa pública o iniciativa privada los profesionales haremos lo mejor para el patrimonio y las comunidades que viven en torno a él —y sobre este detalle también volveré más adelante—.

Pero, como decía antes, mi experiencia es eurocéntrica y aunque no está exenta de conflictos no puede compararse, abiertamente, con la realidad americana, africana o asiática. De hecho, incluso dentro del territorio europeo existen realidades dispares en torno a la gestión que chocan entre sí. A pesar de todo hay determinados aspectos que me parece importante destacar y tienen que ver con nuestra postura teórica/ideológica hacia nuestro trabajo. En una academia mayoritariamente positivista —o que dice serlo— la arqueología se entiende como una ciencia empírica donde el registro lo marca todo. Esta tradición viene de un contexto muy concreto en el que la relación presente-pasado no era tan evidente como lo puede ser en otros contextos. Derivado de esta tendencia surge el contrato como técnica. Profesionales que registran con pulcritud para que la ciencia avance. En el contexto español, por ejemplo, se ha criticado el modelo de contrato precisamente por esta vertiente técnica —y sus consecuencias socio- laborales— que limita el rol del profesional a un aspecto muy primario de nuestro trabajo (Díaz del Río 2000; Moya 2010; González 2012). Con esto llego a dos pequeños puntos que había dejado pendientes más atrás: colonialismo y comunidad.

Con respecto al primero no ahondaré demasiado pues este volumen cuenta con voces más autorizadas que la mía al respecto pero no podemos olvidar y me veo obligado a apuntar que la concepción de patrimonio que manejamos está generalmente coartada por una idea occidental e incluso anquilosada —anclada en la concepción material/monumental/artística del siglo XIX—. La idea de arqueología o patrimonio debería quedar puesta en cuestión de partida si queremos realmente enfrentar cualquier modelo desde un punto de vista emancipador (Haber 2012). Es por ello que la primera decisión a adoptar tiene que ver con el concepto de patrimonio y el modo de enfrentarnos a él. ¿Asumimos hacer arqueología como forma de valorar el pasado? ¿Patrimonializamos ese pasado? ¿Cómo? Preguntas al aire que, sin querer, contestamos todos los días con nuestra práctica.

Con respecto a la comunidad la reflexión es sencilla. Esa desconexión que existe entre arqueología y sociedad no es un problema del modelo sino de la arqueología. El positivismo trajo consigo una despreocupación absoluta por el "otro", entendido como el que vive, actualmente, en el contexto de un yacimiento. Se ha dado por sentado el valor, el interés, la participación, sin cuestionar, en ningún momento, su rol hacia nosotros y nuestro rol hacia ellos. El giro teórico de las arqueologías postprocesuales no ha variado un ápice este sentido más allá de introducir un concepto, el de "multiculturalismo", que nos lleve a interpretar el registro, incluso a los registrados, de un modo más abierto, puede que cercano.

¿Suficiente?

La falacia del multiculturalismo y un poco de arqueología pública

La primera vez que pisé suelo americano fue en Brasil. El primer sentimiento fue de miedo. Los medios de comunicación habían coartado mi percepción de un país que se asocia comúnmente a "violencia". Precavido, miraba siempre a mi alrededor buscando cualquier elemento sospechoso hasta que recogí mi coche de alquiler. Al salir del aeropuerto di dos vueltas a una rotonda por si me seguía otro coche. Unos minutos después me sentía ridículo. Recordé entonces mi primer día en Etiopía, esperando hambre, miseria, desierto, esa imagen típica de los años 90 que inundaba las campañas de toda ONG que se preciara en los medios españoles. Sin embargo, no vi nada de eso. Al menos nada que no viera también en España. He de reconocer que la experiencia africana me ayudaba enfrentarme a América con otros ojos, pero aún así el contraste fue importante.

La razón del viaje era el TAAS de Goiânia y lo sugerente de la experiencia estuvo al nivel del asombro por las dinámicas de gestión que se estaban viviendo. Al fin y al cabo la teoría la había leído pero la práctica difería de lo que dice la bibliografía, tal vez porque una parte importante de los profesionales no estaba representada en la literatura corriente. Allí viví los primeros roces de un debate sobre el contrato que me llevó un año después a Porto Alegre y, finalmente, a San Felipe para un nuevo TAAS. Quedé con la sensación de que hacer teoría significa estar en contra del contrato sin reservas, metiéndonos a todos en un mismo saco, como si el hecho de tener una empresa significara que vas por el mundo cual Atila el huno arrasando todo lo que hay a tu paso. Por primera vez empezaba a tener la sensación de que el otro era yo.

Pero los debates sobre el contrato eran el trasfondo de otro tema que me interesaba, si cabe, aún más. Esto me lleva al concepto de arqueología pública, que muchas veces se asocia al de multiculturalismo (Gnecco 2012) y al rol que jugamos como profesionales ante la diversidad en la concepción del patrimonio cultural y las políticas patrimoniales. He de reconocer que tengo una postura bastante radical con respecto a lo que es y lo que no es arqueología pública (Almansa 2016) o, más bien, a lo que no define la arqueología pública. Es una postura radical en cuanto afecta a la raíz de su definición y, por tanto, al fondo de una disciplina en crecimiento que, poco a poco, se ha ido distorsionando hasta convertirse en un pastiche de acciones divulgativas y prácticas homogeneizadoras del patrimonio. En efecto, esa es la norma, aunque me pese, y la sombra del multiculturalismo se yergue sobre la arqueología especialmente en este sentido.

No es nuevo hablar de cómo el "otro" tradicional ya no es otro sino parte de un nosotros que no tiene nada de homogéneo ni global ¿o sí? ¿Acaso ha cambiado la definición de arqueología? ¿Acaso se ha cuestionado el discurso autorizado sobre patrimonio? Más allá del brindis al sol —también multicultural— de autoras como Smith y Waterton (2009) una de las cosas que observaba en esa arqueología multicultural y decolonial americana era a un "otro" asimilado, disciplinado, homogeneizado, reproduciendo roles y sistemas que otrora eran criticados. Algo parecido a esos anarquistas que viven subvencionados por el Estado y que tantas reservas me plantearon en España. ¿Acaso existe otra forma de hacer arqueología? ¿Quién dice que haya que hacer arqueología?

Cuando se expande la práctica de la arqueología pública ésta representa uno de los principales arietes para la transformación multicultural en arqueología, trabajando con comunidades para que asimilen nuestros valores y compartan y protejan un patrimonio que ya no está tan claro a quién pertenece, ese concepto global de patrimonio que tan bien se ha encargado de definir la UNESCO junto con las arqueologías nacionales y que cada vez plantea más dudas. ¿Dónde reside un valor universal excepcional como el que se exige para el Patrimonio Mundial? Son valores estéticos e históricos en su mayor parte. Una reproducción occidental del concepto decimonónico adaptada a nuevos contextos culturales, pero sin moverse un ápice. Valores que coartan la concepción del pasado y la memoria en esos "otros" que se deben sentir integrados en la dinámica global. Así, la aplicación acrítica del compromiso arqueología-sociedad que planteaba la arqueología pública se difuminó con un proceso, quiero creer que inconsciente, de globalización. No sólo hacemos partícipe al "otro" de esas cosas llamadas arqueología y patrimonio sino que le adoctrinamos en los aparentes beneficios de su asimilación —en forma de identidad, recurso, etc.— sin cuestionar, en ningún momento, hasta qué punto ese "otro" quiere ser partícipe. Esto tiene mucho que ver con una de las principales lacras de la arqueología pública desde el inicio de su expansión en la última década, la disciplina. Y es que la arqueología pública se ha disciplinado antes de ser una disciplina. El propio McGimsey (1972: 7) ya advertía que las formas de participación-implicación podían ser múltiples y había que tener muy en cuenta sus consecuencias. En aquel momento piensa en un contexto concreto pero es una idea que podemos traer a la práctica diaria y aplicar a los dos factores de la ecuación. La participación de la sociedad en arqueología puede tener consecuencias, positivas y negativas, del mismo modo que las tiene nuestra participación en la sociedad, consecuencias que rara vez evaluamos en una planificación de actividades y que desembocan en dinámicas estandarizadas de divulgación y promoción. Así nos encontramos ante una visión reduccionista de lo que se entiende hoy como arqueología pública que, además, sustenta políticas globalizantes que me atrevería a cuestionar.

Pero, ¿qué entiendo, entonces, por arqueología pública? Cuando trato de dar sencillez a la definición hablo del estudio de las relaciones que existen entre arqueología y sociedad con visos a una mejor práctica de la arqueología (Almansa 2010). Dicho en tan pocas palabras es ambiguo y amplio pero eso forma parte de la anarquía del término. El proyecto puesto en marcha en Annapolis (Potter 1994) puede ser un referente de acción, con el uso político de la historia para el reforzamiento de la comunidad y la recuperación de una memoria crítica, pero no existe ninguna receta mágica para hacer arqueología pública y cada escenario requiere de una aproximación diferente. Como ejemplo puedo poner dos proyectos que llevé a cabo en Etiopía y que presenté en el TAAS de Goiânia: Azazo y Melka Kunture.

Etiopía es un país complejo con una diversidad étnica y cultural importante.

El centro político está controlado por la Etiopía histórica, que me gusta —y les gusta— relacionar con Occidente, no en un sentido colonial como el que puede abanderar Eritrea, país vecino que basa una parte de su identidad en la ocupación italiana, sino como herederos de un imperio histórico cuyas raíces se remontan al judaísmo y al cristianismo primitivo. Esto ha llevado al desarrollo autónomo de un interés por su pasado que se vio reforzado, si cabe, por el empujón identitario de la paleoantropología. Aún me cuestiono en ocasiones si los ciudadanos etíopes tienen realmente un interés por el pasado y un concepto de patrimonio occidental, pero eso es algo que también me cuestiono para España.

Así llego a Azazo, mi primer contacto y un caso interesante para resolver esta pregunta. El yacimiento en cuestión se encuentra a unos kilómetros de la ciudad de Gondar, capital histórica, Patrimonio Mundial. Representa el origen de la ciudad en un momento convulso en el que un grupo de misioneros hispanoportugueses tuvo un fuerte impacto en el imperio etíope (cristiano ortodoxo en aquel momento) tras llegar acompañando a un grupo de mosqueteros portugueses que responden a la petición de auxilio del emperador etíope. El trabajo comunitario está ya publicado (Almansa et al. 2011) por lo que me centraré en esa otra experiencia más subjetiva que me aportó el proyecto. El primer recuerdo es caminando junto a unos jóvenes estudiantes de una escuela local rumbo a uno de los sitios jesuitas que estábamos prospectando. Un niño me explicaba sus conocimientos de informática en una zona sin red eléctrica y pronto se interesó por nuestra presencia allí. Al comenzar a hablar de los jesuitas el niño completaba mi historia con datos que en ese momento no tenía aún asimilados, mostrando gran interés en el momento y un conocimiento bárbaro del periodo sin sesgos. Le pregunté si lo estudiaban en la escuela y asintió. Era un gran momento de su historia. Nuestros caminos se separaron pero pronto llegamos a nuestro destino, Danqaz. Creo que se trata de mi rincón favorito en el mundo. Un pequeño pueblo a gran altura que cuenta con un complejo jesuita al borde de un acantilado. El complejo está formado por una iglesia (católica) y un palacio, en sendos promontorios a escasos cien metros el uno del otro —arruinados ambos, claro—. Era domingo, la cerveza casera abundaba en la iglesia (ortodoxa) y el primer conflicto surgió. Si para ir a ver la iglesia (católica) no habíamos tenido ningún problema, para pasar al palacio la historia cambiaba. Parte del problema eran unos sembrados, pero también existía una cuestión identitaria. La iglesia no era "suya" pero el palacio sí. Para nosotros ambos tenían igual valor pero ellos no concebían del mismo modo uno que otro. Algo similar pasaba en Gorgora Nova, un sitio espectacular al pie del lago Tana que fuera iglesia y residencia-escuela católica pero que era conocido entre los locales como otro palacio. ¿Es posible que su poca conservación o valor vinieran de este hecho?

Cuando comencé a planificar actividades en Azazo con la escuela local, el instituto y la universidad planteé dos objetivos básicos: el primero, profundizar en el conocimiento de su historia con la referencia material del sitio. No podré nunca olvidar el abrazo que me dio entre lágrimas el profesor de historia tras una de las visitas al darse cuenta del recurso que tenían a escasos metros del aula. Les chocaba que tuvieran que ser unos arqueólogos españoles los que redescubrieran su pasado —o sus restos materiales— pero entendían la conexión y ese patrimonio común que compartíamos como herederos —compatriotas— de los misioneros jesuitas. Para mi sorpresa compartíamos más valores de los que esperaba. El segundo objetivo tenía que ver con el conocimiento del método arqueológico, especialmente con estudiantes del instituto y la universidad, algo en lo que los compañeros locales jugaron un papel esencial. Pero la cosa no quedó ahí. Durante una partida de damas en el instituto la directora me comentó que existía un incipiente problema de convivencia relacionado con la religión. Esa región de Etiopía cuenta desde hace tiempo con comunidades judías, musulmanas y cristianas ortodoxas pero en los últimos años la cooperación cristiana protestante estaba entrando con mucha fuerza. Así que abordé el problema desde la perspectiva que aportaba el conflicto con pueblos paganos y musulmanes que da lugar a la llegada de los jesuitas y, posteriormente a su expulsión a principios del siglo XVII. ¿Por qué restringir las relaciones a una participación pasiva en actividades divulgativas? ¿No sería interesante afrontar otros problemas de la comunidad con ayuda de la arqueología? Pero, claro, también teníamos un componente político que atender y aquí llegaron otros aspectos a tener en cuenta, como la modificación del Plan General de la ciudad para proteger el yacimiento y a la comunidad que vive actualmente en él, o el futuro económico de un recurso claramente aprovechable que podría integrarse a un circuito ya existente... detalles para otra historia.

El ejemplo de Melka Kunture es mucho más curioso e ilustrativo de lo que he querido llamar "arqueología como excusa" o el uso de la arqueología y el patrimonio arqueológico para abordar otros problemas no directamente relacionados con nuestro trabajo tradicional, algo que comencé de forma incipiente en Azazo y que, poco a poco, he visto consolidado en mi día a día como ciudadano. Poco más de una hora al sur de Addis Abeba, Melka Kunture es un yacimiento paleolítico espectacular que, además, está muy bien musealizado.

Actualmente se trata de uno de los sitios en la lista indicativa de Patrimonio Mundial y mientras el equipo internacional trabaja en el pasado el equipo local piensa en un futuro para la gestión del sitio.

El primer problema que se presenta es de contaminación. El río llega cargado de químicos que afectan a la vida en el sitio arqueológico... y en el pueblo. Eso es lo primero de lo que me di cuenta cuando crucé el río para ver el impacto de la contaminación en las personas. Para mí el problema ya no era patrimonial sino social. Pero el patrimonio podía jugar un papel importante en ese proceso. El diseño del proyecto puso el enfoque en la crisis sanitaria que se presentaba con la contaminación del río y las soluciones, con una medida de presión para el Estado que tenía que decidir sobre ello: un sitio arqueológico que querían fomentar.

Pero lo que me interesa aquí es la desconexión existente entre la comunidad y el yacimiento. Al contrario que en Azazo, la gente no se sentía identificada con eso que pasaba al otro lado del río y que, a veces, atraía a visitantes extranjeros. El problema era principalmente de comunicación... y de valor. ¿Qué aportaba Melka Kunture a la comunidad? Realmente nada. En las conversaciones que tenía con los vecinos el patrimonio y la historia no estaban nunca entre sus preocupaciones, ni siquiera tras explicarles lo que hacía allí.

Desde luego, estaba claro que lo importante era su problema sanitario y en ello se enfocaban las conversaciones y las sesiones en grupo que hicimos en el yacimiento. ¿Es posible que solucionando el problema de contaminación la comunidad se sienta más cercana al patrimonio? Quiero pensar que sí, pero en el fondo no es una de mis prioridades. ¿Estaríamos hablando, entonces, de valor por interés? No podemos dejar de lado que, muchas veces, el principal valor social del patrimonio tiene que ver con un interés ajeno a la historia e identidad del sitio, tanto en Etiopía como en el resto del mundo.

Durante un seminario en Binghamton planteé este escenario y un estudiante me preguntó si no temía que se desviara la financiación de la investigación arqueológica a esto. Mi respuesta: "¡Fuck archaeology!"

Y es que considero que la arqueología pública es una arqueología crítica en cuanto cuestiona las bases de la disciplina. Es obvio que el interés por conocer el pasado existe y se mantendrá allá donde deba mantenerse. Pero me resisto a creer que ese interés debe ser global, entre otras cosas porque esa globalidad es irreal. Ni siquiera en España importa más allá del mandato legal, al menos de forma generalizada. Pese a que las encuestas existentes sobre actitudes sociales hacia la arqueología manifiesten un gran interés (desde Ramos y Duganne 2000 a Ibañez 2014) éste suele centrarse en otra arqueología diferente a la que practicamos: la icónica, evocadora y misteriosa que han vendido las arqueologías alternativas (Fagan 2006). Así, entre los objetivos de la arqueología pública está cambiar esa realidad hacia un mejor conocimiento y valoración de nuestro trabajo pero también está asegurar que todo ello se haga con el foco puesto en el interés social, no simplemente en el nuestro. Un cambio de foco que manifiesta la falacia del multiculturalismo y la necesidad de esa arqueología indisciplinada, incluso irreverente, que poco a poco va saliendo a la luz.

Conclusiones: ¿y si el "otro" soy yo?

Entonces me miro en el espejo, recuerdo las conversaciones, las discusiones, las reflexiones entre aviones y conferencias. Me doy cuenta de que tal vez sea raro. Un empresario español que defiende una forma de contrato y una forma de arqueología pública que poco tienen que ver con la práctica generalizada en América —y buena parte del resto del mundo—. Me doy cuenta de que, tal vez, el "otro" soy yo, como cuando de niño era el "madrileño" en el pueblo y el "pueblerino" en Madrid, viviendo entre dos mundos sin formar parte de ninguno de ellos.

Pero es que las contradicciones que aparentemente se nos plantean día a día no son tan graves. Los Estados actuales cuentan con un marco legal que debemos cumplir, entre el que se encuentra la gestión del patrimonio arqueológico. ¿Podemos contestar esto? Desde el momento en que somos profesionales de la arqueología es difícil posicionarse en contra de sí mismo, pero lo que no parece tan descabellado es plantear un marco de trabajo fundado en una ¿nueva? ética que no se fije en los restos del pasado sino en las personas, planteando marcos de acción donde el objeto sea el presente.

Es posible que algunos de los preceptos de los códigos actuales (WAC, SAA, EAA, CIfA) no se ajusten del todo a esta propuesta pero considero que la acción social está por encima, muchas veces, de unos intereses científicos que no miden sus consecuencias. A pesar de todo, no está reñido con la realidad. El mandato legal nos obliga a intervenir pero no nos obliga a anteponer los intereses de un cliente a las personas. Utilizo la palabra cliente para volver al contexto del contrato. Este cliente puede ser una multinacional minera, pero también el Estado. Ya existen también cooperativas que trabajan a favor de las comunidades afectadas por procesos de intervención agresiva y en cierto modo siguen esta forma de hacer arqueología de contrato, comprometida con el otro, convirtiéndose en el otro (Jofré, ed., 2010).

Somos arqueólogos, nos guste o no. Nos hemos formado para ejercer una profesión en la que tratamos de desentrañar la historia y no sólo producimos conocimiento sino, también, patrimonio. La gestión de este patrimonio —y la práctica de la arqueología— produce consecuencias para las comunidades del entorno. Podemos buscar formas diferentes de aproximarnos al pasado pero siempre tendremos que interactuar con esas comunidades. Por eso desde la arqueología pública como una arqueología crítica se busca una relación diferente con ellas, para que sus intereses sean prioritarios en la gestión y la práctica diaria.

Cuando nos movemos en un contexto rural, más aún cuando se trata además de pueblos originarios, esta relación se puede establecer de una forma mucho más clara e, incluso, sencilla[3]. Todo se complica cuando existe una oposición clara al valor del patrimonio que pone en peligro su conservación.

Estamos acostumbrados a enfrentarnos a estos problemas en contextos de desarrollo urbano o de infraestructuras, donde la decisión entre conservación y destrucción puede llegar a ser complicada, interviniendo múltiples factores[4]. Pero es aún más complicado ante casos tan agresivos como el que estamos viviendo en la actualidad con el Daesh, el uso político de la destrucción patrimonial como arma propagandística en una guerra difusa (Smith 2015). ¿Lo paramos? ¿Cómo?

¿Aceptamos la destrucción como parte de la historia viva de esos bienes? ¿Dónde reside la legitimidad de las decisiones? ¿Y la ética?

Cuando llegué por primera vez a Etiopía tuve que plantearme, seriamente, un marco de acción que resultó no ser tan diferente al que practicaba en España. América fue un reto, pero más que nada a la hora de encajar el contrato en un contexto mucho más complejo. A día de hoy creo que la fórmula es clara y que el problema es político y social, no profesional —cuando hacemos las cosas "bien"—.

---

3 Por ejemplo, cuando protegemos el patrimonio local de agresiones externas o usamos el patrimonio para solucionar problemas locales; también cuando hay que tomar la decisión de no intervenir ante la negativa de la comunidad o las posibles consecuencias.

4 ¿Qué hacer cuando una comunidad está de acuerdo con la destrucción de un sitio arqueológico para favorecer la construcción de una carretera o un centro comercial?

Pero cada nuevo contexto plantea retos que nos llevan a reflexionar de nuevo sobre nuestro rol, sus consecuencias y el valor que se genera en todo ese contexto. El "otro" somos nosotros y eso nos obliga a adaptarnos a la comunidad, a ponernos a su servicio y a establecer una relación de igualdad.

*Desde que escribí este texto han cambiado algunas cosas. Sigo siendo español (aunque no resido en España) pero ya no soy empresario. Esperemos que el bagaje del contrato sirva en mi nueva etapa más académica en el Incipit, CSIC. A pesar de todo, sigo siendo "otro" hasta entre los míos.

Referencias

Almansa, Jaime

2010 Pre-editorial. Towards a public archaeology. *AP: Online Journal in Public Archaeology* 0:1-3.

2016 Contra la (insert value) arqueología pública. En *Arqueología y comunidad. El valor social del patrimonio arqueológico en el siglo XXI*, editado por Margarita Díaz-Andreu, Ana Pastor y Apen Ruíz, pp 35-50. JAS Arqueología, Madrid.

Almansa, Jaime, Gashaw Belay, Dawit Tibebu, Víctor Fernández, Jorge de Torres, Cristina Charro y Carlos Cañete

2011 The Azazo Project. Archaeology and the community in Ethiopia. *Public Archaeology* 10(3):159-179.

Bradley, Andrea, Kate Geary y Tara-Jane Sutcliffe

2015 Two roads: developing routes to professional archaeological practice. *The Historic Envirnoment: Policy & Practice* 6(2):98-109.

Díaz del Río, Pablo

2000 Arqueología comercial y estructura de clase. *CAPA* 12:7-18.

Fagan, Brian

2006 *Archaeological fantasies*. Routledge, Londres.

Gnecco, Cristóbal

2012 Arqueología multicultural. Notas intempestivas. *Complutum* 23(2):93- 102.

Gnecco, Cristóbal y Adriana Schmidt Dias

2015 On contract archaeology. *International Journal of Historical Archaeology* 19(4):687-698.

González, David

2012 La arqueología comercial como escenario de conflictos sociolaborales: el caso madrileño. En *Actas de las IV Jornadas de Jovens em Investigação Arqueológica – JIA 2011*, pp 325-332. Universidade do Algarve, Faro.

Haber, Alejandro

2012 Un-disciplining archaeology. *Archaeologies* 8(1):55-66.

Ibañez, María

2014 *Percepción y usos del patrimonio arqueológico de Sevilla*. Universidad de Sevilla. Sevilla.

Jofré, Carina (Editora)

2010 *El regreso de los muertos y las promesas del oro: patrimonio arqueológico en conflicto*. Brujas, Córdoba.

McGimsey, Charles

1972 *Public archeology*. Seminar Press, Nueva York.

Moya, Pedro

2010 Grandezas y miserias de la arqueología de empresa en la España del siglo XXI. *Complutum* 21(1):9-26.

Potter, Parker

1994 *Public archaeology in Annapolis. A critical approach to history in Maryland's ancient city*. Smithsonian, Washington.

Ramos, María y David Duganne

2000 *Exploring public perceptions and attitudes about archaeology*. Society for American Archaeology, Washington.

Smith, Claire

2015 Social media and the destruction of cultural heritage as global propaganda. En *Actas del II Congreso Internacional de Buenas Prácticas en Patrimonio Mundial: Personas y Comunidades*, pp 27-49. Universidad Complutense de Madrid, Madrid.

Smith, Laurajane y Emma Waterton

2009 *Heritage, communities and archaeology.* Duckworth, Londres.

ENTRANDO Y SALIENDO DE LA ARQUEOLOGÍA PERUANA:

MEMORIAS PRESENTES DE UN PASADO RECIENTE

Henry Tantaleán

Introducción

Como muchos de los capítulos que componen este libro, este es un intento autobiográfico. Por tanto, las interpretaciones sobre la realidad aquí vertidas tienen un alto contenido subjetivo y, obviamente, sesgado. Aun así, forman parte también de la realidad en tanto uno se haya inserto en ella, así no lo (la) quiera. También este texto está sujeto a olvidos y a reinterpretaciones antojadizas y condicionadas por el subsconsciente y/o el interés del momento. Queramos o no, el olvido también es parte de esa memoria construida en tiempo presente.

Al final, este texto compila una serie de experiencias contadas con el propósito de señalar algunos elementos que puedan ayudarme a establecer cuáles fueron esos momentos que transformaron mi vida y cómo pude encarar sus desafíos con mayor o menor inteligencia. Un ejercicio de esta índole no será, entonces, el reflejo de una realidad objetiva y muchas versiones sobre dicha realidad seguro pueden ser contrapuestas por otras personas que también la vivieron. Cada quién con su propia versión puede completar o criticar mis percepciones. A los que queden insatisfechos los invito a completar mi versión para ver, si entre todos, podemos construir una etnografía presente en el mundo de la arqueología peruana. El libro que contiene este capítulo es un proyecto de una escala mayor y nuestro grano de arena es un paso aún tímido para mirarnos desnudos en el espejo.

Parte de este ejercicio autobiográfico tiene que ver con mis intereses de investigación pero, sobre todo, con mi curiosidad innata por comprender cómo se ha forjado el país llamado Perú y, en especial, cómo la arqueología ha sido un medio para ello. Así, durante algún tiempo me he interesado en la historia de la arqueología peruana (Tantaleán 2014, 2016). A lo largo de ese tiempo invertido en analizar a los actores y actrices y sus contextos en los que desarrollaron sus visiones acerca del pasado prehispánico también he tenido que mirar hacia adentro y hacer una crítica de mi praxis. Esta autointerpelación me ha llevado a reconocer una conflictiva situación a lo largo de mi desarrollo vital y profesional.

Por un lado, mis orígenes están más vinculados con los grupos indígenas pero, por otro lado, a lo largo de mi formación universitaria y praxis me he comportado como un científico en el sentido occidental, creando una barrera disciplinaria.

Entonces, ¿cómo superar dicho conflicto sin caer en la negación o la alienación?

Creo que en mi caso, como veremos, mis propias experiencias me conducen a un verdadero acercamiento a los pueblos indígenas, pasados y presentes. Este acercamiento me puede ayudar a entender los problemas relacionados con la práctica arqueológica y cómo enfrentarlos dignamente en un contexto social en el cual la negación de nuestras raíces indígenas es lo más común y hasta esperable. Cuando digo acercamiento me refiero a generar una sincera empatía con esos grupos, no solamente discursiva sino sentida realmente. Por tanto, un discurso y una práctica arqueológica sin afecto ni efecto creo que no cambiará mucho las cosas, al menos para mí. En este punto las experiencias vitales pueden ayudarnos a recuperar la empatía perdida durante nuestra (de)formación profesional con nuestros "objetos de conocimiento" para no dejarnos llevar por la acelerada alienación que comporta la complicada vida urbana y ultracapitalista.

Además, mi análisis de las situaciones históricas de otros arqueólogos también, mucho me temo, señalan un camino de alejamiento de los grupos sociales, presentes y pasados, especialmente de los grupos subalternos. De esta manera la arqueología de tradición occidental y moderna ha generado una brecha con la sociedad del Perú presente y antiguo. En ese sentido, en el mejor de los casos los arqueólogos asumimos un rol de pedagogos desde una posición y aura de superioridad basada en el academicismo y el cientificismo: ejercemos un paternalismo arqueológico. Así, una arqueología inspirada en las visiones colonialistas sigue acechando a los restos prehispánicos y sus productores y herederos desde la misma llegada de los españoles en el siglo XVI. La construcción del Otro empezó con los españoles pero ya libres e independientes las elites urbanas y criollas heredaron esa forma de exclusión de los indígenas (Quijano 2000). La historia, primero, y luego la arqueología fueron esos "dispositivos disciplinarios" que permitieron construir y excluir al "otro" en su propio país y por sus propios coterráneos.

La construcción de una fortaleza llamada arqueología peruana

En la historia oficial de la arqueología peruana casi siempre se señala como a sus fundadores a intelectuales de origen anglosajón (Kaulicke, ed., 1998); a pesar de que existieron "proto-arqueólogos" locales, como el arequipeño Mariano Eduardo Rivero y Ustariz; incluso ellos fundaron sus estudios desde una perspectiva y práctica europea (Gänger 2006). Así, aunque es un lugar común decir que la ciencia arqueológica tiene como pecado original haber nacido de esta situación colonial, en el Perú esto toma un matiz mucho más intenso, especialmente porque los indígenas están presentes en todos los lugares del país. De hecho, existen debates desde el siglo XVI acerca de la naturaleza y relevancia (económica, política y cultural) de los indígenas. En la actualidad, en esta faceta multicultural del neoliberalismo, la inclusión de tales grupos indígenas es parte de la agenda del gobierno pero en el caso del Perú esta inclusión incluye también su etnocidio al tratar de "integrarlos" dentro de la nación peruana.

Así, de la misma manera la arqueología peruana se ha visto relacionada con los indígenas implícitamente solo en casos concretos como, por ejemplo, durante el apogeo del movimiento indigenista en las décadas de 1920 y 1930, que incluyó al arqueólogo Julio C. Tello (Daggett 2016), o durante el desarrollo de la denominada Arqueología Social Peruana, cuando la propuesta de Luis G. Lumbreras se vinculó con la liberación de los grupos explotados como parte del discurso marxista de la década de los 70s (Lumbreras 1974). Sin embargo, como señala Alexander Herrera (2010), nunca ha existido una arqueología indígena en el Perú. Es más, todos los planteamientos hegemónicos existentes en la arqueología peruana han pertenecido a algún otro lugar del mundo, nunca con características propias y, mucho menos, elaborados tomando como punto de partida la realidad social y las reivindicaciones indígenas. De este modo, existe una curiosa homología, tomando en cuenta la visión de Eduardo Galeano ([1971]2004: 307), entre el desarrollo de la economía y la arqueología peruana; así, existen países, como los latinoamericanos, en los que se explotan y extraen materias primas y países que las transforman y venden en el mercado, como los países anglosajones. Perú es históricamente un país donde se explotan materias primas por agentes foráneos pero, también, es un lugar de extracción de otras materias primas: objetos y datos arqueológicos. Después las grandes teorías y modelos se desarrollan en Estados Unidos y en inglés y son consumidos, ávidamente, en la periferia económica y académica.

Pero no toda esa responsabilidad recae en los investigadores e instituciones extranjeras. Adentro de esta matriz de formación disciplinaria la universidad peruana y otras instituciones educativas muchas veces resultan ser otros espacios alienantes. Por ejemplo, a pesar de que la Universidad Nacional Mayor de San Marcos de la década de 1990 aún mantenía ciertos cursos que vinculaban a los estudiantes de arqueología con la sociedad, salvo algunos viajes y salidas de campo con intenciones "etnográficas" la vinculación era la de un científico "aproximándose" a su objeto de estudio. Otras instituciones tomaron los estándares internacionales como suyos, sometiendo a los estudiantes y profesionales a competir en un mundo académico agresivo y mejor financiado que el peruano.

Regresando a la década de los 90s, al salir de la universidad las cosas para mí y muchos otros fueron más complejas de lo que sospechábamos desde dentro, desde el nido de las aulas universitarias, sobre todo porque esa década estuvo marcada por el ingreso formal del Estado peruano en las políticas neoliberales. A continuación recordaré momentos vividos que pueden ilustrar algunos temas que he referido brevemente.

Mi experiencia personal como arqueólogo

En este capítulo solamente mencionaré tres experiencias que puedo recordar bien y siguen siendo significativas para mi visión y sentimiento de lo que es la arqueología. La primera de ellas está relacionada con mi atracción por los trabajos de arqueología comercial o de contrato siendo aún estudiante y, luego, recién egresado de la universidad. El segundo tiene que ver con mis primeros trabajos profesionales en la principal institución estatal relacionada con la arqueología, el antiguo Instituto Nacional de Cultura, ahora Ministerio de Cultura. Estas actividades ocurrieron en Puno y en Lima. El tercero tiene que ver con mi formación como investigador de postgrado en España y mis consecuentes investigaciones en un valle del altiplano peruano que elegí para realizar mi tesis doctoral. Esas tres experiencias recorren puntos salientes de mi vida como arqueólogo entre 1995 y 2010, una época de cambio de siglo y de orientación importante en la arqueología peruana.

Siendo un arqueólogo de contrato

El inicio del "boom de la arqueología de contrato" coincidió con mis últimos años de universidad. Hacia 1995 ya se oía hablar de proyectos desarrollados por empresas mineras o eléctricas que incorporaban arqueólogos en sus exploraciones o trabajos de campo. Recuerdo haber oído el rumor de un proyecto de líneas de transmisión eléctrica que ¡¡había contratado arqueólogos!! mientras yo hacía mis practicas pre-profesionales en el sitio Inca de Huánuco Pampa, en medio de una pampa a más de 4000 metros sobre el nivel del mar. Dos experiencias modelaron mi percepción inicial de la arqueología de contrato en el Perú: mis trabajos en "evaluaciones de impacto ambiental" y "mitigación" en la mina Barrick en Huaraz en la sierra norte (1997) (*Figura 1*) y en la zona de llegada de un mineroducto, puerto y área de operaciones de la mina Antamina en Huarmey, en la costa norte (1998).

Figura 1. Excavaciones de sondeos arqueológicos en la concesión minera de Barrick, en Huaraz (Foto de Víctor Ponte).

Estos trabajos contaban, inicialmente, con arqueólogos que no poseían mayor experiencia en arqueología comercial (como yo), así que existió una breve transición en la cual se orientaron muchos esfuerzos para conocer, realmente, los fenómenos arqueológicos estudiados. Sin embargo, esta transición duró poco y, finalmente, los mandatos de las empresas fueron los que terminaron definiendo la agenda de los arqueólogos. En ciertos casos incluso se trasladaron o liberaron sitios completos para realizar actividades mineras. En el caso de Barrick el territorio bajo concesión era enorme y equivaldría a toda una pequeña provincia peruana, incluyendo cerros, ríos, quebradas, caminos, lagunas, comunidades y caseríos. Dentro de dicha concesión muchos sitios fueron registrados y excavados por nosotros. Además del registro y delimitación de sitios arqueológicos de vivienda o de producción son de resaltar el hallazgo y excavación de tumbas megalíticas de la sociedad Recuay (Ponte 2014).

Más allá de nuestro trabajo eminentemente arqueológico era interesante observar las prácticas de las minas en las cuales muchas veces nosotros, como arqueólogos e investigadores sociales, servíamos como "puente" entre los comuneros y la empresa. Como estudiante no tenía mucho acceso a la información importante para la mina, pero era obvio que existía un temor bien fundado de los campesinos sobre la propiedad y uso de sus tierras. Los dramas personales son imposibles de contar aquí pero las consecuencias en la zona son evidentes. Un reflejo de ello es el desplazamiento de pobladores de sus lugares de origen "convencidos" por la mina. La mina contaba con mucho poder político y económico que le permitía "negociar" de una manera privilegiada con respecto a las demandas de las comunidades campesinas.

Huarmey fue uno de los primeros proyectos grandes en la costa centro-norte, parte de un proyecto regional de construcción de un mineroducto. Allí desembocaba el mineroducto y se eligió Punta Lobos como lugar de llegada del mineral de cobre desde las montañas[1]. El trabajo comenzó como una típica prospección en la cual ubicamos y excavamos en algunos sitios para definir su naturaleza y cronología. Sin embargo, el mayor trabajo se realizó en Punta Lobos. Fue allí donde se hizo el hallazgo de una zona funeraria con individuos que, posiblemente, habían sido ejecutados por los Chimú en el siglo XIV durante su expansión hacia el sur (Walde 2002; Verano y Toyne 2011). Además, la base del sitio era un santuario para lobos marinos; de allí su nombre. Recuerdo que durante nuestras excavaciones alguno de ellos llegó a morir a las rocas donde rompía el

---

1 Información sintética sobre este mineroducto se puede encontrar en http://www.antamina.com/sobre-antamina/nuestras-operaciones/componentes-de-la- mina/

mar. La pequeña caleta de pescadores no se encontraba muy distante y fue una de las principales afectadas. En general, el actual pueblo de Huarmey, alejado del litoral y de las actividades mineras, veía con expectativa el desarrollo de este proyecto minero.

En un contexto local en el que las investigaciones arqueológicas eran escasas la arqueología de contrato facilitó la inserción laboral de numerosos arqueólogos. Además, posibilitó la exploración y registro y hasta excavación de numerosos sitios que, de no haber sido por dichas actividades, serían desconocidos o habrían sido destruidos. Sin embargo, la débil legislación laboral y la falta de normas que estableciesen, claramente, los procedimientos sobre cómo realizar dichos trabajos y la falta de ética y preparación de algunos profesionales generaron una serie de problemas y falencias a la hora de intervenir los sitios. En definitiva, a mediados de la década de 1990 se inauguró un ciclo de arqueología de contrato que transformó las prácticas y las relaciones sociales entre los arqueólogos y con las comunidades y sociedad. Para bien o para mal, una enfermedad viral acabó con mi "prometedora" carrera como arqueólogo de contrato, así que no podría seguir abundando en detalles. Al dejar la arqueología de contrato se abrió para mí la puerta del Instituto Nacional de Cultura.

Siendo un funcionario del Instituto Nacional de Cultura

No pasó mucho tiempo y ya me encontraba nuevamente operativo tras mi enfermedad y mi salida oficial de la arqueología de contrato. Esta otra carrera comenzó con una estadía de un par de años en Puno como arqueólogo del Instituto Nacional de Cultura (INC). Este trabajo era inicialmente arqueológico pero terminó vinculándose con actividades relacionadas con el patrimonio cultural.

242 – Arqueologías vitales

La oficina del INC en Puno debe haber sido una de las más pobres que uno podía imaginar a finales de la década de 1990. De hecho, en algún momento viví en la misma casa que albergaba a la institución. Mis trabajos eran de oficina y de campo; en estos últimos el contacto con las comunidades me acercaba, directamente, a las necesidades y percepciones que tenían de la institución y del Estado, en general. Además, creaban una barrera entre funcionarios-intelectuales (doctores, nos llamaban) y las comunidades indígenas. Fue una buena época para conocer desde dentro a las comunidades indígenas y su manera de vincularse con el Estado. Además, me permitió supervisar proyectos de otros colegas, especialmente norteamericanos, que hacían trabajo de campo en la zona. Hice trabajo de campo en tres grandes sitios arqueológicos: Sillustani, Balsaspata y Cutimbo (Tantaleán 2006, 2012) (*Figura 2*).

Figura 2. Equipo de excavación arqueológica en el sitio de Cutimbo, Puno.

El trabajo en esta institución me generó más contradicciones de las que ya había percibido en la universidad, sobre todo conflictos originados por la presión de la capital para cumplir ciertos requerimientos y la imposibilidad de realizarlos con los recursos económicos y logísticos existentes. Además, muchas de estas misiones encargadas desconocían la realidad local. El aislamiento y la precariedad me obligaron a regresar a Lima. Allí las cosas no mejoraron, aun siendo funcionario de la Dirección General de Patrimonio Arqueológico del INC. Las funciones eran muy similares a las de Puno, salvo que la escala era mucho mayor. Mucho trabajo burocrático y algunas supervisiones de campo.

Una de las experiencias más conflictivas fue realizar la supervisión de la destrucción de un sitio arqueológico por los habitantes de un pueblo joven en una zona marginal de Lima. Este sitio existía en los registros del INC y los habitantes de la zona estaban tramitando un permiso para construir las infraestructuras de agua y desagüe. Como el INC debía salvaguardar el patrimonio arqueológico, mi trabajo era analizar y realizar un informe sobre la situación del sitio arqueológico. El pueblo joven era uno típico de la década de 1990, compuesto por migrantes de zonas andinas que llevarían unos 10 o 15 años asentados allí con casas precarias en una antigua *área eriaza*. En el medio del asentamiento se encontraba la zona arqueológica, de la cual solo se podía observar un promontorio desfigurado y sin mucha evidencia arqueológica en superficie. Posiblemente realizar un trabajo de rescate arqueológico era la mejor solución. Sin embargo, la ley me obligaba a establecer un procedimiento para "solucionar" este problema. Las necesidades de las poblaciones eran agua y luz, especialmente, como referían, para sus hijos. El obstáculo era la zona arqueológica. No puedo esconder mi frustración cuando me encontré en la tesitura de negar cualquier trabajo de obras de agua y desagüe debido a la condición de zona arqueológica sobre la cual se había asentado este grupo humano. Me estaba convirtiendo en burócrata.

Siendo un investigador de postgrado

En el Perú de finales del siglo XX no existían posibilidades de obtener un doctorado en arqueología. Las opciones se limitaban a Estados Unidos y Europa occidental. Afortunadamente, mientras me perfilaba a convertirme en un burócrata del Instituto Nacional de Cultura y comenzándome a acomodar en un escritorio de su edificio ubicado en una importante avenida de Lima, la obtención de una beca me permitió realizar una pasantía en el Museo Arqueológico Nacional de Madrid; también pude asistir a clases de doctorado en la Universidad Complutense de Madrid. Este tiempo y los contactos me permitieron decidirme, aun sin una beca, a realizar mis estudios en la Universidad Autónoma de Barcelona con Vicente Lull como mi asesor de tesis y principal cómplice.

Los años en Barcelona fueron importantes en mi formación y en mi vida.

Trabajos de campo en diferentes locaciones, viajes académicos y de turismo completaron mi fascinación por el Viejo Mundo (*Figura 3*). La arqueología ahora era algo que se vivía más a allá de las fronteras peruanas y de los libros de texto. La influencia marxista me ayudó a comprender el mundo y a cimentar mi espíritu crítico sobre cómo se generan las relaciones sociales desiguales en este mundo capitalista. Ser inmigrante y pobre en otro país también ayudó a ello. Más allá de eso me pude formar como investigador, aunque mi "objeto de estudio" no estaba en la península ibérica. Estaba en Perú.

Figura 3. Equipo de excavación y visitantes en el yacimiento arqueológico de Son Fornés, Mallorca, julio de 2003.

Dada mi experiencia pasada sobre la arqueología de Puno decidí realizar mi trabajo de campo en esta zona. Para ello prospecté diferentes áreas de la cuenca norte del Titicaca. En este primer trabajo de campo, entre 2003 y 2007, conocí muchas comunidades y me enfrenté a ellas como un científico, buscando los "datos duros" en sus comunidades. En este sentido no me sentía muy diferente a los antiguos colegas a los cuales supervisaba cuando había sido funcionario del INC. De hecho, las estrategias eran básicamente las mismas, solo que ahora también tenía que ser supervisado por otros funcionarios. En esta situación, sin el respaldo de la autoridad política del Estado peruano, entendí que las comunidades no eran tan simpáticas cuando uno no era invitado por ellas. Lo que si entendí es que esta relación, aunque tensa, también me permitía ver otras actividades que, generalmente, no estaban representadas en los actos oficiales de las comunidades indígenas. Además, contando con poco capital para mi investigación tuve que desplazarme y vivir en condiciones muy semejantes a las de cualquier poblador de una comunidad de Puno. También comprendí la solidaridad de personas y, también, el rechazo de otras. Los colegas que me acompañaron en diferentes oportunidades también tuvieron esos sentimientos encontrados y creo que todos aprendimos, de primera mano, cómo se hace arqueología en el Perú profundo y qué es lo que no deberíamos hacer más.

Finalmente, un valle me cautivó pues me presentó una serie de facilidades. El valle de Quilcamayo-Tintiri ofrecía la promesa de entregar una serie de datos arqueológicos relevantes para comprender el desarrollo de las primeras sociedades complejas de la cuenca norte del Titicaca.

Chaupi Sahuaccasi es el nombre de una comunidad campesina ubicada a unos 4000 metros sobre el nivel del mar en el valle de Quilcamayo, provincia de Azángaro, Departamento de Puno. Se trata de una típica comunidad con un territorio en el piso ecológico de la puna. Está compuesta de caseríos dispersos sobre una gran pampa irrigada por los ríos San José y Quilcamayo y también recibe aguas durante la estación de lluvias. Es una comunidad que basa su sustento en la agricultura de tubérculos y ganadería de camélidos, ovinos y algunos bóvidos. El sitio más importante, que luego excavé con mi equipo, fue bautizado como Chaupisawakasi (Tantaleán y Zapata 2016). Este sitio, en realidad, fue hallado porque durante nuestra prospección la familia que vivía sobre él nos invitó a conocerlo. La familia Calcina Quispe es una típica familia de la zona: una pareja de esposos con varios hijos, además de hermanos y abuelos compartiendo la misma casa o casas muy cercanas. Ellos son quechua hablantes y sus hijos han ido a la escuela en Azángaro, la ciudad más cercana (a unos 5 kilómetros). A diferencia de sus padres, que tienen una instrucción básica, los hijos han ido al colegio hasta la secundaria y hablan castellano más fluidamente.

Debido a la inicial acogida y a conversaciones con la familia Calcina Quispe y otros miembros de la comunidad realizamos reconocimientos más detenidos y excavaciones restringidas en el sitio en 2010. Sin embargo, nuestras visiones y prácticas como arqueólogos muy pronto entraron en conflicto con las de los comuneros en las primeras dos semanas de excavación. De un momento a otro los vecinos de la familia Calcina Quispe ya no estuvieron de acuerdo con nuestra presencia y actividades. Numerosos rumores se tejieron en la comunidad y, finalmente, fuimos "invitados" a asistir a una asamblea de la comunidad, un domingo por la mañana. Durante la asamblea se nos pidió que explicásemos nuestra presencia y actividades. Nuestro argumento principal era que nuestro interés era eminentemente arqueológico y científico, lo cual fue explicado por los diferentes miembros de mi equipo. Los líderes de la comunidad plantearon una serie de objeciones a nuestra presencia y, finalmente, la asamblea votó parcialmente en contra de nuestra permanencia ahí.

Nuestra temporada de campo acabó súbitamente la semana siguiente. Nuestros argumentos, esbozados tanto por mí como por los miembros de mi equipo (integrados por peruanos y casi todos de origen indígena), no fueron tomados en cuenta. A pesar de que teníamos un permiso de investigaciones otorgado por el Ministerio de Cultura del Perú esto no pareció importar a los líderes de la comunidad. El conflicto también fue de intereses puesto que lafamilia Calcina Quispe alentó nuestro trabajo allí. Sin embargo, para los líderes y comuneros existía un interés oculto, relacionado con la ganancia de dinero. De hecho, las comunidades del valle, en especial la de Chaupi Sahuacasi, relacionaban nuestro trabajo con la actividad minera. En general los comuneros tenían sospechas de que nuestra actividad era encubierta y que, en realidad, estábamos realizando otras actividades más lucrativas. Incluso, nuestra presencia en la comunidad se relacionó con algunas muertes de ganado. En otros casos fuimos relacionados con ladrones o mineros de Chile, un país que en esta zona siempre se relaciona con la actividad minera.

A pesar de que un funcionario del Ministerio de Cultura del Perú se presentó a los pocos días, se reunió nuevamente con la comunidad y les explicó sus argumentos en quechua, los líderes comunitarios se mantuvieron firmes en su posición. Afortunadamente, un grupo de comuneros, especialmente los profesores, apoyó y reconoció nuestro trabajo como positivo. Un grupo de ellos visitó nuestra excavación y le explicamos lo que estábamos haciendo. Reconoció que apoyaban nuestro trabajo pero existía una tensión en la comunidad y que en la asamblea se había apresurado la decisión.

En el fondo, como en cualquier otra comunidad, dentro de ella existen diferentes actores con diversos intereses y era evidente que también existía un grado de manipulación por parte de los líderes locales, especialmente porque nuestras actividades se realizaron en un contexto de elecciones de autoridades políticas departamentales y provinciales en las que los candidatos hacían promesas y regalos a muchas de las comunidades. En este contexto nuestra presencia allí no aportaba nada concreto a la comunidad, como nos lo hicieron saber durante la asamblea. Como en cualquier relación social contemporánea, los individuos también estaban buscando obtener algún beneficio particular.

A pesar de todo, nuestra relación con la familia Calcina Quispe fue de mutuo aprendizaje y apoyo. Nos adaptamos a sus condiciones y tratamos de no modificar o alterar sus costumbres. Una parte de nuestro tiempo fue dedicado a las labores cotidianas realizadas por la familia. También realizamos actividades comunes y compartimos muchas comidas (*Figura 4*). Así, esta experiencia sirvió para entender las necesidades reales de las comunidades indígenas, al menos en esta zona concreta. Además, pudimos reflexionar sobre lo que realmente nos empujaba a hacer un trabajo de campo y a expresar, en términos sinceros y simples, nuestra práctica arqueológica.

Figura 4. Almuerzo con la familia Calcina Quispe en Chaupi Sahuaccasi.

En general, lo que aprendimos de esta experiencia es que existe una gran brecha entre las concepciones de los arqueólogos y las comunidades sobre lo que es denominado "patrimonio arqueológico".

También entendimos que sin una comunicación más extensa y fluida las comunidades casi nunca estarán a favor de los trabajos arqueológicos puesto que, generalmente, las observan como violaciones de sus derechos comunitarios, exigiendo respeto y la consulta de cualquier actividad en su territorio. Los argumentos legales y científicos esbozados en castellano en comunidades mayoritariamente quechua hablante no significan mucho para ellas porque manejamos diferentes idiomas y concepciones acerca de la vida. Para ellos los sitios arqueológicos son parte de su mundo y su presente; cualquier cambio o alteración por causas ajenas a las de su cotidianeidad generan malestar y problemas que nosotros, como foráneos, no estamos capacitados para comprender.

Comentarios finales

Nuestra experiencia como sujetos está influenciada por nuestras percepciones acerca de lo que creemos (queremos) ser. Aunque algunas veces estas autopercepciones suelen adecuarse a los vaivenes de las comunidades en las cual uno está inserto, existen momentos de duda. Estas dudas nos acechan porque vemos que, como en el fallo de la *matrix* que Neo no comprende inicialmente en la repetición del pasar de un gato, algo está funcionando mal.

Paradójicamente, estos momentos de duda también puedan ser momentos de iluminación que podemos aprovechar para salir de nuestra autocomplacencia y vernos con ojos críticos sobre nuestro actuar en el mundo. Esto resulta vital, sobre todo, porque nuestras acciones también afectan a otros seres humanos y a la naturaleza. Los ejemplos que he ofrecido desde mi experiencia vital muestran que nuestra practica nunca es inocente y, aunque no lo percibamos así, somos operadores y cómplices de otros intereses más allá de los puramente académicos o científicos. En concreto, algunas de mis prácticas han tenido consecuencias en comunidades indígenas, colectivos sociales, la naturaleza y la percepción que se construye sobre lo que es o debe ser la arqueología. De esta manera mis dudas me han llevado a reconocer que debería existir algo más allá de nuestra práctica estrictamente profesional. Una excusa común para evadir nuestras responsabilidades es que, como científicos, nosotros no hacemos política. He escuchado esta excusa innumerables veces por muchos colegas y me imagino que en el contexto peruano, donde la política se encuentra tan corrompida, quizá sea mejor dedicarse solamente a su profesión. Pero, queramos o no, las políticas a nivel personal (micropolíticas, le gustaría decir a Deleuze) también afectan nuestro entorno social y natural. Por tanto, no podemos evadir esa responsabilidad. La arqueología marxista construyó una jerga panfletaria con frases revolucionarias que rechazaban cualquier negación con el compromiso con la sociedad y nuestra necesidad de entrar en la acción política.

Sin necesidad de recurrir a dogmas o a ideologías, los casos que he expuesto me llevan a ser crítico con mi propia práctica. De hecho, estos casos tienen muchas semejanzas con otras experiencias que conozco de colegas cercanos o que he escuchado en reuniones. Sin embargo, también existe una posibilidad y decisión de liberación de esos compromisos con la trasgresión de ciertos límites sociales y naturales que depende, muchas veces, de la autonomía intelectual pero, sobre todo, económica que puedan tener otros colegas.

Para ser francos, no es fácil elegir un camino que no se condiga con la economía de mercado, especialmente en Perú, cuyos últimos gobiernos son adalides de la defensa del libre mercado en Sudamérica. Muchos de mis colegas, incluso yo, hemos participado de este sistema en nuestra práctica arqueológica al ejecutar, supervisar o dejar sin critica las prácticas de las empresas privadas o las agencias estatales carentes de responsabilidad social y natural. Asimismo, como en el ejemplo de mi práctica como funcionario del Estado peruano, la parte intelectual está alejada del plano profesional, al menos al nivel de mando medio. Allí se deben acatar las normas y leyes y actuar en consecuencia: las leyes importan más que los seres humanos. En ese sentido, como parte del engranaje del Estado peruano y reproduciendo las agendas de los gobiernos de turno, los arqueólogos hemos tenido que seguir un guión establecido. Cuando hay críticas de esas agendas las consecuencias son inmediatas con relación a la estabilidad laboral, así que ponerse del lado del patrón no es una elección, es un deber. Incluso, en algunas agencias que dedican dinero y tiempo a la investigación la precariedad es una norma general y los límites son impuestos desde arriba.

Finalmente, como investigador "independiente", aunque con recursos privados o de instituciones extranjeras, también se siguen una serie lineamientos y es imposible declarar la "independencia cultural", como en la canción de *Los Prisioneros* de Chile. Sin embargo, estos espacios permiten investigar y, si se tiene suerte, poder establecer cuáles puntos pueden ser relevantes para la sociedad. Sin embargo, también uno se encuentra a solas con las comunidades indígenas que al no encontrar mayor resistencia por parte de los extraños reaccionan como pueden y saben para resguardar sus derechos ancestrales. En ese sentido, estas complejas situaciones enseñan mucho sobre cómo los arqueólogos hemos establecido nuestras relaciones con la sociedad y, en especial, con las comunidades indígenas. Así, la dependencia material sobre la investigación arqueológica seguirá condicionando los proyectos personales y colectivos. Sin embargo, la esperanza es que, a pesar de dichos condicionamientos, cada vez más arqueólogos puedan (podamos) establecer relaciones más adecuadas con una realidad social que reclama ser escuchada y tomada en cuenta. Solo queda aprender de las personas y de las experiencias para construir una arqueología con relaciones sociales más justas y significativas.

Referencias

Daggett, Richard

2016 Julio C. Tello, politics, and Peruvian archaeology. 1930-1936. *Andean Past, Monograph* 1:1-181.

Galeano, Eduardo

2004 *Las venas abiertas de América Latina.* Siglo XXI, México. [1971].

Gänger, Stefanie

2006 ¿La mirada imperialista? Los alemanes y la arqueología peruana. *Histórica* XXX(2):69-90.

Herrera, Alexander

2010 ¿Arqueología indígena en el Peru? En *Pueblos indígenas y arqueología en América Latina*, editado por Cristóbal Gnecco y Patricia Ayala, pp 137-160. FIAN-Universidad de los Andes, Bogotá.

Kaulicke, Peter (Editor)

1998 *Max Uhle y el Perú antiguo.* PUCP, Lima.

Lumbreras, Luis Guillermo

1974 *La arqueología como ciencia social.*

Histar, Lima. Ponte, Víctor

2014 *Arqueología en la Cordillera Negra del Callejón de Huaylas, Perú.* Barrick. Lima.

Quijano, Aníbal

2000 Colonialidad del poder, eurocentrismo y América Latina. En *La colonialidad del saber: eurocentrismo y ciencias sociales en América Latina. Perspectivas latinoamericanas*, editado por Edgardo Lander, pp 201-246. CLACSO, Buenos Aires.

Tantaleán, Henry

2006 Regresar para construir: prácticas funerarias e ideología(s) durante la ocupación Inka en Cutimbo, Puno-Perú. *Chungará* 38(1):129-143.

2012 Archaeological excavation at Balsaspata, Ayaviri. En *Advances in Titicaca Basin archaeology-III*, editado por Alexei Vranich, Elizabeth A. Klarich y Charles Stanish, pp 49-75. University of Michigan, Ann Arbor.

2014 *Peruvian archaeology. A critical history*. Routledge, Londres.

2016 *Una historia de la arqueología peruana*. IEP/USFQ, Lima.

Tantaleán, Henry y Carlos Zapata

2016 Chaupisawakasi y la expansión Pukara en el valle de Quilcamayo-Tintiri. *Chungará* 48(4):607-627.

Verano, John y Marla Toyne

2011 Estudio bioantropológico de los restos humanos del Sector II, Punta Lobos, Valle de Huarmey. *Andes* 8:449-474.

Walde, Héctor

2002 Sacrificios humanos en Punta Lobos, Huarmey. *Bienvenida* 40:86-88.

ARQUEÓLOGOS REMANDO ENTRE LAS VERDADES Y LAS INJUSTICIAS

José María López Mazz

Este trabajo expone algunas reflexiones personales originadas en experiencias de la vida profesional de arqueólogo. Se trata de una reflexión sobre la *praxis* arqueológica y sus efectos políticos, inmediatos y diferidos. A partir de la perspectiva autobiográfica sugerida por los editores analizaré las complejas reciprocidades que existen entre algunos objetos de estudio contemporáneos de fuerte simbolismo social, como la búsqueda de los detenidos-desaparecidos de las dictaduras latinoamericanas, y las relaciones sociales, económicas y políticas en las que ocurre ese trabajo arqueológico.

A mediados de la década de 1990 ocurrió una profesionalización creciente del colectivo de los arqueólogos en un sostenido mercado laboral asociado a la mercantilización de la cultura, el consumo creciente de las clases medias, las grandes obras y las políticas públicas de gestión patrimonial. A partir de los años 90 el mercado laboral arqueológico creció exponencialmente con los estudios de impacto ambiental y la dinámica economía de los países emergentes. Sin embargo, los arqueólogos perdimos la inocencia y para vivir de nuestro trabajo nos vimos obligados a abandonar el compromiso humanista que inspiraba y orientaba nuestra tarea al servicio de la sociedad (López Mazz 1999). Nos concentramos, entonces, en la venta de un saber aplicado, un servicio nuevo, "la arqueología comercial" orientada a un capitalismo de pretendida calidad ambiental. Nuestra misión era, allí donde había impacto y destrucción, rescatar y producir información arqueológica. Los ciclos de expansión de esta arqueología comercial, sin embargo, mostraron que los arqueólogos teníamos un posición contradictoria en la estructura de clases, con un pie en la burguesía intelectual y otro pie en el proletariado del trabajo manual (Díaz del Río 1996). En algunos casos las asociaciones gremiales buscaron apoyar la creación de empleos y el ejercicio liberal de la profesión pero sin estimular demasiado los debates éticos y políticos de fondo.

En el Cono Sur el fin de las dictaduras, el retorno a la democracia y el inicio de un proceso de revisión histórica vinculado a violaciones de los derechos humanos ofreció la oportunidad de recuperar nuestro perfil de arqueólogos humanistas. Llamados a actuar en causas nobles, tuvimos la oportunidad de mostrar una renovada imagen social de nuestra profesión (*Figura 1*), al tiempo de participar en un nuevo mercado laboral (López Mazz 2006). Baraibar y Mora (2015) sugieren que el nacimiento de la arqueología forense latinoamericana, marcada por su historia colonial y postcolonial, ha tenido lugar a mitad de camino entre la ciencia y el activismo por los derechos humanos.

En este capítulo analizo mi experiencia a cargo de la dirección de un equipo universitario de arqueología forense en Uruguay entre 2004 y 2014 desde la doble óptica que significa producir una reconstrucción arqueológica de la violencia política sin perder de vista el contexto histórico y social, desde el cual se produce y se consume esa información. Trataré de hacer una reflexión crítica de mi experiencia en arqueología y derechos humanos. Estos nuevos escenarios fueron un banco de prueba para muchos arqueólogos latinoamericanos que, a pesar de haber recibido una formación con un sesgo eurocéntrico y capitalista, supieron abrirse camino con renovado compromiso social, con inquietud teórica y originalidad metodológica. Ello les permitió actuar eficientemente en complicados contextos sociales y políticos (Fondebrider y Scheinsohn 2015).

El punto de partida de mi reflexión autobiográfica es el de un profesor e investigador, conocedor del compromiso de su universidad con los grandes problemas del país; también es el de un intelectual alineado con el desafío de la antropología y la arqueología, que buscan desde mediados del siglo XX desalienar y descolonizar las sociedades latinoamericanas (e.g., Lumbreras 1974; Ribeiro 1998). En mi caso a esta preocupación por lo público y por la ética (por la verdad y por la justicia) se sumó la convicción de que en ese contexto postdictadura la arqueología cumplía una acción política singular, capaz de impactar y transformar definitivamente la realidad (McGuire 2008).

Figura 1. El presidente Mujica visita las excavaciones arqueológicas (2013). (Foto GIAF/FHCE).

Arqueología y restauración democrática

En el retorno a la democracia en Uruguay la justicia estuvo inhibida de investigar y subsumió el tema de los derechos humanos a los pactos políticos. Si bien la dictadura terminó en 1983 la búsqueda de los detenidos-desaparecidos tuvo que esperar el advenimiento de los gobiernos de izquierda en 2004. La justicia transicional a la uruguaya se basaba en la aberración de que el Poder Judicial preguntaba al Poder Ejecutivo si podía investigar. La posibilidad de investigar y juzgar responsables parecía un asunto laudado por el voto popular en dos referendos (1987 y 2010) que decidió que el Estado renunciaba a su "pretensión punitiva" sobre los delitos de lesa humanidad. Parecía que era un tema ya resuelto por los políticos. Finalmente, la investigación fue habilitada en el marco de un artículo que reconocía el derecho de los familiares a saber lo ocurrido con los desaparecidos.

Todo lo realizado hasta ese momento con relación a la búsqueda de testimonios y referencias sobre el destino de los detenidos-desaparecidos era un trabajo de "rescate" de información heterogénea y de diverso origen por parte de la organización de madres y familiares, la central de trabajadores, el parlamento, los partidos de izquierda y las ONGs de derechos humanos. Todavía no estaba dotado del rigor que requiere una investigación sistemática dirigida a aislar hechos, a construirlos de un modo crítico dentro de un plan y de una estrategia, dirigidos a saber concretamente dónde están y qué pasó. De este modo, al comenzar las investigaciones se construyó un nuevo escenario de búsqueda con mayores probabilidades de hallazgo y una nueva narrativa histórica, que ahora habla de lo hasta entonces negado o ignorado, pero con nueva base empírica. El trabajo de mis compañeros y el mío permitió localizar restos humanos y derivar los hallazgos y las pruebas buscando facilitar el trabajo de la justicia. Se trató de elementos producidos por la observación arqueológica controlada y el planteo de escenarios de verificabilidad específicos (López Mazz 2016a, 2016b; López Mazz, Coord., 2007).

Tengo la impresión que la irrupción de la ciencia arqueologica en un tema tan complejo contribuyó a sacarlo del oscuro ámbito del relato especulativo y a ponerlo en el de la discusión documentada. La preocupación por reconocer y delimitar los contextos arqueológicos y los procedimientos sistemáticos de registro de objetos y huellas llamaron la atención de la justicia transicional postdictadura que solicitó a los arqueólogos intervenir en la escena del crimen. El trabajo forense no tenía nada de extraño para nosotros los arqueólogos tradicionales y las actuaciones en grandes líneas resultaron ser las mismas, salvo que la información producida, es decir, el registro arqueológico, pasó a constituir un insumo pericial en el proceso judicial (López Mazz y Lusiardo 2015; López Mazz 2017). Las observaciones arqueológicas en el centro del informe pericial nos permitieron — protocolos legales mediante— caracterizar el delito, describir sus circunstancias, identificar posibles culpables y reconocer un *modus operandi* en la violación de los derechos humanos y en los crímenes en masa (López Mazz 2016a).

En mi nombramiento como encargado de la búsqueda de los detenidos-desaparecidos en Uruguay en 2004 fue decisivo mi cargo de Profesor Titular de Arqueología y Director del Departamento de Arqueología de la Facultad de Humanidades y Ciencias de la Educación de la Universidad de la República. El trabajo me obligó a ir más allá de la retórica demagógica del compromiso democrático y de las buenas intenciones y debí instrumentar efectivas estrategias metodológicas para estos problemas tan específicos. Con el tiempo el trabajo como arqueólogo que investigaba la violencia política me fue imponiendo nuevos niveles de reflexión, insospechados desafíos y cuestionamientos profesionales, teóricos, éticos y políticos. En esa línea mi actuación nunca perdió de vista el lugar desde el cual yo debía enunciar mi labor y la necesidad de dar un sentido universitario integral a esta tarea fuera del aula. Entre los objetivos generales estaban la excelencia científica, la formación de los estudiantes a mi cargo y la transparencia de los procedimientos. Se trataba de hechos históricos desconocidos y el desafío de la arqueología era inmenso, tan grande como su responsabilidad científica e institucional frente a una sociedad que miraba atentamente.

En estos nuevos escenarios me vi regularmente obligado a exponer y confrontar los "hechos arqueológicos" y la lógica desde la cual los establecemos con profesionales especializados en temas jurídicos, psicosociales, genéticos, médico-legales, en patologías óseas, archivólogos, periodistas, historiadores, militares y policías. Los familiares de las víctimas y su entorno de asesores también constituyeron un colectivo humano singular con el cual los arqueólogos que actuábamos en crímenes políticos debimos aprender a trabajar en conjunto. Pero un lugar central lo ocupaba la opinión pública y los amplios sectores de la sociedad, interesados y comprometidos con los derechos humanos y que seguían, atentamente, nuestro trabajo por los medios de comunicación (*Figura 2*).

El trauma de la violencia política alcanzó en diferente grado a diversos colectivos pero creo que la búsqueda de los desaparecidos y de la verdad no son monopolio de ningún sector en particular. Por el contrario, las violaciones de los derechos humanos provocaron la indignación y el involucramiento transversal de toda la sociedad uruguaya por lo que la búsqueda de los detenidos-desaparecidos y la lucha por "verdad y justicia" se transformaron en un patrimonio cívico y cultural del conjunto de la sociedad, como puede apreciarse en la manifestación anual del 20 de mayo por el centro de Montevideo.

José María López Mazz, *Arqueólogos remando...* - 261

Figura 2. Mural de la ciudad de Montevideo (2006) (Foto José María López Mazz).

Mi primer desafío fue dotar al trabajo arqueológico de una identidad propia y específica que le diera autonomía, independencia y soberanía técnico-científica.

La política latinoamericana, el terrorismo de estado en el Cono Sur y las violaciones de los derechos humanos eran temas sobre los cuales yo tenía conocimiento y opinión previa, un conocimiento particular por haber sido parte del conflicto social de los años 70 como estudiante de antropología durante la dictadura, como militante clandestino. Los desaparecidos no era, tampoco, un tema que me fuera ajeno pues yo tenía varios compañeros desaparecidos. Además, y como telón de fondo, en la memoria de mi familia estaban presentes los cuatro hermanos de mi abuela lituana, desaparecidos en Auschwitz/Birkenau. Mi pasado político podía darme alguna pista u óptica singular como arqueólogo que busca detenidos-desaparecidos pero entendí, sin embargo, que mi actuación debía ir más allá de las contingencias personales y debía construirse desde la propia y estricta lógica de la labor arqueológica, asumiendo que la demostración de los crímenes de lesa humanidad depende, únicamente, de la excelencia y el rigor del trabajo científico. Las líneas estratégicas de nuestra acción fueron dos. La primera fue aplicar los principios de la investigación arqueológica con el máximo rigor científico en lo que hacía a la especialidad forense (Tiddball-Binz y Hofmeister 2015). La comisión internacional para las personas desaparecidas de la ex Yugoslavia había significado un gran avance en el establecimiento de protocolos de arqueología y antropología forense. Más cerca nuestro, la generosa labor del Equipo Argentino de Antropología Forense significó un invalorable apoyo (Fondebrider 2006). La segunda línea de trabajo fue instrumentar y ejecutar la labor a través de una *praxis* con identidad propia, íntimamente relacionada con la justicia, la prensa, el gobierno y los familiares pero equidistante de todos a la hora de desarrollar nuestra agenda de trabajo. Creo que el cálculo de probabilidades sobre los lugares con posibilidades de hallazgos para excavar era, es y será responsabilidad del arqueólogo. El grupo de arqueólogos y estudiantes que me tocó dirigir inicialmente tenía experiencia en el trabajo prehistórico con restos humanos esqueletizados, en excavaciones con caprichosas estratigrafías, en suelos y en prospecciones arqueológicas en extensas zonas. El grupo humano que originalmente conformó el Grupo de Investigación en Arqueología Forense (GIAF/FHUCE/UdelaR) (2004-2011) también tenía un nivel profesional destacable. Sus miembros fueron convocados, estrictamente, por su idoneidad para la labor de campo y hoy son investigadores y docentes en instituciones prestigiosas. La buena disposición y el compromiso cotidiano con una labor monótona y extenuante, así como la iniciativa y la solidaridad intergrupal, fueron las claves para los hallazgos de restos de detenidos-desaparecidos y de información histórica original (López Mazz, Coord., 2007). El producto concreto de la labor de este equipo, así como lo formativo de la experiencia profesional, constituye parte de lo positivo de la experiencia universitaria. Esta circunstancia me ha reconfortado particularmente y ha hecho más sólida mi convicción sobre el trabajo en equipo.

Una de las primeras constataciones en el retorno a la democracia fue que las negociaciones entre militares y políticos resultaron incapaces de hacer aparecer a los desaparecidos. Tocaba entonces a la arqueología mostrar de lo que ya había sido capaz en otros contextos violentos. La justicia transicional y los vaivenes políticos fueron el marco de referencia que marcó la conveniencia y la modalidad de una arqueología que también se vio obligada a comportarse como una ciencia transicional, atenta y a menudo oportunista. Esa justicia transicional operó en varios países de América Latina, organizó Comisiones de la Verdad y habilitó investigaciones científicas sobre desaparecidos y asesinados políticos pero, paradójicamente, siempre lo hizo luego de dar amnistías a los perpetradores de los crímenes de lesa humanidad, que hasta entonces eran negados. Aún en varios países un entramado técnico legal defectuoso, sumado a disputas políticas, da largas al estudio científico de crímenes en masa de naturaleza política; en otros la suma de esfuerzos permitió abrir una brecha en la impunidad del órden jurídico postdictadura.

Arqueólogos y políticos

Cuando se instaló la violencia de los gobiernos autoritarios la negociación social que representaba la política se encontraba seriamente comprometida. Elisabeth Anstett *et al.*, eds. (2017), pensando desde el "después de la violencia", preguntan si hay que pedir a la política que resuelva o conjure la violencia o si hay que pedirle que se aparte y deje paso a la justicia. Yo agregaría a la justicia y a la ciencia.

El trabajo y la comunicación de información arqueológica ocurren, habitualmente, por canales académicos y con interlocutores que conocen los conceptos y la jerga en uso. Como arqueólogo forense debí, sin embargo, habituarme a trabajar con un colectivo humano heterogéneo del ámbito de la política y de los derechos humanos. Se trataba de los funcionarios que organizan Comisiones de la Verdad, los miembros de ONGs de derechos humanos, los colectivos gremiales comprometidos con la causa, los estudiantes y los trabajadores organizados, las agrupaciones políticas que perdieron militantes durante el terrorismo de Estado y las agrupaciones políticas que se disputan el uso en exclusividad de la bandera de los caídos, así como variados militantes (muchos por cuenta propia) que sin justificación profesional clara ocupan activamente lugares estratégicos en estos escenarios de "verdad y justicia".

Mis experiencias como arqueólogo en búsqueda de los desaparecidos me fueron interrogando duramente sobre la profesión. De a poco me fui dando cuenta que yo no sabía con exactitud hasta dónde el trabajo arqueológico podía tener un efecto científico sobre la política ni cuál era el punto de quiebre científico y ético que iban a plantearme las opciones políticas como arqueólogo. La construcción constante y permanente de consensos políticos que demanda la política de derechos humanos no siempre puede asegurar a la arqueología forense estabilidad y condiciones de trabajo. Por otro lado, el desconocimiento de nuestra profesión por parte de otros profesionales universitarios y de otros actores a menudo se prestaba a malentendidos.

El gobierno uruguayo y el partido de gobierno, a pesar de su buena disposición, no tenían un plan claro de trabajo ni una estrategia para localizar a los desapecidos más allá de contratar a un arqueólogo. Para Isabel Wschebor (2016) lo que hizo el gobierno fue "tercerizar" los aspectos técnicos, derivando el tema desde lo político a los consensos científicos. La búsqueda de los detenidos-desaparecidos no tenía una estrategia propia. El equipo universitario debió diseñar una específica, hacerla pública y explicar la elección de los lugares dónde excavar (López Mazz 2007). Desde el principio tomamos como política difundir nuestra estrategia, la información relevante considerada y fundamentar nuestras decisiones. Ese fue el mejor camino para instalar el tema de nuestro trabajo en la sociedad.

La primera tarea fue construir un banco de información propio, específico y orientado a lugares geográficos concretos sobre los cuales aplicar acciones arqueológicas. Tuvimos que recortar, de otras bases de datos sobre la represión política, los datos capaces de orientar el trabajo arqueológico (López Mazz 2016a). Usamos los archivos que, gentilmente, pusieron a nuestro servicio las ONGs de derechos humanos, las Madres y Familiares, el parlamento, los grupos políticos, la central de trabajadores y la presidencia de la república (Ministerio de Defensa, Ministerio del Interior, Inteligencia del Estado, Asuntos Internos).

Debimos protocolizar esas relaciones en el marco de una estratgia de investigación precisa. Una labor particularmente intensa para nosotros fue el desarrollo de entrevistas cualitativas de tipo etnográfico para recoger versiones de testigos directos de los hechos estudiados. Realizamos decenas de entrevistas con militares, ex-militares, policías, familiares, ex-presos, testigos incidentales y otros informantes. En esas entrevistas intercambiamos criterios y puntos de vista con los entrevistados, pudiendo conocer ópticas singulares y sentimientos, así como la amplitud y heterogeidad de perspectivas.

El desafío mayor de nuestro trabajo fue dar a la labor de investigación una línea propia e independiente, despegada de las agendas de los otros protagonistas (abogados, políticos, funcionarios, jueces, familiares, periodistas). Si los arqueólogos no conseguíamos hacer visible y justificar públicamente nuestro accionar arriesgábamos transformarnos en la víctima propiciatoria de otros especialistas, de operadores o de la "coyuntura política". Por otro lado, al hacer pública la información de base cumplimos con el deber de informar, al tiempo de evitar que esa información de interés público quedara congelada en las causas judiciales o en las especulaciones políticas.

Los códigos del proceso penal han buscado ajustarse a las contingencias de los crímenes políticos, protegiendo y contemplando las víctimas, al tiempo de dotarse de exigentes protocolos técnicos para garantizar la máxima calidad y garantía a la prueba. Durante los primeros años trabajamos bien pero con el tiempo comenzamos a sentir presión sobre nuestra labor y se fue planteando una pregunta clave: ¿de quién deben depender técnicamente los arqueólogos?, ¿de los funcionarios políticos del gobierno que paga los trabajos?, ¿de los abogados?, ¿de la justicia que encabeza la investigación?, ¿de nuestra institución académica de origen (la universidad) o del entorno político de los familiares?

Nuestra experiencia fue altamente positiva cuando tuvimos independencia, equilibrio y equidistancia con todos los involucrados. La virtud de la arqueología es que desterritorializa los paisajes políticos y sus relatos, y luego vuelve a territorializar a partir de su propio registro y lógica (Deleuze y Guattari 2015). En el caso de los desaparecidos la política llamó a la ciencia como ejercicio de honestidad, como una forma de "tercerizar" el tema, pero también como forma de legitimarse. Llamó a los científicos porque son un colectivo que puede cuestionar el esencialismo de posiciones que pretenden ser hegemónicas, en este caso el negacionismo militar (Nadal y López Mazz 2016). No nos consta que hayan existido *a priori* consideraciones éticas o identificaciones ideológicas para elegir un arqueólogo, ni de parte de la universidad ni de la presidencia de la república.

Los escenarios políticos lationamericanos se han fragmentado y las dialécticas de la evolución social y cultural asimilaron los primitivos y los subdesarrollados con las minorías explotadas, arrinconadas, despojadas, con los perseguidos y con los desaparecidos. En ese sentido la "crítica" de la arqueología estuvo dirigida contra el silencio y contra los relatos hegemónicos y se orientó hacia la recuperación, hacia los olvidos (Nadal y López Mazz 2016), a buscar y traer lo que nunca imaginamos, priorizando el deseo de conocer lo que pasó.

La agenda de los derechos humanos integró a la ciencia para mejorar la calidad de las herramientas orientadas a resolver e identificar problemas forenses e históricos que la política no había podido resolver. Durante la dictadura hubo intervenciones periciales y técnicas (autopsias practicadas sobre cuerpos de víctimas NN) que, sin embargo, fueron absolutamente funcionales al sistema que las requería. Los médicos militares identificaban como "marinos orientales" provenientes de motines en alta mar a los cuerpos de los vuelos de la muerte que aparecían en las playas de Uruguay. El negacionismo de los crímenes en masa primero negaba la desaparición y luego negaba los cadáveres.

Como señaló Randall McGuire (2008) los hechos arqueológicos se constituyen con una independencia relativa de lo político; se juegan dentro del escenario político pero cuestionándolo, descentrándose de sus envites y mostrando las naturalizaciones que genera. Un problema que percibí rápidamente fue que en la mano de muchos funcionarios públicos de confianza política o de algunos asesores de los familiares los problemas logísticos o técnicos de la búsqueda se transformaban en asuntos políticos. Poco a poco también noté una competencia feroz por el hallazgo, tal vez por el rédito mediático de su comunicación. Ese celo y competencia de los políticos por posar en la búsqueda de los desaparecidos eran extensibles a profesionales en antropología forense, en medicina forense, en genética, en justicia penal, en comunicación, etc.

Mi experiencia sugiere que los arqueólogos que trabajan en derechos humanos deberían limitarse a evacuar consultas técnicas pues la delimitación precisa de los hechos científicos debe evitar acreditarlos a través de discursos jurídico-políticos que acechan alrededor para construir otras lógicas, pretendiendo apoyarse en el discurso científico (Nadal y López Mazz 2016). La materialidad arqueológica resiste el manejo ideológico si tiene un discurso que la sostenga, que muestre la importancia política, las consecuencias de su manipulación. La verdad es una propiedad del poder cuando la enuncia desde el principio de autoridad. La ciencia, en cambio, debe construir condiciones, sucesivos teatros de demostrabilidad, un terreno en el que la verdad es algo en construcción pero lo más alejada posible de hegemonías e intereses que la busquen como garantía (Nadal y López Mazz 2016).

En 2005 el presidente Tabaré Vázquez llamó a la Universidad de la República para que lo ayudara en la tarea de buscar y devolver los huesos de los detenidos-desaparecidos a sus familias. Aunque ese gesto cumplía con demandas históricas interpelaba y desafiaba la lógica del pacto político que durante más de 30 años de democracia pretendía imponer el paradigma de que en Uruguay no hubo desaparecidos o que, en todo caso, "fueron muy pocos". Fue una acción dirigida a recuperar la prueba, lo incontrovertible, y con prescindencia de los perpetradores y de la temática de los juicios. La búsqueda no estaba dirigida contra nadie en particular. Se trataba de un ensayo de respuesta, un nuevo camino que apostaba a los estándares científicos, no al cálculo previo sino a la expertica de una disciplina (Nadal y López Mazz 2016). La eficacia y el poder simbólico de la búsqueda fueron herramientas fundamentales de sensibilización social postdictadura pero, a veces, amenazaron con vulnerar los dispositivos de la ciencia al tratar de ser cooptados por grupos políticos o por los poderes del Estado. Con el paso de los gobiernos, con la evolución de los contextos políticos, la arqueología construyó su lugar, haciendo lo que sólo ella es capaz de hacer "estableciendo hechos arqueológicos" (Courbin 1984) que llenaron el vacío de información documental y testimonial. Pero la experiencia nos mostró la fragilidad del accionar de los científicos en este tema entre militares negacionistas, familiares preocupados, militantes ansiosos y manipuladores, colegas indiferentes, periodistas pretenciosos y diversos actores políticos oportunistas.

En 2005, durante los primeros meses de búsqueda y cuando aún no había hallazgos de restos de desaparecidos, los políticos de la oposición acusaron al presidente Vazquez de "pasar vergüenza" levantando un poco de polvo en los cuarteles con los trabajos arqueológico. El presidente de la Asociación de Jubilados Militares me acusó de difundir los hallazgos de los restos de desaparecidos dependiendo de la situación política (El Espectador 2011). En ese contexto recibí amenazas y mi casa fue objeto de varios robos, generalmente de computadoras y cámaras de fotos. Nada que no estuviera profesionalmente en los cálculos. Siempre compartí con el equipo que debíamos encontrar nuestro camino de lucidez en una línea media, distante de la paranoia y de la inocencia. A pesar de haber sido un trabajo tenso siempre sentimos el apoyo de la opinión pública, que respaldaba la búsqueda y al gobierno en su decisión de avanzar.

En un escenario cada vez más complicado, en 2013, como jefe del equipo de arqueólogos decidí mantenerme definitivamente equidistante de los otros protagonistas de la escena política y seguir siendo absolutamente fiel a la ciencia como único camino para ser, paradójicamente, más justo y comprometido con la verdad y su prueba. La búsqueda de los detenidos-desaparecidos levantó, poco a poco, una sólida cartografía del horror con los hallazgos, yendo más allá de las construcciones sesgadas, de la demagogia, de las pequeñas disputas, de los protagonismos políticos exagerados y de los vanguardismos sectarios.

Reflexiones con las manos en la tierra

Siempre me estimuló saber que la arqueología puede ser la historia de los que no tienen historia (generalmente porque fueron vencidos) pero es verdad que antes que nada debe ser un conjunto riguroso de procedimientos para reconstruir los avatares de las sociedades que no fueron observadas. Su mirada se dirige a la materialidad o a la huella de la violencia que vincula, en este caso, el itinerario del desaparecido con el mundo de la represión. La primera cosa que vimos los arqueólogos del GIAF en 2005 fue que debíamos encontrar pruebas relevantes y significativas para las hipótesis diseñadas con la información que seleccionamos. Vimos que sin un hueso, sin un objeto, sin una estratigrafía o sin una huella por delante no era posible adelantar ninguna interpretación histórica sobre los desaparecidos.

Entonces nos concentramos en mostrar, describir, explicar y demostrar una serie de hechos y circunstancias de valor histórico. Entre los logros que puedo reivindicar de nuestro trabajo están el haber realizado una tipología de los crímenes políticos y una reconstrucción de los itinerarios de circulación y ocultamiento de cuerpos (López Mazz 2006; López Mazz, Coord., 2007) También reconocimos regularidades y patrones violentos entre países, que constituyen un correlato material independiente de conductas criminales similares que refleja la coordinación represiva entre las dictaduras del Cono Sur (López Mazz 2016b). Las investigaciones también produjeron pruebas que dieron la posibilidad de avanzar en las investigaciones criminales identificando a responsables de los crímenes (López Mazz, Coord., 2014).

Pero lo más reconfortante, personal y profesionalmente, fue el hecho de poder devolver los restos de los detenidos-desaparecidos a sus familias. En el mismo sentido buscamos delimitar arqueológica y conceptualmente lugares físicos vinculados a la violencia para ser declarados "sitios de memoria". Estos lugares tienen una función estratégica en las políticas educativas vinculadas a los derechos humanos, sobre todo en la instancia de una reflexión crítica que busque asegurar a la violencia política garantías de no repetición. Algunos de estos lugares fueron oficialmente cautelados con la figura de Monumento Histórico Nacional por la Comisión del Patrimonio Cultural de la Nación (2012).

En 10 años de trabajo dos circunstancias generadas en el jercicio de esta profesión me marcaron profundamente y marcaron mi convicción sobre el poder de impacto que tiene la arqueología. La primera fue cuando se nos señaló un lugar falso como la tumba de una ciudadana argentina ejecutada en el marco de la llamada Operación Cóndor, una cordinación represiva entre las dictaduras del Cono Sur. La segunda fue el tema de la Operación Zanahoria, una limpieza de tumbas clandestinas en los cuarteles realizada por el Ejército durante el retorno a la democracia.

En 2005, ante un pedido de informes del Presidente Tabaré Vázquez, los mandos del ejército suministraron información sobre el lugar de enterramiento de la ciudadana argentina, traída clandestinamente a Uruguay y ejecutada por militares uruguayos. En un escenario muy mediatizado el jefe del ejército y el responsable de inteligencia militar señalaron un lugar preciso ante el juez de la causa, la hija de la víctima y nosotros, que actuábamos como peritos de la justicia. Al cabo de dos días de excavación los resultados fueron negativos, lo que causó impacto público, sobre todo porque el presidente Vázquez, confiado de la información recibida, había anunciado la inmnencia del hallazgo de los restos (El Observador 2005; El País 2005). El "no hallazgo" arqueológico rápidamente se transformó en un tema político ante la posibilidad de estar frente a un operativo de contra-inteligencia militar. La respuesta del ejército fue que en realidad sí había estado allí enterrada esa persona pero había sido luego retirada en vísperas del retorno a la democracia. La situación nos obligó a entrar a terciar en el debate con nuestras estratigrafías arqueológicas que mostraban los horizontes del suelo intactos. La prueba arqueológica, estratigráfica en este caso, demostraba que nunca había habido un entierro en ese lugar, lo que sacaba el contencioso del plano de los discursos de buenas intenciones. Así conseguimos poner en evidencia que se trataba de un operativo de contra-inteligencia que buscaba desorientar la búsqueda y engañar al presidente.

El efecto público, político e institucional de esta línea independiente de pruebas materiales hizo ganar respeto y confianza a la arqueología como disciplina capaz de aportar luz al esclarecimieinto de la historia reciente. Nos tocó exponer a la prensa la lógica de nuestras afirmaciones, la racionalidad arqueológica, lo irreversible del daño estratigráfico, la validación de los vínculos causales entre evidencias materiales y conductas humanas. También tuvo un impacto "civilizador" sobre la opinión pública y nos dio crédito para trabajar con un poco menos de presión política. Esta experiencia me marcó definitivamente en la convicción del valor histórico de la evidencia arqueológica. Me dio aún más confianza en el método científico y en las posibilidades personales de su aplicación en ciencias sociales, particularmente en escenarios tan complicados.

En vísperas del retorno a la democracia (1983) los militares habían querido limpiar los cementerios clandestinos para evitar posibles causas judiciales. Esta operación militar, llamada Operación Zanahoria, fue acotada y sólo consiguió ubicar algunos cuerpos de detenidos-desaparecidos que habrían sido luego re-enterrados o destruidos (Fernández, comunicación personal; López Mazz 2016b; López Mazz, Coord., 2007). Las pruebas de esta Operación Zanahoria, son numerosas, contundentes y de diferente tipo (*Figura 3*). No obstante, del entorno del grupo de madres y familiares de detenidos-desaparecidos (abogados, portavoces, asesores) se me sugirió la inconveniencia de hablar de ese tema pues podía desalentar el apoyo del gobierno a la búsqueda. Yo no estuve de acuerdo con ocultar los resultados, como se me solicitó, pues entendí que en estos contextos y después de tantos años de ocultarla la verdad debía ser compartida.

El debate se hizo público y llegó a extremos críticos en las elecciones presidenciales de 2014, que llevaron a mi renuncia cuando, entre otras cosas, se comenzó a cuestionar mi diagnóstico sobre dicha operación. La Operación Zanahoria fue una actividad de desenterramiento de fosas clandestinas y de destrucción de cuerpos que hizo parte de un repertorio criminal más amplio practicado por las fuerzas represivas de Uruguay, Argentina y Chile (Cáceres 2012). Algunos militantes cuestionaron la existencia de la operación por lo inconveniente que podría resultar para la estrategia política de la búsqueda pero el registro arqueológico y los testimonios orales recogidos son absolutamente contundentes (López Mazz 2016a, 2016b, 2017). Haciendo gala de una actitud más militante que científica, algunos arqueólogos y gente del entorno político de los familiares trataron de demostrar lo indemostrable: que la operación de marras nunca había existido. En la prensa (Búsqueda 2014) y hasta en ponencias en dos Congresos Lationamericanos de Antropología Forense se afirmó, desafiando los testimonios, las estratigrafías y hasta los restos óseos parciales hallados, que la Operación Zanahoria no había existido (Casanova *et al.* 2015; Búsqueda 2014). Esas ponencias no se publicaron ni se me facilitó su copia cuando la pedí para polemizar. Un disenso en un tan tema clave como ese no generó un debate académico ni el arbitraje científico externo que se usa para dirimir estos contenciosos. Nada de eso ocurrió y parece que a nadie interesaba realmente la verdad. Personalmente creo que la Universidad de la República debería un día expresarse respecto de cuál de las dos posiciones está dispuesta a oficializar.

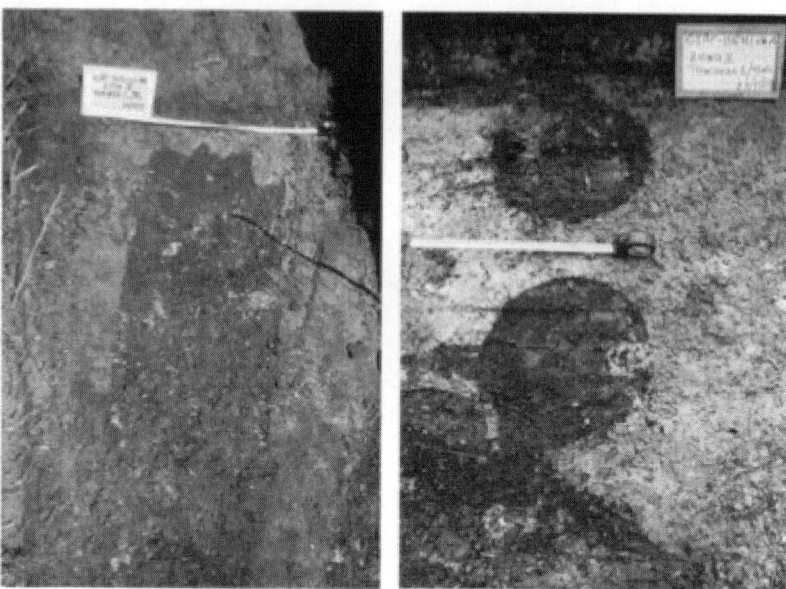

Figura 3. Anomalías estratigráficas producidas por la Operación Zanahoria (2007) (Foto GIAF/FHCE).

En 2014 y luego de 10 años sentí que el trabajo de búsqueda de los desaparecidos había cambiado radicalmente. Por un lado, por las presiones políticas que coartaban, sistemáticamente, mi independencia técnica en temas claves. Luego, bajo las presiones de los abogados que querían supeditar la búsqueda arqueológica a su propia estrategia judicial, queriendo decidir sobre los lugares de excavación. Finalmente, bajo el miedo de algunos arqueólogos que, preocupados por perder su fuente laboral, renunciaban a su independencia y se mostraban públicamente favorables a privilegiar los "gestos políticos" con el entorno político de la búsqueda, una actitud que les aseguraba, antes que nada, mantener su trabajo. A mi modo de ver este paso sin retorno en el trabajo profesional hipotecó los posibles resultados, al tiempo que comprometió la excelencia y originalidad del conocimiento ofrecido por la Universidad de la República.

En 2016 un portavoz de Madres y Familiares de Uruguayos Detenidos Desaparecidos (contrario a la existencia de la Operación Zanahoria) reveló, para la sorpresa de muchos, que no existe consenso sobre si encontrar los restos de los desaparecidos sea una prioridad. "Muchos integrantes de familiares piensan que lo esencial es encontrar los restos. Yo pienso de otra manera. No es que no quiera encontrar los restos, claro, o que considere que no es importante, pero creo que lo principal es dejar el legado, que determinados parámetros queden prendidos en la juventud. Lo de las marchas del 20 de mayo es estimulante, ver la cantidad de gurises que participan es muy bueno" (Gatti 2016:11).

Cuando no existe consenso en un tema tan básico y elemental me pregunto, ¿qué hacen aún allí arqueólogos?, ¿qué hacen estos portavoces, comprometiendo la imagen de un colectivo tan respetados socialmente? Al final tuve que asumir que nuestro trabajo, que pensé tenía relativa especificidad, quedó al servicio de una estrategia política oscurantista y sin orientación clara. La búsqueda de los desaparecidos fue considerada por la derecha como una actividad ridícula que no iba a tener resultados positivos si no había un acuerdo político que involucrara a los perpetradores. Para algunos dirigentes de izquierda nuestro trabajo era apenas una bandera política porque no tenían expectativa ni interés frente a las posibilidades de hallazgos por medios arqueológicos.

Sin esquivar el bulto al análisis político del tema me ha costado entender la necesidad del ocultamiento a la ciudadanía de esta operación de limpieza de fosas clandestinas, hecha por los militares en el retorno a la democracia (1983-1985).

Me parece conveniente hacer pública la Operación Zanahoria (López Mazz 2017) y sus objetivos pues ello mostraría a la opinión pública el pacto cívico-militar que condicionó el retorno a la democracia en la llamada "transición en paz" a la uruguaya (De Giorgi 2017). Esta operación también muestra que el crimen político siguió cometiéndose ya en democracia y es posible que la evidencia arqueológica (estratigrafías, piezas óseas aisladas, etc.) hubiera permitido a la justicia seguir la investigación en varias direcciones. Parece, sin embargo, que los militantes de esa facción radical y sus arqueólogos y antropólogos forenses no consiguen darse cuenta del beneficio público de estudiar esta operación, que ya ha sido tratada en numerosos artículos (Búsqueda 2014; López Mazz 2016a, 2016b; Marín 2016), en un film documental (Martínez 2010) y en un film de ficción (Buchichio 2014).

Conclusiones con el pie en el estribo

La búsqueda de los desaparecidos que llevé adelante durante 10 años me marcó, irreversiblemente, como persona y como profesional. Fue una actividad ampliamente respetada por su estrategia rigurosa y singular, por la comunicación pública realizada y, sobre todo, por los resultados alcanzados. No obstante, con el tiempo se desfiguró y quedó en medio de la disputa política mayor por el control político del pasado histórico y por el uso exclusivo de sus símbolos. La resistencia al orden político que se me quiso imponer, así como mi defensa de la independencia científica, me trajeron numerosos problemas personales, que incluyeron la persecución ideológica y la difamación (Blixen 2014; Búsqueda 2014). Pero este arqueólogo que pretende no cocerse en el primer hervor conocía ya el uso de la difamación, el oscurantismo progre y la demonización del otro como parte del debate político.

Estas vivencias originadas en mi actividad profesional me revelaron aspectos insospechados que pusieron a prueba muchas de mis convicciones de antiguo militante político. Uno piensa que la gente que trabaja en ciencia y/o en derechos humanos posee una sensibilidad mayor y una moral más aquilatada pero me ha resultado decepcionante enfrentarme a la evidencia contraria y a la falta total de códigos. Entiendo que el arqueólogo del siglo XXI está operando en diferentes escenarios de conflicto social y en nuevos mercados laborales. Además de disponer de herramientas teóricas, de estrategias de trabajo y de rígidos protocolos debe tener una profunda inquietud ética, sobre todo por el impacto que los resultados de su trabajo tiene en las personas y en los escenarios contemporáneos en los que fue llamado a intervenir. En arqueología las consideraciones éticas han sido, generalmente, más implícitas que explícitas; como señalan Gonzalez-Ruibal y Moshenska (2015) para estudiar la violencia se requiere una exhaustiva actitud ética, ya que en la arqueología del conflicto "El único camino es la ética". Estos autores recuerdan que los arqueólogos de la violencia han transformado el contexto y las contingencias sociales, económicas y políticas de sus acciones desde el mero ejercicio intelectual a una necesidad práctica de su trabajo.

Creo que la ciencia que se vincula a temas de derechos humanos debe ser éticamente dura ya que sólo así se puede asumir el doble compromiso público de alcanzar tanto la verdad como la justicia. La arqueología es ya una ciencia madura y soberana, por lo que los arqueólogos no deberían aceptar verse reducidos a la falsa dicotomía entre científico y activista de derechos humanos. El buen científico podrá ser siempre un buen activista social pero el mal científico no será nunca un buen activista. El arqueólogo no debe dejar subsumir la lógica de su trabajo a la coyuntura o a los intereses de grupos dominantes. Estas circunstancias que amenazan la calidad del trabajo no deben hipotecar la práctica de la arqueología como acción alternativa a la oscuridad del poder y a los discursos dominantes.

El valor agregado del conocimiento arqueológico tiene impacto en el precio de la tierra, en el patrimonio histórico, en las identidades nacionales, en el conocimiento de la verdad sobre los crímenes, en el ejercicio de la justicia y, también, en los simbolismos políticos. El arqueólogo liberado del humanismo original de la disciplina se ha sobre-adaptado al mercado laboral, desarrollando una identidad propia como sector de las clases medias (Díaz del Río 2006). Su proletarización afectó, gradualmente, su trabajo como acción política independiente. Asumirse como simple "mano de obra" obediente es renunciar al carácter histórico, social y político que produce la actividad y la responsabilidad histórica de "construir pasados".

Tengo la convicción de que los arqueólogos que trabajan en derechos humanos precisan instituciones fuertes que los respalden (no fue mi caso), que defiendan su autonomía científica, que garanticen su seguridad personal en trabajos peligrosos y que sus colegas o sus instituciones no los dejen como simple fusible de la coyuntura política. Hacer públicos su trabajo y sus decisiones es una obligación que ayuda al arqueólogo a desempeñarse con libertad y mayor seguridad. Con el retorno de la democracia en 1983 ocurrió un amplio empoderamiento social del tema de los desaparecidos que marcó un intenso proceso de patrimonialización y apropiación social que, por suerte, contrarresta la disputa sectaria por el uso exclusivo y simbólico del pasado político violento.

En este inicio del siglo XXI parece que algunos arqueólogos y antropólogos forenses han sido afectados por el llamado fenómeno de "la doble lealtad" que, a veces, obliga a elegir entre la fidelidad a su objeto de estudio y la fidelidad a su empleador (González-Ruibal y Moshenska 2015). Me resulta peligroso y perturbador pensar que los arqueólogos y antropólogos, ya sea que trabajen en investigación fundamental, en estudios de impacto ambiental o en temas de derechos humanos, empiecen a asumir únicamente la óptica de sus patrones. Es una pena porque implica renunciar a la libertad e independencia intelectual. Pero, además porque hipoteca el efecto político y libertario del trabajo arqueológico que siempre será investigar los resortes del poder y las desigualdades, y denunciar los relatos hegemónicos, vengan de donde vengan.

Agradecimientos

A los colegas y a los estudiantes que en 2005 conformaron e hicieron madurar el Grupo de Investigación en Arqueología Forense, en el seno del Dpto. de Arqueología (FHCE/UdelaR). A Octavio Nadal e Isabel Wschebor, con quienes hemos compartido la preocupación por analizar el contexto político profesional de la arqueología forense. A Henry Tantaleán y Cristóbal Gnecco por confiar en que una peripecia personal pueda volverse de interés editorial.

Referencias

Ansttet, Elisabeth, José María López Mazz y Denis Merklen (Editores)

2017 *Despues de la violencia*. Banda Oriental, Montevideo.

Baraibar, José Pablo y Franco Mora

2015 Forensic archaeology in Perú: between science and human right activism. En *Forensic archaeology. A global perspective*, editado por Mike Groen, Nicholas Márquez-Grant y Rob Janaway, pp 463-470. Wiley, Nueva York.

Blixen, Samuel

2014 El magro saldo. *Brecha*, pp 2-4. Montevideo.

Buchichio, Enrique

2014 *Zanahoria*. Película.

Búsqueda

2014 Una crisis interna en la búsqueda de los desaprecidos y ciertos avances esperan a Vázquez en la Torre Ejecutiva. Edición del 11 de diciembre, pp 21-22, Montevideo.

Cáceres, Iván

2012 Chile: operación retiro de televisores. Desaparecer a los desaparecidos. En *Historias desaparecidas*, editado por Andrés Zarankin, Melisa Salerno y María Celeste Perosino, pp 61-78. Brujas, Córdoba.

Casanova, Gustavo, Natalia Azziz, Rodrigo Bongiovani, Matías López y Ximena Salvo

2015 Exhumaciones clandestinas en Uruguay: análisis de la evidencia forense. XI Congreso de la Asociación Latinoamericana de Antropología Forense, Montevideo.

Comisión Nacional del Patrimonio Cultural

2012 Resolución 176/007. Ministerio de Educación y Cultura, Montevideo.

Courbin, Paul

1984 *Qu'est c e que c'est que l'archéologie*. Payot, Paris.

De Giorgi, Víctor

2017 ¿Después de la violencia? Una reflexión del caso uruguayo. En *Después de la violencia*, editado por Elisabeth Anstett, José María López Mazz y Denis Merklen, pp 33-44. Banda Oriental, Montevideo.

Deleuze, Gilles y Félix Guattari

2015 *Mille plateaux*. Minuit, París.

Díaz del Río, Pablo

2006 *No admittance except on business: arqueología comercial y estructura de clase*. CSIC Digital, Madrid.

El Espectador

2011 Entrevista al presidente del Circulo Militar. Programa "En Perspectiva" del 3 de agosto, Montevideo.

El Observador

2005   Los restos no aparecen y Bertolotti pide a militares información más precisa. Edición del 11 de agosto, p 3, Montevideo.

El País

2005   Ejército señaló tumbas pero no dará nombres a la Justicia. Edición del 3 de agosto, p 15, Montevideo.

Fondebrider, Luis

2006   Arqueología y antropología forense, un breve balance. En *Arqueología de la represión y la resistencia en América Latina*, editado por Pedro Pablo Funari y Andrés Zarankin, pp 129-138. Encuentro, Córdoba.

Fondebrider, Luis y Vivian Scheinsohn

2015   Forensic archaeology: the Argentinian way. En *Forensic archaeology. A global perspective*, editado por Mike Groen, Nicholas Márquez- Grant y Rob Janaway, pp 369-378. Wiley, Nueva York.

Foucault, Michel

2002   *Vigilar y castigar*. Siglo XXI, Buenos Aires.

Gatti, Daniel

2016   Ser y estar. *Brecha*, pp 10-11. Montevideo.

González-Ruibal, Alfredo y Gabriel Moshenska

2015   Introduction: the only way is Ethics". En *Ethics and the archaeology of violence*, editado por Alfredo González-Ruibal y Gabriel Moshenska, pp 1-17. Springer, Nueva York.

La República

2014 Entrevista al Grupo de Investigación Forense (31/8/2014). Montevideo.

López Mazz, José María

1999 Some aspects of the French influence upon Uruguayan and Brazilian archaeology. En *Archaeology in Latin America*, editado por Gustavo Politis y Ben Alberti, pp 38-58. Routlege, Londres.

2006 Una mirada arqueológica a la represión política en Uruguay (1971- 1985). En *Arqueología de la represión y la resistencia*, editado por Pedro Pablo Funari y Andrés Zarankin, pp 147-158. Encuentro, Córdoba.

2015 The concealment of bodies during the military dictatorship in Uruguay (1973-1984). En *Humans remains and identification*, editado por Elisabeth Ansttet y Jean-Marc Dreyfus, pp 83-97. Manchester University Press, Manchester.

2016a Archaeology approach of violence in Uruguay. *En Beyond war: archaeological approaches to violence*, editado por Albert García y Assumpció Vila, pp 69-90. Cambridge University Press, Cambridge.

2016b Forensic excavation and burials in Uruguay 2004-2010. *Human Remains and Violence* 2:56-66.

2017 Cuando la historia se escribe con una pala. En *Después de la violencia*, editado por Elisabeth Anstett, José María López Mazz y Denis Merklen, pp 121-131. Banda Oriental, Montevideo.

López Mazz, Jose María (Coordinador)

2007 *Investigación arqueológica sobre detenidos desaparecidos*, Tomo V. Presidencia de la República, Montevideo.

2014 *Investigación arqueológica sobre detenidos desaparecidos*. Informe 2013. Presidencia de la República, CD.Montevideo.

López Mazz, Jose María y Alicia Lusiardo

2015 The developement of forensic archaeology and anthropology by the Uruguayan Forensic Team. En *Forensic archaeology. A global perspective*, editado por Mike Groen, Nicholas Márquez-Grant y Rob Janaway, pp 499-507. Wiley, Nueva York.

Lumbreras, Luis Guillermo

1974 *La arqueología como ciencia social*. Histar, Lima.

Marin, Carlos

2016 A 80 cm de la superficie. Once años de arqueología de la dictadura en Uruguay. *Revista de Arqueología* 29(2):36-54.

Martínez, Virginia

2010 *Las manos en la tierra*. Película.

McGuire, Randall

2008 *Archaeology as political action*. University of California Press, Berkeley.

Nadal, Octavio y José María López Mazz

2016 Arqueología, derechos humanos y política, una agenda precaria". Manuscrito sin publicar, Universidad de la República, Montevideo.

Ribeiro, Darcy

1998 *Las Américas y la civilización*. Biblioteca Ayacucho, Caracas.

Tiddball-Binz, Morris y Ute Hofmeister

2015 Forensic archaeology in humanitarian context; ICRC action and recommendations. En *Forensic archaeology. A global perspective*, editado por Mike Groen, Nicholas Márquez-Grant y Rob Janaway, pp 427-438. Wiley, Nueva York.

Wschebor, Isabel

2016 La gestion des archives et ces problèmes. Ponencia presentada en el "Colloque Archives et Dictatures dans le Cône Sud de l'Amérique Latine", MAE/IHEAL, París.

SOBRE LOS AUTORES

Jaime Almansa. Tras ocho años al frente de JAS Arqueología enfocado en el mundo editorial y la consultoría actualmente trabaja con un contrato postdoctoral en el INCIPIT, desarrollando un proyecto sobre la gestión del patrimonio arqueológico en el ámbito mediterráneo desde el punto de vista de la arqueología pública. Continúa siendo editor de la revista *AP: Online Journal in Public Archaeology* y coordinador editorial en esta casa. Junto con su proyecto actual sigue trabajando en aspectos teóricos en torno a la arqueología pública con todos los matices que ello conlleva, sin perder el ojo de una de sus aficiones: el estudio de la imagen popular del pasado en el presente.

Patricia Ayala ha focalizado sus investigaciones en la relación entre grupos indígenas, arqueólogos y Estado, centrándose en los procesos de patrimonializacion, el multiculturalismo neoliberal y la ética disciplinaria. Sus ámbitos de interés cubren la arqueología y antropología andinas, así como las arqueologías decolonial, colaborativa, indígena y publica. En Chile fue coordinadora de las relaciones públicas entre la comunidad atacameña y el Instituto de Investigaciones Arqueológicas y Museo de la Universidad Católica del Norte, donde también se desempeñó como académica. En Estados Unidos fue profesora visitante en College of the Atlantic y docente de español desde una perspectiva antropológica en la Community School. En los últimos años ha sido profesora visitante de seminarios de postgrado en la Universidad de Chile y la Universidad de Buenos Aires. Sus contribuciones en el ámbito teórico y de la reflexión disciplinar de la arqueología han sido publicadas en revistas y libros como *Políticas del pasado: indígenas, arqueólogos y Estado en Atacama* (Universidad Católica del Norte, Antofagasta, 2008) y las compilaciones

Teoría arqueológica en Chile: reflexionando en torno a nuestro quehacer disciplinario (Universidad Católica del Norte, Antofagasta, 2012), co-editada con Flora Vilches, e *Indigenous People and Archaeology in Latin America* (Left Coast Press, Walnut Creek, 2011), co-editada con Cristóbal Gnecco. Sus investigaciones actuales están focalizadas en los procesos de repatriación y re-entierro de cuerpos humanos y colecciones indígenas, así como en biografías antropológicas e historias de vida.

Cristóbal Gnecco es profesor en el Departamento de Antropología de la Universidad del Cauca, donde trabaja sobre economía política de la arqueología, geopolíticas del conocimiento, discursos sobre la alteridad y etnografías del patrimonio. Recientemente publicó *Challenging the dichotomy: the licit and illicit in archaeological and heritage discourses*, editado junto con Les Field y Joe Watkins (University of Arizona Press, Tucson, 2016); *Arqueología y decolonialidad* (Ediciones del Signo, Buenos Aires, 2016), con Nick Shepherd y Alejandro Haber; y *Antidecálogo. Diez ensayos (casi) arqueológicos* (Universidad del Cauca-JAS Arqueología-Ediciones del Signo, Popayán-Madrid-Buenos Aires, 2017).

Ivana Carina Jofré es activista indígena warpe, participa en movimientos sociales y feministas por los derechos humanos y luchas territoriales contra el extractivismo en Argentina. Doctora en Ciencias Humanas con Mención en Estudios Sociales y Culturales por la Universidad Nacional de Catamarca, Especialista en Epistemologías del Sur (CIES-CLACSO) y Licenciada en Arqueología. Ha realizado estudios de posgrado en el CODESRIA (Senegal) y estudios posdoctorales en la Universidad del Cauca y en la Universidad Autónoma Intercultural Indígena (UAIIN) del Consejo Regional Indígena del Cauca (CRIC), en Colombia. Actualmente es Investigadora Asistente del Consejo Nacional de Investigaciones Científicas y Técnicas (CONICET) con lugar de trabajo en el Instituto Regional de Planeamiento y Hábitat (IRPHA) de la Facultad de Arquitectura, Urbanismo y Diseño (FAUD) de la Universidad Nacional de San Juan. Se desempeña como Profesora Adjunta a cargo de la cátedra de Teoría y Metodología de la Investigación Arqueológica y la cátedra de Impacto y Patrimonio Arqueológico en la Carrera de Historia de la Universidad Nacional de la Rioja. Desde 2014 también se desempeña como perito en causas judiciales por crímenes de lesa humanidad en el ámbito de la justicia federal argentina. Es miembro fundadora del Colectivo Cayana y del Observatorio Ciudadano de Derechos Humanos San Juan y del Centro de Estudios e Investigaciones en Antropología y Arqueología (CEIAA); en este última se desempeña como presidenta desde 2013. También es integrante y fundadora de la Red de Información y Discusión sobre Arqueología y Patrimonio (RIDAP).

Wilhelm Londoño es antropólogo, profesor de antropología en la Universidad del Magdalena, Colombia. Entre sus intereses primordiales está el estudio del patrimonio y el impacto de los procesos históricos en la conformación de las formas de pensamiento contemporáneo. Sus investigaciones recientes incluyen las materialidades del folclore del caribe colombiano y los procesos de endocolonialismo en el caribe insular colombiano.

José María López Mazz (Tacuarembó, 1957) es Licenciado en Ciencias Antropológicas de la Universidad de la República, Montevideo; Diplomado de Arqueología de la EHESS, París; y Doctorado por el IHEAL, Sorbona, París. Es profesor de arqueología en la Universidad de la República e investigador del SIN/ANII. Ha trabajado sobre sociedades prehistóricas de las tierras bajas en el este de Uruguay y sobre arqueología de la esclavitud y la violencia. Trabajó en arqueología forense buscando personas desaparecidas de la dictadura (1973-1984). Actualmente es director del Departamento de Arqueología de la Universidad de la República y miembro de la Comisión Nacional del Patrimonio Cultural.

Roberto Pellini es profesor del Departamento de Antropología y Arqueología de la Universidade Federal de Minas Gerais. Es doctor en arqueología del Museo de Arqueología y Etnología de la Universidad de São Paulo. Es uno de los creadores y el actual director general del Programa Brasileño de Arqueología en Egipto (BAPE). Sus intereses de investigación incluyen arqueología de los sentidos, ontología, afectos, paisajes y Egipto antiguo y moderno.

Fabíola Andrea Silva es (1988) es graduada en Historia por la Universidade do Vale do Rio dos Sinos (1988), master en Antropología Social por la Universidad Federal de Rio Grande do Sul (1992), doctora en Ciencias (Antropología Social) por la Universidad de São Paulo (2000) y posdoctora en arqueología por la Universidad de São Paulo (2002). Actualmente es profesora e investigadora en el Museo de Arqueología y Etnología de la Universidad de São Paulo. Actúa en las áreas de arqueología y antropología, con énfasis en arqueología colaborativa, etnoarqueología, etnología indígena y antropología de los objetos y de la tecnología. Su producción científica se dedica a los siguientes temas: cultura material, formación del registro arqueológico, curaduría de acervos indígenas, arqueología en tierras indígenas. Desde la década de 1990 viene realizando investigaciones etnográficas, (etno)arqueológicas y colaborativas con varios pueblos indígenas (kaingang, asurini del Xingú, kayapó-xikrin, terena y kayabi).

Henry Tantaleán (Lima, 1974), se licenció en Arqueología en la Universidad Nacional Mayor de San Marcos. Obtuvo su maestría y doctorado en Arqueología Prehistórica en la Universidad Autónoma de Barcelona. Sus principales temas de investigación son la teoría arqueológica, la relación entre arqueología y política y la formación de los Estados prehispánicos. Ha sido profesor en varias universidades peruanas y en el extranjero. Es investigador asociado del Instituto Francés de Estudios Andinos en Lima y del Cotsen Institute of Archaeology de University of California-Los Angeles. Actualmente es director asociado en el Institute for the Advanced Study of Culture and the Environment de University of South Florida y co-director del Programa Arqueológico Chincha, Perú. Ha publicado artículos en revistas especializadas y libros como *Arqueología de la formación del Estado: el caso de la cuenca norte del Titicaca* (Fondo Editorial del Pedagógico San Marcos, Lima, 2008), *Ideología y realidad en las primeras sociedades sedentarias (1400 ane-350 ane) de la cuenca norte del Titicaca, Perú* (BAR, Oxford, 2010) y *Peruvian archaeology: a critical history* (Left Coast Press, Walnut Creek, 2015).

Juan Villanueva nació en Oruro, Bolivia, en 1984. Licenciado en la Carrera de Arqueología de la Universidad Mayor de San Andrés (UMSA) de La Paz; Magíster y Doctor en Antropología en el Programa de Postgrado de la Universidad Católica del Norte (UCN) – Universidad de Tarapacá (UTA) en Arica, Chile. Actualmente vive en La Paz y trabaja como Jefe de la unidad de Investigación del Museo Nacional de Etnografía y Folklore (MUSEF) y docente en la Carrera de Arqueología de la UMSA. Ha sido Coordinador del Proyecto Qhapaq Ñan Bolivia, Técnico en Patrimonio Arqueológico del Gobierno Autónomo Municipal de La Paz (GAMLP) y docente en el Departamento de Antropología de la UTA y en el Departamento de

Antropología de las Américas de la Universidad de Bonn. Sus intereses de estudio principales giran en torno a la cerámica, los mundos visuales y las costumbres funerarias prehispánicas, con énfasis en el altiplano boliviano. Más recientemente se han expandido a la historia de la arqueología y museos bolivianos, arqueología urbana, estudios materiales contemporáneos y etnografía arqueológica.

Andrés Zarankin es profesor titular del Departamento Antropología y Arqueología de la Universidade Federal de Minas Gerais. Es antropólogo de la Universidad de Buenos Aires y Doctor en Historia de Unicamp. Ha publicado más de una docena de libros y más de 100 artículos (en revistas y libros nacionales e internacionales). Desde 1996 coordina un proyecto internacional para estudiar las primeras estrategias humanas de ocupación de la Antártica. Es editor, junto con Melisa Salerno, de la Revista *Vestígios: Revista Latinoamericana de Arqueología Histórica*. Desde 2016 es representante del Área de Arqueología en el CNPq. Sus temas de interés son teoría arqueológica, arqueología histórica, arqueología de la arquitectura, arqueología de la represión y arqueología antártica.